国际贸易实务

主编　李居英　朱锦萍　史艳平

合肥工業大學出版社

图书在版编目(CIP)数据

国际贸易实务/李居英,朱锦萍,史艳平主编. --合肥:合肥工业大学出版社,2025
ISBN 978-7-5650-6694-8

Ⅰ.①国… Ⅱ.①李… ②朱… ③史… Ⅲ.①国际贸易-贸易实务-教材
Ⅳ.①F740.4

中国国家版本馆 CIP 数据核字(2024)第 038027 号

国际贸易实务

李居英 朱锦萍 史艳平 主编　　　　责任编辑 郑 洁

出 版	合肥工业大学出版社	版 次	2025 年 8 月第 1 版
地 址	合肥市屯溪路 193 号	印 次	2025 年 8 月第 1 次印刷
邮 编	230009	开 本	787 毫米×1092 毫米 1/16
电 话	职业教育出版中心:0551-62903120	印 张	15.5
	营销与储运管理中心:0551-62903198	字 数	340 千字
网 址	press.hfut.edu.cn	印 刷	安徽联众印刷有限公司
E-mail	hfutpress@163.com	发 行	全国新华书店

ISBN 978-7-5650-6694-8　　　　定价:46.00 元

前　言

近年来，中国对外贸易发展速度放缓，大数据、人工智能等新兴数字技术推动外贸企业不断调整产业结构，对人才培养提出了更高的要求。为顺应时代发展趋势，结合应用型本科院校办学定位，江西应用科技学院国际贸易教学研究团队与江西美翻科技有限公司、杭州普特教育咨询有限公司等多家企业经过深入交流探讨，共同编写了校企合作教材《国际贸易实务》。具体来说，本教材具有以下亮点：

1. 教材结构对接企业工作流程

本教材以“理论够用、技能到位”为导向，以企业国际贸易出口业务流程为主线进行编写，涉及国际贸易术语与价格核算、国际贸易商品、国际市场调研、业务磋商、运输与保险、支付等一系列环节，帮助学生全面系统地学习出口业务操作流程。此外，随着数字化浪潮席卷全球贸易领域，跨境电商已成为国际贸易业务的推动力量，因此教材增加了关于阿里巴巴国际站、全球速卖通、亚马逊等交易平台的介绍，帮助学生紧跟时代步伐，提升对新兴贸易业态的认知与理解。

2. 教材内容对接企业岗位职责

本教材内容紧密围绕企业出口业务流程与岗位职责。除了对国际贸易实务基础知识进行详细介绍外，本教材还增加并改编了企业外贸经营过程中的经典案例和例题。项目实训部分模拟外贸企业市场专员、外贸业务员、货代操作员、单证员等岗位职责要求进行设计，帮助学生将外贸理论与实际操作相结合，更深入地理解相关政策和规定。例如，在学习 FOB 和 CIF 等贸易术语时，结合相关案例可以让学生更清晰地理解这些术语的实际应用和潜在风险。

3. 项目实训对接企业具体工作内容

项目实训是基于校企合作的深度融合。依据企业实际业务流程和岗位职责设计每一个项目下的实训情景与任务，如出口商品价格核算、模拟商品交易会、企业经营案例讨论等。通过这些精心设计的实训项目，学生能够在虚拟的贸易环境中进行实践操作，有助于更快地掌握外贸业务的核心知识，提升专业技能水平。

本教材的编写团队由江西应用科技学院国际经济与贸易专业骨干教师组成，李居英、朱锦萍、史艳平担任主编，郭欣、徐婷、许佳玲、李岩、鄢玲娟、余捷参编。最后由史艳平统稿，李居英审稿。

本教材可供应用型本科院校国际经济与贸易、商务英语、跨境电子商务等专业师生使用，也可供外贸行业培训、国际交流和对外贸易的从业人员自学使用。

鉴于编写时间紧迫，编者水平有限，书中或有疏漏之处，敬请广大读者批评指正。未来将持续追踪政策动态，与时俱进，不断完善教材内容。为方便学生学习，本教材在超星学习通平台建设微课，配有电子版教学大纲、教学课件、习题、模拟试卷，可通过扫描下方二维码进行学习。

编　者

2025 年 4 月

《国际贸易实务》教材思政设计一览表

项目	项目名称	思政元素	实施方法与路径
项目一	国际贸易术语与价格核算	责任与义务	设计多个案例讨论，帮助学生深入理解遵守国际贸易惯例，交易前明确买卖双方责任与义务对于今后履行合同的重要意义
项目二	国际市场调研	创新与竞争意识	通过市场调研，挖掘新的商机，适应并引领市场需求变化，展现出不断创新和积极应对市场竞争的精神风貌，激发学生的创新意识和竞争意识
项目三	国际贸易商品	工匠精神	通过案例分析，强调确保商品质量符合高标准的重要性，反映精益求精的工匠精神。通过高品质的商品质量标准，传递严谨认真的工作态度和对消费者负责的精神
项目四	国际贸易业务磋商	遵守国际贸易规则	将社会主义核心价值观融入教学内容，根据国际贸易规则，通过案例导入，引导学生在国际贸易业务磋商及合同签订的过程中，始终秉持诚实守信的原则，在国际贸易活动中树立良好的国际形象
项目五	国际货物运输与保险	海洋强国建设	通过介绍我国在国际海运领域的发展成就，如港口建设、船队规模扩大、海运技术创新等，使学生认识到海洋运输对于国家经济发展的重要战略地位，激发学生为建设海洋强国而努力学习的热情和民族自豪感
项目六	国际贸易商品检验与报关	“一带一路”倡议	将学生分成多个小组，每个小组收到企业产品的详细信息、中亚国家的贸易政策，以及商品检验与报关要求。在讨论过程中，引导学生关注国际贸易规则的遵守，例如在报关单填写中要准确申报货物的价值、数量和商品编码，这不仅涉及关税的征收，而且是维护贸易公平公正的基础
项目七	国际贸易支付	中华民族伟大复兴	在课程导入环节播放《乔家大院》关于“汇通天下”的片段，激发学生对祖国悠久历史文化的热爱，增强学生对实现中华民族伟大复兴的信心

（续表）

项目	项目名称	思政元素	实施方法与路径
项目八	国际贸易业务制单结汇	依法治国	在案例讨论过程中，引导学生运用国际惯例、法律、条约等解决企业遇到的银行拒付问题，培养学生的法律意识，使其能自觉维护自身的合法权益
项目九	出口收汇核销退税	维护国家利益	出口退税服务监管新机制体现了国家对企业的关爱和支持。企业应当从国家利益出发，积极履行出口核销退税的义务，为国家经济发展做出贡献
项目十	国际贸易业务争端处理	维护国家主权	设计案例讨论，使学生深刻理解国际法规的重要性，坚定维护国家主权与利益的立场。在经济全球化背景下，树立遵守国际法规、维护国家主权的意识，是维护国家尊严与利益的必由之路
项目十一	新兴国际贸易交易平台	中国创造	通过介绍全球速卖通等一批中国跨境电商平台成功吸引众多外国商家的积极入驻，引导学生通过中国创造提升国际形象和产品竞争力

目　　录

项目一　国际贸易术语与价格核算

项目引例

A公司与国外某公司以CFR术语签订了一份出口合同。A公司按照合同规定,在装运期内完成装船,并于当天上午启程离港。由于恰逢国庆假期,A公司的业务员在假期结束后的第一个工作日发出装船通知。然而,货船在通知发出前一天已遭遇海难,货物全部受损。对此,国外进口商向A公司提出了索赔要求。

思考:A公司是否应承担赔偿责任?为什么?

任务一　六大常用贸易术语

一、FOB术语

(一)FOB术语的含义

FOB,即Free on Board(... Named Port of Shipment),装运港船上交货(……指定装运港)。这一术语表示,卖方在指定的装运港将货物装上买方指定的船只,或取得已按此交付的货物凭证时,即完成交货义务。从货物装上船的那一刻起,货物灭失或损坏的风险即转移至买方,买方自此承担装船后的一切风险与费用。该术语仅适用于海洋运输或内河运输。

FOB术语后应标明装运港,例如"FOB Shanghai",即装运港上海为交货地点。根据《2020年国际贸易术语解释通则》(INCOTERMS® 2020,简称《2020通则》),在FOB术语下,买卖双方的主要义务如下:

1. 卖方的主要义务

(1)卖方有责任在合同规定的装运港,于规定的日期或期限内,将符合合同约定的货物交付至买方指定的船上,并及时通知买方。

(2)卖方需自行承担货物装船前的一切风险与费用,获取出口许可证或其他官方批准文件,同时负责办理货物出口所需的一切海关手续(包括装船前检验)。

(3)在货物于装运港交付至买方指定船只之前,卖方承担货物的一切费用与风险。

(4)卖方负责提供商业发票,以及用以证明其已按规定交货的清洁单据。若买卖双方约定采用电子通信方式,则所有单据均可用具有同等效力的电子单据替代。

2. 买方的主要义务

(1)买方应依据销售合同条款接收货物并支付货款。

(2)买方负责租船或订舱,支付运费,并及时将船名、装船地点以及交货时间等信息通知卖方。

(3)买方需自行承担货物装船后的一切风险与费用,取得进口许可证或其他官方批准文件,并负责办理货物进口所需的一切海关手续(包括过境安检)。

(4)自货物在装运港交付至买方指定船只之时起,买方承担货物的一切费用与风险。

(二)采用 FOB 术语应注意的问题

1. 关于风险划分界限问题

通常情况下,运输途中货物的风险包括货物的灭失和损坏两类,具体指货物因意外事故遭受的灭失或损坏。若货物的灭失或损坏并非因意外事故造成,如因货物包装不良、标识不清,或因货物本身的性质或内在缺陷导致的灭失或损坏,则风险不会因交货而转移至买方。如果装运港码头水位过浅,载货船舶无法靠岸,必须在距离码头较远的深水水域抛锚,并需要使用驳船将货物从码头岸边转运至载货船舶时,根据 FOB 术语,转运费用应由卖方承担,而风险划分仍以货物交付至载货船舶的船上,而非驳船的船上为界。

2. 关于交货通知问题

按照 FOB 术语达成的交易,卖方需要特别注意在交货后必须及时向买方发出已按要求交货的通知,以便买方办理投保手续。对此,国际贸易惯例也有明确规定。例如,《2020 通则》规定:卖方有义务通知买方,卖方未及时通知买方,由此产生的风险和费用仍由卖方承担。

3. 关于船货衔接问题

买卖双方需要做好船货的衔接工作,防止船到而货未到,或货到而船未到等情况引起额外的费用支出。《2020 通则》规定,由于买方未按规定履行通知卖方的义务或买方指定的船只未按时到达,或提前派出船只而产生的额外费用由买方承担,前提是货物已明确辨认其为该合同项下的货物。如果买方履行了通知卖方的义务,但船只未按时到达或未接收货物,那么这可能导致货物仓储费增加或货损风险加大,这些费用和风险由买方承担,前提是货物已明确划归为该合同项下,即以所谓的特定化货物为条件。若买方指派的船只按时到达装运港而卖方未能备妥货物,则由此产生的费用由卖方承担。

4. 关于运输合同以及保险合同问题

《2020 通则》规定,“买方自己付费,必须签订从指定装运港运输货物的合同”“卖方没有义务为买方订立运输合同。如果买方要求卖方签订,则卖方必须按照买方的风险以及成本向买方提供买方需要安排运输的任何信息,包括与运输有关的安全要求。如果双方同意,卖方必须按照通常在合同中商定的或由双方以前的交易确定的通常条件进行运输,由买方承担风险以及费用。卖方必须遵守任何与运输有关的安全要求,但仅限于交货”。换句话说,订立运输合同是买方的义务,但在买方承担风险和费用的前提下,卖方可以代买方订立运输合同。

关于保险合同问题,《2020 通则》规定,“卖方没有义务为买方订立保险合同。但是当买方要求的时候,卖方必须向买方提供买方获得保险时所需要的信息,此时一切风险以及费用(如果有的话)由买方承担”。也就是说,办理国际货运保险手续不是卖方的义务,但如果买方要求卖方提供办理保险所需的信息,卖方须提供买方所需的信息,但所有相关风险和费用由买方承担。

5. 关于支付方式的选择问题

《2020 通则》规定,卖方必须自费向买方提供证明货物已按规定交货的单据。在买方提出要求并由其承担风险和费用的情况下,卖方还需协助买方获取运输单据。为降低货款两空的风险,建议卖方通常不应采用商业信用方式结算货款,而应优先选择信用证等银行信用方式进行结算。

6. 关于 FOB 术语在不同国家法律规则解释的差异问题

按照《2020 通则》的解释,在 FOB 术语下,“卖方需自担风险及费用,取得任何出口许可证或其他官方许可并办理货物出口所需的一切海关手续”。FOB 要求卖方负责办理货物出口清关,但卖方没有义务办理货物的进口清关、承担任何进口关税或办理任何进口海关手续。但若按照《1941 年美国对外贸易定义修订本》规定,只有在买方提出请求并承担费用的情况下,指定装运港船上交货(FOB Vessel)的卖方才有义务协助买方取得由出口国签发的货物出口或在目的地进口所需的各种证件,并且出口关税及其他相关费用须由买方承担。因此,我国的外贸企业在与美国及其他美洲国家出口商洽谈 FOB 术语下的进口业务时,除了在 FOB 后面加注 Vessel,还应明确提出由卖方负责取得出口许可证,并支付一切出口关税及相关费用。

【案例 1-1】

我国某出口公司以 FOB 术语出口一批电子产品到某国外公司。合同签订后,国外买方委托我方租船,并由其承担相关费用。我方出口公司接受委托,但由于无法租到合适的船舶,所以合同规定的装运期结束时这批电子产品仍未装船,且买方不同意改变装运港。随后,买方来函以我方未按期租船履行交货义务为由要求撤销合同。对此,我方应如何处理?

【分析】

根据《2020 通则》,在 FOB 术语下,卖方不负责租船订舱及办理保险业务。在实际业务中,卖方可以接受买方的委托代办租船订舱或投保,但如果卖方未能完成买方委托的租船订舱或投保,买方不得因此向卖方提出任何异议或据此撤销合同。因此,对方无权要求撤销合同。

【案例 1-2】

买卖双方按 FOB 术语成交一批小麦。装船时,小麦经公证人检验,符合合同规定的品质条件。卖方在装船后及时向买方发出装船通知。但在航行途中,由于发生舱汗,部分小麦受潮,品质受到影响,买方无法按原计划出售小麦,转而要求卖方赔偿其所遭受的损失。卖方是否应负责赔偿?

【分析】

根据《2020 通则》对 FOB 术语的相关解释，对于货物在运输途中因风险而发生的损失，卖方无须负责赔偿。在本案例中，卖方已将符合合同品质条件规定的小麦装上船，自装运港装上船后，货物的风险已由卖方转移给买方，因此卖方不需要负责赔偿。

二、CFR 术语

(一)CFR 术语的含义

CFR，即 Cost and Freight Paid to(... Named Port of Destination)，成本加运费付至(……指定目的港)，是指卖方在合同规定的装运期内，负责租船订舱将货物装上船并承担装运港装船之前货物灭失或损坏的一切风险与费用，同时支付抵达目的港的运费。CFR 术语是在 FOB 术语的基础上加上装运港至目的港的运费，仅适用于海洋运输或内河运输。根据《2020 通则》的规定，在 CFR 术语下，买卖双方的主要义务如下：

1. 卖方的主要义务

(1)卖方需提供符合合同规定的货物及与之对应的相关单证。

(2)卖方需自行承担风险和费用，取得出口许可证或其他官方批准文件，同时负责办理出口货物过程中所需的海关手续。

(3)卖方应自行签订运输合同，承担运输货物的费用，依照惯常的运输航线，将货物运送至指定的目的港。

(4)在事先约定好的时间范围内，卖方将货物交付到买方指定的装运港船只上，并且及时向买方通知货物已交付的情况。此外，在货物于装运港完成装船之前，所有与之相关的风险均由卖方承担。

2. 买方的主要义务

(1)买方有责任支付货款，并接收卖方所交付的货物及相关单证资料。

(2)买方需自行承担风险与费用，取得进口许可证或其他官方许可，办理货物进口所涉及的全部海关手续，并缴纳相应的税费。

(3)自货物在装运港装上船那一刻起，买方承担除运费之外的其他一切费用，以及货物所面临的全部风险。

(二)采用 CFR 术语应注意的问题

1. 卖方应及时发出装船通知

在 CFR 术语下，卖方必须在货物装上船后及时通知买方。如果卖方未能及时通知买方，可能导致买方无法及时安排卸货或支付保险费用，从而引发不必要的延误或额外费用。

2. 运输风险和费用

根据 CFR 术语规定，货物在装运港装上船后，其运输风险和保险费用由买方承担。因此，买方必须及时向保险公司办理保险并及时安排接收货物。如果买方未能及时履行相关义务，可能导致货物滞留、损失或被退回。交货是在卖方将货物装上船时发生的，而不是在船只到达目的港时发生的，但运输费用却要付到目的地。卖方须支付在船上装载的费用、运费以及任何与运输有关的安全费用，如果运输合同包括过境费或卸货港卸货费，这些费用也由卖方承担。

【案例 1-3】

我方一家公司以 CFR 术语对外出口一批水杯。在装运港，我方按时完成货物装船后，便把相关交易单据寄给买方，要求对方支付货款。但后来业务人员突然意识到，忘记给买方发送装船通知了。这时，买方发来函件，向我方提出索赔，理由是货物在运输途中遭遇海上风险，已经损毁。那么，我方能不能依据货物运输风险在装运港装船后就由买方承担这一规定，来拒绝买方的索赔诉求呢？

【分析】

(1)我方不能单纯以风险划分界限在装运港货物装上船这一点为由，拒绝买方提出的索赔诉求。

(2)此案例适用 CFR 术语。在 CFR 术语下，买卖双方风险划分的关键节点是在装运港货物装船之时：货物在装运港装船之前，所面临的风险由卖方承担；而一旦完成装船，后续风险就转由买方承担。基于这种风险分担模式，为了降低自身可能因风险遭受的损失，买方通常通过向保险公司办理货运保险，将风险转移给保险公司。但需要注意的是，买方能否及时办理保险，取决于卖方在货物装船之后，是否及时给买方发送装船通知。依据 CFR 术语的明确规定，卖方在货物装船后，及时向买方发送装船通知，这是卖方必须履行的一项重要义务。如果卖方没有及时履行这项义务，导致买方无法及时办理投保手续，那么因此产生的损失应由卖方承担。

(3)本案例卖方没有及时向买方发送装船通知，致使买方没能及时办理货物保险，而货物又确实因为海上风险损毁了。所以，对于这批货物的损失，卖方理应负责，不能凭借风险已经转移给买方这个理由，拒绝买方的索赔诉求。

三、CIF 术语

(一)CIF 术语的含义

CIF，即 Cost，Insurance，and Freight Paid to(... Named Port of Destination)，成本、保险费、运费付至(……指定目的港)，是指卖方需在合同约定的装运期限内，将货物交付至指定目的港的船上，并承担货物交到装运船上为止的所有费用以及货物灭失或损坏的风险。此外，卖方还需负责办理货运保险、支付保险费，以及负责租船订舱并支付从装运港到目的港的运费。CIF 术语是现代国际贸易中应用最为广泛的贸易术语，也属于典型的象征性交货。该术语仅适用于海洋运输或内河运输。根据《2020 通则》的规定，在 CIF 术语下，买卖双方的主要义务分别如下。

1. 卖方的主要义务

(1)卖方需自行承担费用，依据通常的条件订立运输合同，并沿着惯常的航线，把货物运送至指定的目的港。而且，卖方要在事先约定好的日期或者期限之内，将符合销售合同规定的货物,在指定的装运港交付到船上。在完成交货操作之后,卖方应当及时通知买方。

(2)在货物装船之前,所有与之相关的风险及费用都由卖方承担。

(3)卖方必须依照合同约定,自行承担费用为货物办理运输保险。

(4)卖方需自行承担风险和费用,获取出口许可证或其他官方要求的许可证件。当业务涉及办理海关手续时,卖方要完成货物出口所需的全部海关手续,其中包括装船前的检验工作。

(5)卖方必须提供商业发票,并自行承担费用,为买方提供在目的港提货所需要的常规运输单据;如果双方约定采用电子信息形式,那么卖方要提供具有同等效力的电子单据。

2. 买方的主要义务

(1)买方应依据销售合同的条款,接收卖方提供的单据,提取货物,并按时支付货款。

(2)自货物装船后,买方承担所有风险及费用;另外,对于特定化货物,由于自身过失所引发的风险及其他额外费用,买方也需承担。

(3)买方须取得进口许可证或其他官方许可。同时,买方应完成货物进口以及过境安检等所需的全部海关手续。

(二)采用 CIF 术语应注意的问题

1. 租船或订舱

根据《2020 通则》的解释,卖方必须签订或取得运输合同,将货物从交货地内的约定交货点(如有)运输至指定的目的港,或该港内的任何约定交货点(如已明确)。运输合同必须按照惯常条款订立,由卖方承担费用、选择通常航线,并使用适用于运输该类货物的船舶进行运输。同时,卖方必须遵守货物运输至目的地期间任何与运输相关的安全要求。对于买方提出的限制船舶国籍、船型、船龄、船级以及指定装载某班轮公司的船只等要求,卖方有权拒绝接受,但在卖方能够满足且不会产生额外费用的情况下,也可考虑接受。

2. 办理保险的责任

通常在签订买卖合同时,合同应明确规定险别、保险金额等内容,卖方须按照合同规定办理相关保险。但如果合同未作具体规定,根据《2020 通则》的解释,卖方必须自费为货物办理保险。该保险必须符合《伦敦保险协会海洋运输货物保险条款(C)》或任何适用于货物运输方式的类似条款,以确保投保的保险至少达到最低保险级别。然而,买卖双方也可以协商约定较高的保险级别。如果买方提出要求,并由买方承担相关费用,那么卖方可以额外投保战争险、罢工险、暴乱险和民变险等附加险。最低保险金额为合同规定的价款加 10%,即按 CIF 发票金额加 10%计算,并采用合同货币投保。

3. 象征性交货(单据买卖)

CIF 术语是一种典型的象征性交货。具体来说,CIF 术语要求卖方按约定时间和地点完成货物装运,并向买方提交符合合同规定的全套单据,包括提单、保险单、商业发票等(单据名称、内容及份数需与合同要求一致)。卖方提交这些单据后,即视为履行了交货义务,而无须保证货物实际到达目的地。即使货物在运输途中损坏或灭失,只要卖方提交了符合合同规定的全套单据,买方仍需按合同付款。由此可见,CIF 术语体现了“卖方凭单交货、买方凭单付款”的特点，属于单据买卖形式。如果货物在运输途中发生损失或到达目的港时质量不符合要求，买方可根据具体情况分别向相关责任方(如船方、保险公司或卖方)提出索赔。

4. CIF 不是到岸价

按 CIF 术语成交时，卖方是在装运港交货，货物装上船以后，风险即由买方承担。货物装船后，从装运港到目的港的运费和保险费由卖方支付，但其他费用由买方负担。此外，买方还需自负风险和费用，取得进口许可证及其他官方证件，办理进口手续，并按照合同规定支付货款。而在到岸价条件下，卖方承担的风险和费用延续至货物到达目的港，交货地点也应是目的港。这种条件属于目的港交货的贸易术语。

【案例 1-4】

广州某出口企业依据 CIF 术语向英国出口一批服装。合同条款明确约定，由该出口企业向中国人民财产保险股份有限公司投保一切险，支付方式采用信用证结算。该出口企业在规定期限内于指定港口完成货物装船作业，船公司随即出具提单。之后，该出口企业在中国银行完成款项议付。次日，该出口企业接到英国客户来电告知，装载货物的海轮在航行途中突发火灾，致使整批服装全部焚毁。英国客户要求该出口企业协助其向中国人民财产保险股份有限公司提出索赔，否则便要求该出口企业全额退回已支付的货款。在此情形下，英国进口商提出的索赔要求是否合理?

【分析】

英国进口商的索赔要求不合理。

(1)按照相关国际惯例，CIF 合同项下的风险划分界限是：货物在装运港装上船之前，风险由卖方承担；在装上船之后，风险由买方承担。在本案中，卖方按照合同规定将货物装上船，已完成交货义务。在货物装上船时，风险即转移至买方，卖方对货物之后出现的任何损失不承担责任。

(2)根据国际惯例和相关法律，以 CIF 术语成交的合同属于象征性交货合同。这意味着卖方只需按照合同规定将货物装上船，并提交合同规定的全套单据，即视为履行了交货义务，而无须保证货物实际到达买方手中。因此，买方不能以货物已被烧毁为由，要求我方企业退回全部货款。

(3)在本案中，买方应自行凭保险单向中国人民财产保险股份有限公司提出索赔。

四、FCA 术语

(一)FCA 术语的含义

FCA，即 Free Carrier (... Named Place)，货交承运人(……指定地)，指卖方需在合同约定的时间内，在指定的地点将已办理出口清关手续的货物交给买方指定的运输公司，并负责承担货物交付给运输公司之前的所有费用以及货物损失或损坏的风险。买方则负责安排从指定地点发出货物的运输合同，并支付相关费用，同时需确保卖方充分了解运输公司的名称、货物交付的时间和地点等要求；此外，买方还需承担货物交付给运输公司之后的所有费用和风险，并确保按照合同约定接收货物并支付相应的货款。FCA 术语适用于多种运输方式，特别适用于集装箱运输和国际多式联运。根据《2020 通则》的规定，在 FCA 术语下，买卖双方的主要义务分别如下：

1. 卖方的主要义务

(1)卖方应当在既定的时间，于指定的地点，将符合销售合同要求的货物，交付至买方所指定的承运人，并且即刻将交付情况通报给买方知晓。

(2)货物被交付给承运人实施管控前，费用支出以及货物面临的灭失或损坏风险，均由卖方负责承担。

(3)卖方负责办理货物出口手续，获取出口许可证或者其他相关的官方批准文件。一旦业务涉及办理海关手续的情形，卖方必须完成货物出口所涉及的所有海关手续，其中包含装货之前的检验环节。

(4)卖方要提供商业发票，倘若交易双方约定采用电子通信形式进行商务往来，那么卖方需提供具备同等法律效力的电子单据，同时还应提供按照惯例所需的货物交付凭证。

2. 买方的主要义务

(1)买方负责签订从指定地点起运货物的运输合同，并承担相应的运费，而且要把承运人的具体信息，诸如名称以及货物交付的日期、地点等要求告知卖方。

(2)买方应依照买卖合同的条款规定，接收卖方交付的货物，并履行支付货款的义务。

(3)自接收货物之日起，其所产生的一切风险及费用，均由买方承担。

(4)买方负责获取进口许可证或其他官方许可文件。当业务涉及办理海关手续时，买方应负责办理货物进口流程中所需的海关手续，其中包括货物过境时的安检手续。

(二)采用 FCA 术语应注意的问题

1. 关于交货地点

按照《2020 通则》的规定，卖方必须在约定的日期或期限内，在指定地点或指定地点的约定点(如有约定)，将货物交付给买方指定的承运人或其他人。如果双方约定的交货地点是在卖方的所在地，则当货物装上买方提供的运输工具时，交货即完成。在任何其他情况下，当货物在卖方的运输工具上可供卸载，并可由承运人或买方指定的其他人处置时，卖方的交货即完成。

以 FCA 条款进行的货物销售可以仅指定交货地点在卖方所在地或其他地方，但不具体说明在该指定地点内的详细交货点。但建议双方应尽可能清楚地指明指定地点范围内的详细交货地点。详细的交货地点能让双方清楚货物交付的时间和风险转移至买方的时间。

2. 风险转移

采用 FCA 术语成交时，买卖双方的风险划分以货交承运人为界。如果由买方指定承运人，而买方未在约定时间内安排承运人，那么关于其后的风险承担问题，《2020 通则》的解释是：自规定的交付货物的约定日期或期限届满之日起，由买方承担货物灭失或损坏的一切风险，但以货物已被划归本合同项下为前提条件。然而，若是买方原因导致卖方无法按时完成交货义务，只要货物已被“清楚确定为合同项下的货物”，那么风险转移的时间可以提前。

3. 责任和费用划分

FCA 术语适用于包含多式联运在内的各类运输模式。由于所采用的运输方式存在差异，卖方交货的地点会有所变化。在某些情况下，卖方需要在出口国的内陆区域，如车站、机场或者内河港口等地完成交货。不管最终的交货地点具体在何处，依据《2020 通则》的规定，卖方都必须自行承担货交承运人之前可能遭遇的风险及费用，获取出口许可证或者其他官方批准的文件，并且要完成货物出口所必需的全部海关手续流程。

在 FCA 术语下，买卖双方对于费用的承担，一般是以货物交付给承运人为界限来进行区分。也就是说，在货物被交付至承运人控制之前所产生的相关费用由卖方负责；当货物交付至承运人之后所产生的各项费用则由买方承担。

若买方未能在合同规定的时间内指定承运人，则由买方承担之后产生的费用，但以货物已明确被确定为合同项下货物为限。

4. FCA 术语《2020 通则》约定了已装船批注提单

合同约定采用 FCA 贸易术语，而货物通过海洋运输的方式运输，卖方或买方（如使用信用证方式支付）可能需要已装船提单。然而，在 FCA 术语下，卖方的交货义务在货物装船前已经完成，因此无法确定卖方能否从承运人处获取已装船提单。买方和卖方可以约定，买方将指示其承运人在货物装船后向卖方签发已装船提单，然后卖方有义务，通常通过银行，向买方提交该提单。

此外，应买方要求并由其承担风险和费用，卖方必须向买方提供便于买方安排运输所需的任何信息，包括与运输有关的安全要求。如有约定，卖方必须按照通常条件订立运输合同，由买方承担风险和费用。

5. FCA 术语《2020 通则》规定了允许买方使用自己的运输工具安排运输

在《2020 通则》中，通常设定卖方和买方之间的货物运输将由第三方承运人负责，而未考虑卖方或买方自行负责运输的情况。

在《2020 通则》中，考虑到某些情况下虽然货物要从卖方运往买方，但仍然可以在不需要雇用任何第三方承运人的情况下进行运输。因此，在 FCA 贸易术语中，允许买方使用自己的运输工具收货并将其运往买方所在地。

（三）FCA 术语与 FOB 术语的异同点

1. 相同点

（1）采用这两种贸易术语时，买方负责运输和保险，货物价格不包括运输和保险费用。

（2）在交货条件上，两者都是在出口国装运港完成交货。

（3）签订的买卖合同属于装运合同，卖方装运后即完成主要义务，运输风险和后续安排由买方负责。

2. 不同点

（1）适用运输方式的差异：FOB 术语主要适用于海洋运输，涵盖从装运港到目的港的流程；而 FCA 术语适用范围更广，包括海洋运输、公路运输、铁路运输、航空运输及多式联运。

（2）交货地点的区别：在 FOB 术语下，卖方负责将货物装船完成交货；而在 FCA 术语下，卖方仅需在指定地点将货物交给买方指定的承运人。

(3)风险划分地点的不同：在 FOB 术语下，货物风险在装运港装船时由卖方转移给买方；而在 FCA 术语中，风险在出口国装运地交付给承运人时转移。

(4)交货性质的不同：FOB 术语代表象征性交货，卖方装货并提供合格单据即完成交货，不保证货物到达。FCA 术语交货复杂，通过海洋运输方式且有可转让提单时类似象征性交货，卖方提供单据即可；在其他运输方式下，卖方需确保将货物实际交付给买方指定的承运人。

【案例 1-5】

2021 年，中国的甲公司与德国的乙公司达成交易，以 FCA 术语从德国某内陆城市进口一批牛奶，合同明确适用《2020 通则》。买方甲公司依照约定，按时派遣租用的货车抵达指定交货地点(卖方乙公司所在地)，并要求乙公司协助完成装车作业。然而，乙公司却以手头订单众多、人手短缺为由，拒绝进行装车操作。无奈之下，甲公司只能另行雇用当地人员完成装车工作。就在货物刚装载上车，还没来得及实施防护措施时，天空突然下起大雨，致使部分货物受潮遭受污染，严重影响了货物原本的商业价值。那么在这种情况下，买方甲公司是否有权要求卖方乙公司支付装车费用，并对货物损失予以赔偿？

【分析】

按照《2020 通则》的相关规定，交货地点的确定对于装卸货物责任的界定有着直接影响。在本案例中，双方约定的交货地点在卖方所在地。基于此，依据规则，卖方乙公司负有将货物装载到买方甲公司所安排的承运人提供的运输工具上的责任。因此，买方甲公司完全有合理依据要求卖方乙公司支付装车费用，并对货物损失进行赔偿。值得注意的是，在本案例中，如果双方约定的交货地点并非卖方所在地，而是其他地点，那么卖方乙公司的责任则转变为自行承担风险和费用，提供运输工具将货物运送至约定的交货地点，并在自身提供的运输工具上完成交货，此时卖方乙公司无须承担卸货责任，更不需要将货物转装至买方指定的主要运输工具之上。

五、CPT 术语

(一)CPT 术语的含义

CPT，即 Carriage Paid to(... Named Place of Destination)，运费付至(……指定目的地)。该术语指的是，一旦货物被交付给卖方所指定的承运人，卖方就履行完了交货义务，但在此过程中，卖方还需承担将货物运输到指定目的地所需的运费。CPT 术语适用于各类运输方式。根据《2020 通则》的规定，在 CPT 术语下，买卖双方的主要义务如下：

1. 卖方的主要义务

(1)卖方要签订将货物运输到指定目的地的运输合同，并且承担相应的运输费用。

(2)卖方应在合同约定的时间内，于指定地点将符合合同要求的货物交付承运人管控，并立即将交付情况通知买方。

(3)在货物交付给承运人管控之前，所有可能出现的风险都由卖方承担。

(4)卖方需自行承担风险与费用，获取出口许可证等相关官方文件，办理货物出口的报关手续，缴纳关税以及报关所涉及的费用。

(5)卖方要提供商业发票，以及在目的地提货通常所需的运输单据；若买卖双方约定采用电子通信方式进行商务往来，则卖方需提供具有同等效力的电子单据。

2. 买方的主要义务

(1)买方需接收卖方提供的相关单据和货物，并按照合同规定支付货款。

(2)从货物在约定交货地点交付给承运人那一刻起，后续产生的所有风险由买方承担。

(3)买方自行承担风险和费用，取得进口许可证或其他官方文件，办理货物进口的报关手续。

(二)采用 CPT 术语应注意的问题

1. 风险划分的界限

当交易按照 CPT 术语达成时，尽管卖方有责任签订从货物起始地至指定目的地的运输合同，并承担运费支出，但卖方所承担的风险范围并不涵盖整个运输至目的地的过程。依据《2020 通则》的规定，货物从交货地点开始，直至抵达目的地这一运输阶段所面临的风险，由买方负责承担，而卖方仅承担在将货物交付给承运人实际控制之前所存在的风险。特别是在多式联运的复杂运输模式下，一旦卖方将货物交付给第一承运人进行控制，相应的风险便即刻转移至买方。

2. 责任和费用的划分

在 CPT 术语下，卖方负责指定合适的承运人，并订立运输合同，以确保货物被运送至指定的目的地，同时卖方需支付正常的运输费用。其他相关费用，通常情况下由买方承担。

此外，卖方将货物交付给承运人之后，应当及时向买方发送货物已交付的通知。这一通知行为极为重要，它能够帮助买方在货物的目的地顺利办理货运保险事宜，并做好接收货物的准备。若买卖双方在合同中没有明确买方接收货物的具体地点，则卖方有权在目的地挑选一个对自身最为便利且符合交易整体要求的地点来完成货物交付。

(三)CPT 术语与 CFR 术语的异同点

1. 相同点

(1)就性质而言，CPT 术语和 CFR 术语均属于装运合同。这表示卖方的主要责任是按时交付货物，无须保证货物准时到达目的地。运输途中货物的到达风险不由卖方承担。

(2)无论是 CPT 术语还是 CFR 术语，卖方都需负责订立运输合同并承担运输费用，确保货物顺利运往目的地。

(3)在 CPT 术语和 CFR 术语下，风险转移的关键点是卖方完成交货。一旦卖方满足合同条件交付货物，后续运输风险即转移给买方。

2. 不同点

(1)适用的运输方式不同：CPT 术语广泛适用于各种运输方式，包括公路运输、铁路运输、航空运输、海洋运输和多式联运，适应不同场景需求；CFR 术语则主要适用于水上运输，如海洋运输和内河运输。

(2)交货地点不同:在CPT术语下,交货地点根据所选运输方式由双方协商,可能是货运站、机场或内河港口等;而CFR术语则明确交货地点为装运港。

(3)风险划分界限不同:在CPT术语下,风险在货物交付给买方指定的承运人时转移;在CFR术语下,风险在货物装上船时转移,装船前由卖方承担,装船后由买方承担。

(4)提供的单据不同:在CFR术语下,卖方提供海洋运输提单,它是物权凭证,代表货物所有权。提单可转让,便于途中交易。而在CPT术语下,卖方提供联运单据,它仅证明货物交接,无物权凭证功能,不可转让或出售。

【案例1-6】

中国A公司与美国B公司签订了一份CPT术语的合同,约定A公司向B公司销售1000吨水稻,交货地点为中国某港口,目的地为美国洛杉矶。合同明确规定了货物的品质、数量、价格和交货时间等条款。在合同履行过程中,A公司按照约定将水稻交给了承运人,并支付了运费。然而,在运输途中,由于天气原因,船舶遇到了风暴,导致部分水稻受潮受损。B公司在收到货物后,向A公司提出索赔要求,认为A公司应该对货物的损失承担责任。A公司则认为,根据CPT术语的规定,货物在交给承运人之后的风险应由买方承担,因此B公司无权向其索赔。双方就此产生了分歧。

【分析】

经过仲裁机构的审理,最终裁定A公司无须对货物的损失承担责任。仲裁机构认为,根据CPT术语的规定,货物在交付给承运人后,其风险应由买方承担。此外,天气原因属于不可抗力因素,A公司无法预见或控制这一情况,因此B公司的索赔要求不成立。

本案例说明,在采用CPT术语时,买卖双方需明确货物风险划分界限。在本案例中,A公司已按照约定将货物交付给承运人并支付了运费,因此货物的风险应由买方B公司承担。如果货物损失是由不可抗力因素导致的,卖方A公司无须承担责任。

同时,本案例也提醒买卖双方在签订合同时,应明确货物的品质、数量、价格和交货时间等条款,并在合同中明确规定双方的权利和义务。如果发生争议,双方可以依据合同条款和国际贸易惯例进行仲裁或诉讼解决。

六、CIP术语

(一)CIP术语的含义

CIP,即Carriage and Insurance Paid to(... Named Place of Destination),运费、保险费付至(……指定目的地),指卖方将货物在双方约定地点交给其指定的承运人或其他人。卖方必须签订运输合同并支付将货物运至指定目的地所需的费用,还必须负责办理货物运输保险并支付保险费。根据《2020通则》的规定,在CIP术语下,买卖双方的主要义务分别如下:

1. 卖方的主要义务

(1)卖方必须提供符合合同规定的货物和商业发票,或具有同等效力的电子单据,以及合同可能要求的证明货物符合合同规定的其他证件。

(2)卖方应在合同规定的时间和地点,将合同规定的货物交由买方指定的承运人控制,并及时通知买方。

(3)卖方应与买方订立将货物运往指定目的地的运输合同,并支付相关运费。

(4)卖方应按照买卖合同的约定,自行承担保险费用,为货物运输投保。

(5)卖方应承担货物在交付给承运人控制之前的风险。

(6)卖方应自负风险和费用,取得出口许可证或其他官方批准文件,并办理出口清关手续,支付关税及其他相关费用。

2. 买方的主要义务

(1)买方接收卖方提供的相关单据,受领货物,并按合同规定支付货款。

(2)买方承担在约定交货地点将货物交付给承运人控制之后的风险。

(3)买方自负风险和费用,取得进口许可证或其他官方批准文件,并办理货物进口所需的海关手续,支付关税及其他相关费用。

(二)采用 CIP 术语应注意的问题

1. 风险与保险

在 CIP 术语下,卖方负责办理货运保险并支付保险费,但货物从交货地点运往目的地的运输途中的风险由买方承担。因此,卖方的投保行为实际上属于代办性质。通常情况下,卖方应按照双方协商确定的保险类型进行投保。如果双方未在合同中明确规定保险类型,则卖方应按照惯例投保最低范围的保险。

2. 运费和保险费

在 CIP 术语下,卖方需负责办理货运保险并支付保险费,还需负责支付运费。

3. 交货地点和时间

在 CIP 术语下,交货地点和时间应在合同中明确规定。如果交货地点不明确,可能导致双方对货物的交付产生争议。

4. 货物检验和索赔

在 CIP 术语下,买方有权对货物进行检验,并在发现货物与合同规定不符时向卖方提出索赔。因此,合同应明确规定货物的检验方式和索赔程序。

5. 适用范围

CIP 术语适用于各种运输方式,包括多式联运。因此,在采用 CIP 术语时,双方应明确规定货物的运输方式和路线。

【案例 1-7】

我国山东有一家公司,依据 CIP 术语向菲律宾的 A 公司出口饲料,货物的目的地是菲律宾的马尼拉港。在合同所规定的时间范围内,卖方准备好了货物,并将货物交付给承运人。在办理货物装运相关手续时,卖方考虑到此次运输的里程相对较短,而且过往类似贸易中从未出现过意外情况,所以没有为货物购买保险。货物由承运人负责运输后,顺利抵达目的地马尼拉港。卖方在得知货物已安全到达的消息后,携带相关单据前往银行申请议付,然而却遭到银行的拒绝。银行给出的拒付理由是单据中缺少保险单，这与信用证的要求不符。

卖方对此进行抗辩，认为货物已经安全抵达目的地，并且完全符合合同约定，保险单此时已失去实际作用。但银行依旧坚持拒绝议付，最终导致卖方遭受了严重的经济损失。

【分析】

在该案例中，山东公司作为卖方依据CIP术语与菲律宾A公司进行交易，却因单据问题遭银行拒付。在CIP术语条件下，卖方有义务为货物购买保险并提交保险单等全套合格单据。虽然此次运输的里程较短且过往类似贸易中未出现意外情况，但卖方不能因此免除投保责任。另外，银行在信用证业务中遵循严格的单据相符原则，只要单据与信用证要求不符，银行就有权拒付。在该案例中，信用证要求提供保险单，而卖方未投保，导致单据缺失，银行拒付合理合法。

任务二　其他贸易术语

一、EXW术语

EXW，即EX Works(... Named Place)，工厂交货(……指定地点)，是指卖方在规定的时间和约定的地点将符合合同规定的货物准备好，由买方自行安排运输工具到交货地点接收货物，并自行承担将货物从交货地点运至目的地的一切风险、责任和费用。由此可见，采用EXW术语成交时，卖方在将货物交付给买方后即完成交货义务。卖方无须办理出口清关或将货物装上运输工具，买方则需承担在卖方所在地受领货物后的全部费用及风险，出口及进口清关手续也均由买方负责。该术语是《2020通则》中所有术语中卖方费用、责任及风险最小的术语，适用于各种运输方式。根据《2020通则》的规定，在EXW术语下，买卖双方的主要义务分别如下：

1. 卖方的主要义务

(1)卖方必须按合同规定的方式，在约定时间将货物交付买方。货物交付前，所有风险和费用由卖方承担。

(2)卖方应提供报关文件和海关信息以助通关。交付前，卖方需告知买方准确的交货时间和地点。

(3)除非另有约定，货物交付前所有风险和费用均由卖方承担。

2. 买方的主要义务

(1)买方需自行获取出口、进口许可证及其他官方批准文件，并负责办理货物进出口的全部海关手续。

(2)买方接收货物后，负责所有后续费用，包括运输至目的地的费用、运输保险费及其他相关费用。同时，买方还需承担货物出口和进口时的关税及其他费用。

(3)卖方交付货物后，买方必须接收并按合同支付货款。

二、FAS 术语

FAS，即 Free Alongside Ship(... Named Port of Shipment)，装运港船边交货(……指定装运港)。根据《2020 通则》，交易按照 FAS 术语成交，卖方需在约定的时间内将合同规定的货物交到指定装运港的买方所指派的船只旁边，在船边完成交货任务。买卖双方承担的义务均以装运港船边为界。如果买方所派的船只不能靠岸，卖方需负责用驳船将货物运至港口外的船边，仍需在船边交货，但装船的责任和费用由买方承担。买方必须承担交货后的货物损坏或灭失的一切风险。该术语仅适用于海洋运输或内河运输。根据《2020 通则》的规定，在 FAS 术语下，买卖双方的主要义务如下：

1. 卖方的主要义务

(1)卖方须在规定期限内将货物运至指定装运港，并置于买方指定船只旁边。

(2)卖方需办理货物出口手续，包括装船前检验，并承担出口清关费用。

(3)货物在交付至买方船边前，所有风险和费用由卖方承担。

(4)卖方须提供商业发票，可为纸质版或电子版，并附上货物清单及符合合同要求的相关证明文件，如检验检疫证书等。

2. 买方的主要义务

(1)买方需接收卖方的单据和货物，并按合同支付货款。

(2)货物交付至船边后，所有风险和费用均由买方承担。

(3)买方须自行承担风险和费用，获取进口许可证及官方批准文件，办理必要的海关手续，包括过境安检，同时支付关税及相关费用。

三、DAP 术语

DAP，即 Delivered at Place(... Named Place of Destination)，目的地指定地点交货(……指定目的地)。根据 DAP 术语，卖方需在合同约定的日期或期限内，将货物运至合同规定的目的地指定地点，并将货物置于买方的控制之下，在卸货之前即完成交货。卖方需提交商业发票以及合同要求的其他相关单证，并承担将货物运至指定目的地的一切风险及费用(不包括进口相关费用)。DAP 术语规定的交货地和到货地一致，适用于任何运输方式，包括多式联运。根据《2020 通则》的规定，在 DAP 术语下，买卖双方的主要义务如下：

1. 卖方的主要义务

(1)卖方与买方签订运输合同，将货物运至指定港口或目的地，并支付运费。若交货地点不明确或无法确定，卖方应选择最合适的交货地点。

(2)卖方自行承担风险和费用，获取出口许可证及其他官方批准文件，办理货物出口及交货前运输所需海关手续，包括装船前检验，支付税款及其他出口费用等。

(3)卖方承担货物在装载于可供卸载的运输工具上并交由买方处置之前的一切风险和费用。

(4)卖方应及时通知买方收货，提交商业发票，并承担费用，提供提取货物所需的运输单证或等效电子单据。

2. 买方的主要义务

(1)根据合同规定,买方需在卖方交货时接收货物并支付相应价款。自收货起,买方承担货物损坏或灭失的风险及所有相关费用。

(2)买方需自行承担风险和费用,完成进口安检、清关等手续,并支付进口关税及其他相关费用。

(3)买方需承担从运输工具上卸货所需的一切费用。

四、DPU 术语

DPU,即 Delivered at Place Unloaded(... Named Place of Destination),(……指定目的地)卸货后交货,是指卖方在指定的目的地卸货后完成交货。在 DPU 术语下,卖方需承担将货物运至指定目的地的全部运输风险及费用。DPU 适用于铁路运输、公路运输、航空运输、海洋运输、内河航运或多式联运等各种贸易运输方式。根据《2020 通则》的规定,在 DPU 术语下,买卖双方的主要义务如下:

1. 卖方的主要义务

(1)卖方与买方签订运输合同,将货物运至指定目的地的交货点,并支付运费。若交货点不明确或无法确定,卖方可在目的地选择最佳交货地点。

(2)卖方自行承担风险和费用,获取出口许可证及其他官方批准文件,办理货物出口及交货前运输所需的一切海关手续,包括装船前检验,支付税款和其他出口费用等。

(3)在合同期限内,卖方负责将货物运至指定地点并卸货,费用自理,确保货物交付至买方。

(4)卖方应通知买方及时收货,提交商业发票,并承担费用,提供提取货物所需的运输单证或合同约定的电子单据。

2. 买方的主要义务

(1)买方在卖方交货时接收货物并支付价款,承担收货后货物损坏、灭失的风险及交货后的费用。

(2)买方自行承担风险和费用,获取进口许可证及其他官方批准文件,办理进口清关手续,包括过境安检,支付税款及其他进口费用。

(3)买方应卖方请求,并在卖方承担风险和费用的前提下,及时向卖方提供货物运输所需的文件和信息,并给予协助。

五、DDP 术语

DDP,即 Delivered Duty Paid(... Named Place of Destination),完税后交货(……指定目的地),是指卖方在指定目的地办理完进口清关手续后,将在交货运输工具上尚未卸下的货物交给买方,完成交货。卖方必须承担将货物运至指定目的地的一切风险及费用,包括在需要办理进口海关手续时在目的地应缴纳的所有费用,包括手续费、税款以及其他费用。DDP

是卖方承担责任最大的术语。该术语的交货地和到货地是一致的，可用于所有的运输方式，包括多式联运。根据《2020 通则》的规定，在 DDP 术语下，买卖双方的主要义务分别如下：

1. 卖方的主要义务

（1）卖方必须按照合同及其规定的结算方式，在买方指定的地点将货物交付给买方。

（2）卖方应协助买方办理货物进口相关的报关手续，包括协助获得进口许可证及其他必要文件。

（3）卖方需承担货物在指定目的地交付给买方前的一切风险和费用。

（4）卖方应自负风险和费用，取得出口许可证及进口许可证以及其他相关官方批准的文件，并办理货物出口及进口所需的海关手续，支付关税及其他相关费用。

2. 买方的主要义务

（1）买方应在合同规定的时间和地点接收货物，并按合同规定支付货款。

（2）买方需承担货物在目的地接收后的一切风险和费用。

（3）如果买方决定交付货物的具体时间和地点，必须事先通知卖方。

（4）买方有义务接收卖方按要求提供的运输文件及其他相关文件。

任务三　价格核算

一、价格核算的基础知识

对价格的掌控是一项非常复杂的工作，国际贸易必须正确贯彻我国进出口的作价原则，切实掌握国际市场的价格变动趋势，充分考虑影响价格的各种因素，加强成本及盈亏的核算，并熟练进行进出口商品价格核算。

（一）作价原则

（1）按照国际市场价格水平作价。从理论上讲，国际市场价格是在商品的国际价值基础上形成的，虽然有一定的波动范围，但总体上国际市场价格是围绕国际价值波动的。国际市场价格是确定进出口商品价格的客观依据。

（2）结合国别和地区政策定价。确定进出口商品价格在参考国际市场价格水平的同时，还应适当考虑我国的外交政策，尤其是不同时期我国的国别和地区政策，如我国提出的“一带一路”倡议等。

（3）结合购销意图定价。对于进出口商品的价格，可以在参考国际市场价格水平的基础上，根据国家或企业的购销意图进行调整，即可以略高或略低于国际市场价格。

（二）定价方法

出口贸易通常采用固定定价方法，即在交易磋商中先将价格固定下来，作为之后支付及结算的不变标准。然而在实际业务中，出口商有时也会采用非固定价格，根据具体情况灵活选择不同的定价方法。

1. 固定价格

出口贸易合同中的价格条款大部分是在双方协商一致的基础上明确规定具体价格，这也是国际上的普遍做法。根据各国法律，合同价格一旦确定，就必须严格执行，任何一方不得擅自更改。固定价格具有明确、具体以及便于核算的特点。然而，在国际货物买卖中，采用固定价格意味着买卖双方需要承担从订约到交货、付款以及转售期间价格变动的风险。在国际市场行情剧烈波动的情况下，固定价格可能会影响合同的顺利履行。为此，在采取固定价格时，首先，必须深入、细致地预判影响商品供需的各种因素；其次，必须认真调查客户的资信情况，并慎重选择订约对象。

2. 非固定价格

非固定价格，即一般业务中所谓"活价"，大体上可分为以下四种类型。

(1)在价格条款中明确规定作价时间及作价方法。例如，"在装运月份前 45 天，参照当地及国际市场价格水平，协商议定正式价格"或"按提单日期的国际市场价格计算"。

(2)仅规定作价时间。例如，"由双方在××年×月×日协商确定价格"。需要注意的是，由于未就作价方式做出明确规定，这种做法容易为合同执行埋下不稳定因素，可能导致合同无法顺利执行。因此，这种方式通常仅适用于双方有长期合作且已形成较为固定的交易习惯的情形。

(3)暂定价格。在合同中先订立一个初步价格，将其作为开立信用证及初步付款的依据。待双方确定具体价格后再进行最后清算，多退少补。例如，"单价暂定为 CIF 神户，每公吨 1000 英镑，作价方法以××交易所 3 个月期货，按装船月份平均价加 5 英镑计算。买方按本合同规定的暂定价格开立信用证"。

(4)部分固定价格，部分非固定价格。为了解决双方在采用固定价格或非固定价格方面的分歧，有时可以采用部分固定价格、部分非固定价格的做法，或分批作价。交货期近的价格在订约时先固定下来，其余则在交货期前一定期限内作价。

(三)计价货币的选择

计价货币是指合同规定的用于计算价格的货币。支付货币是指双方当事人在合同中规定用于清偿债务的货币。硬币是指具有升值或汇率上浮趋势的货币，也称强币。软币是指具有贬值或汇率下浮趋势的货币，也称弱币。

1. 自由外汇

凡两国间的进出口商因贸易而发生的债权债务，双方要用可自由兑换的货币加以结清，即现汇贸易。在现汇贸易条件下，一国出口商从另一国进口商所收取的可兑换货币可自由运用。它既可用于支付从对方国家进口的货款，也可以自由支付给第三者，或兑换成其他货币。因此，在现汇贸易条件下，所收付的这类可兑换货币就是自由外汇。

外币与外汇的区别在于：并非所有的外币都是外汇，只有当某种外币被用作支付手段时，才称为外汇。因此，外汇包括外币，但外币不一定都是外汇(银行买卖外币和外汇的汇率不同，外汇的汇率通常较高)。

2. 关于合同中币种选择和换算的惯例与原则

(1)如果合同的价格以双方约定的某种货币表示,并且未规定使用其他货币支付,那么合同规定的货币即为计价货币和支付货币。

(2)如果合同既规定了计价货币又规定了支付货币,那么应对两种货币的换算比率作出规定。如果合同未作出规定,按照国际惯例,以付款日两种货币的汇率作为换算依据进行支付。

3. 保值条款

在金本位制度下,两国货币的汇率以其含金量作为兑换基础。固定汇率也是以两国的金平价作为汇率换算的基础。1973 年固定汇率制崩溃后,各国实施浮动汇率制,外汇汇率在市场上自由浮动,这给进出口贸易带来了很大风险。为规避汇率变动对贸易的影响,必须了解如何采用黄金保值条款或汇率保值条款来规避风险。

(1)黄金保值条款

黄金保值条款是指在签订合同时,根据计价货币的金平价来确定支付金额。如果计价货币发生贬值,则应根据货币贬值的幅度对支付金额进行调整,以确保合同条款的价值稳定。

(2)汇率保值条款

在订立合同时,双方应明确规定计价货币与支付货币之间的汇率。如果付款时该汇率发生变动,则合同价格需按比例进行调整。合同中涉及的汇率保值条款可以结合软币和硬币使用,主要包括以下几种。

① 计价货币为硬币,支付货款使用软币。双方在签订合同时规定,按照付款时的汇率换算软币的金额,以确保卖方完全收回货款。

② 计价货币为软币,支付货款使用硬币。双方在订立合同时应规定锁定汇率,即在支付时按照合同规定的汇率进行换算,从而确保卖方的货款不受损失。

例如,合同中规定:“本合同项下的日元币值,应按××××年××月××日国际外汇市场的汇率 USD1=JPY80 确定。”(假设美元为硬币,日元为软币)。

③ 计价和支付均使用软币,双方签订合同时应规定与某一硬币锁定汇率,并将其换算为若干硬币的数量。付款时按照当时的汇率,支付等同于若干硬币价值的软币数量。

例如,在日元为软币的情况下,合同中可以规定:“本合同项下的日元货款金额按合同签订时纽约外汇市场日元和美元(假设美元为硬币)的汇率 USD1=JPY80 确定,合同项下的货款相当于 10 万美元。在付款当日,需按当时的汇率支付相当于 10 万美元的日元货款。”

④ 一揽子汇率保值:使用软币计价和支付时,可采用“一揽子汇率”保值。确定软币与几种货币的平均汇率,并根据支付当日汇率变化调整,折算成原货币支付。综合汇率的计算方法,如简单算术平均法或加权平均法,由双方协商确定。例如,合同可规定美元币值按特定日期中国银行公布的欧元和英镑对美元中间价的算术平均汇率确定,将其作为调整基数。若议付日汇率变化不超过±2%,则货款支付将按实际变动作比例调整,买方信用证须明确此规定。

(四)影响因素

进出口商品定价的影响因素可以归纳为以下几个方面:

(1)商品质量。在国际市场上,高质量商品通常价格较高。此外,包装、设计、商标和品牌知名度等因素也会影响价格。

(2)运输距离。国际货物买卖常涉及远距离运输,这会影响运费和保险费,进而影响商品价格。因此,定价时需仔细核算运输和保险成本,体现不同贸易术语的选择差异。

(3)季节性需求的变化。在国际市场上,节庆相关商品若能提前上市,则可能高价售出。错过时机则其售价大受影响,甚至可能低于成本价销售。因此,出口商应利用需求季节性变化,争取有利成交价。

(4)成交数量。国际市场商品价格与成交数量紧密相关。成交数量大可获得优惠价格,如数量折扣;成交数量少则可能面临高价。

(5)支付条件和汇率变动。支付条件和汇率变动会影响商品价格。例如,预付货款通常比远期信用证便宜。交易时应争取有利货币,若用"软币"结算,需考虑汇率风险,适当提高出口价格。

二、进出口商品的价格核算

(一)价格核算步骤

1. 明确贸易术语

进出口商品价格的构成是指影响进出口商品价格的费用项目,是决定成交价格的基础。由于使用的贸易术语不同,进出口商品价格的构成也会有所差异。

2. 核算商品成本与费用

以下以贸易术语 FOB 为基础,介绍影响进出口商品价格的成本与费用:

(1)实际购货成本;

(2)商品包装费(若出口时使用出厂商品包装,则不另计包装费,其包装费已计入工厂生产成本中);

(3)商品仓储保管费用(包括保险费和货物损耗);

(4)加工整理费;

(5)国内运输费和装卸搬运费;

(6)商品检验费;

(7)出口关税及各种税费;

(8)领取相关出口证件及办理托运、报关和结汇等手续的费用;

(9)各种杂费(如业务通信费、港区杂费和贷款利息等)。

3. 核算预期利润

在国际贸易领域,进出口商品预期利润的精准核算对企业的市场竞争力和盈利能力至关重要。常见的核算方法包括以下几种:

(1)成本加成定价法。该方法以全面核算商品的总成本为基础,总成本涵盖采购成本、国内运输费、仓储费、报关报检费、国际运费、保险费等一系列直接成本和间接成本。以进口电子产品为例:若其采购成本为每台 1000 元,国内运输费为每台 50 元,仓储费为每台 10

元，报关报检费为每台20元，国际运费为每台100元，保险费为每台30元，则总成本为1210元。在此基础上，企业根据自身的盈利目标设定加成率，加成率反映了企业期望在成本基础上实现的利润率。假设企业期望利润率为20%，则预期售价为1210×(1+20%)=1452(元)。这种定价方法的优势在于计算简便，能够确保企业在覆盖成本的同时实现一定的利润目标，但缺点是相对忽视了市场需求和竞争态势的动态变化。

(2)目标利润定价法。该方法要求企业预先设定明确的目标利润额。例如，企业计划进口并销售1000台上述电子产品，目标利润设定为50000元，那么每台电子产品需分摊的目标利润为50000÷1000=50(元)。随后，将分摊后的目标利润与商品总成本相加，即可得出预期售价。已知该电子产品的总成本为1210元，故预期售价为1210+50=1260(元)。目标利润定价法有助于企业明确盈利目标，并围绕这一目标组织生产与销售活动，但对市场需求的适应性考虑较为不足。

(3)随行就市定价法。随行就市定价法强调紧密参照市场上同类产品的价格水平来确定自身产品的售价。例如，当市场上同类型电子产品的售价普遍处于1300～1500元区间时，企业需综合评估自身产品的质量、品牌影响力、售后服务等差异化因素，将预期售价合理定位于这一区间内，例如1400元。这种定价策略能够使企业在市场价格体系中保持相对稳定的竞争地位，降低价格竞争风险，同时也反映了市场均衡价格对企业定价的约束作用。

(4)需求导向定价法。需求导向定价法主要考虑消费者的需求强度和价格敏感度对定价的影响，尤其适用于需求弹性较大的商品。以进口时尚服装为例，在销售旺季，消费者需求旺盛且对价格敏感度较低，企业可以将预期售价设定在较高水平；而进入淡季，消费者需求减弱，对价格敏感度显著提高，企业通常需要降低预期售价以刺激消费。例如，旺季时市场可接受的价格为每件500元，而淡季可能需降至300元。该方法体现了以消费者为中心的定价理念，有助于企业根据市场需求的动态变化优化价格策略，从而实现利润最大化。

(5)竞争定价法。竞争定价法要求企业深入分析竞争对手的价格策略和产品特性。仍以前面的进口电子产品为例：若竞争对手的电子产品质量与本企业的相近，但售价为1350元，企业为了获取竞争优势，可以选择将预期售价适度降低，如定为1300元；或者企业通过提供更优质的售后服务，如延长保修期、增加技术支持等，即便定价与竞争对手相近(如1350元左右)，也能凭借差异化服务吸引消费者。这种定价方法使企业能够根据竞争态势灵活调整价格，从而提升产品的市场竞争力。

(二)商品价格核算举例

下面以出口商品FOB报价为例，采用成本加成定价法。

【例题1-1】

东升贸易公司的小宋收到法国公司关于以FOB术语求购3000双运动鞋的电子邮件后，立即向供货商询价，得知每双运动鞋的价格为80元(含增值税17%)。出口包装费用为每双2元。此外，估计整批货的国内运杂费共计10000元，出口商检费300元，报关费150元，港区港杂费800元。运动鞋的出口退税率为11%。公司的定额费用为购货价格的5%，东升贸易公司的预期利润为成交价的20%。问：小宋应向法国公司报多少价格？(假设

人民币兑美元的汇率为 6.1∶1)

【分析】

1. 计算单位产品实际购货成本

(1)实际购货成本＝购货价格－出口退税额

(2)出口退税额计算：

首先计算不含税的购货价格，购货价格(不含税)＝含税购货价格÷(1＋增值税率)＝80÷(1＋17%)≈68.38(人民币元/双)

出口退税额＝不含税购货价格×出口退税率＝68.38×11%≈7.52(人民币元/双)

(3)实际购货成本 ＝80－7.52＝72.48(人民币元/双)

2. 计算单位产品国内费用

单位产品国内费用＝国内总费用÷商品总数量

＝(2× 3000＋10000＋300＋150＋800＋80× 3000× 5%)÷3000

＝9.75(人民币元)

计算 FOB 报价

FOB 报价＝实际购货成本＋费用＋利润＝72.48＋9.75＋FOB×20%

FOB 报价＝102.79 人民币元/双÷6.1≈16.85 美元/双

三、不同贸易术语之间的换算

在国际贸易业务中，买卖双方在洽谈交易时，经常会遇到一方以某种贸易术语报价，而另一方要求用其他贸易术语重新报价的情况。这就涉及出口商品价格的换算问题。一般情况下，国际贸易中货物保险费的计算公式为：

保险费＝(CIF＋CIF×投保加成率) ×保险费率＝CIF×(1＋投保加成率) ×保险费率

依据上述公式，可以进行以下三种贸易术语之间的价格换算：

(一)FOB、CFR、CIF 三种价格的换算

1. FOB 价换算为其他价

FOB ＝CFR－国外运费

＝CIF－保险费－国外运费

＝CIF－CIF×(1＋投保加成率)×保险费率－国外运费

＝CIF×[1－(1＋投保加成率)×保险费率]－国外运费

2. CFR 价换算为其他价

CFR ＝CIF－保险费＝CIF－CIF×(1＋投保加成率)×保险费率

$$=\text{CIF}\times[1-(1+\text{投保加成率})\times\text{保险费率}]$$

3. CIF 价换算为其他价

$$\text{CIF}=\text{CFR}/[1-(1+\text{投保加成率})\times\text{保险费率}]$$
$$=(\text{FOB}+\text{国外运费})/[1-(1+\text{投保加成率})\times\text{保险费率}]$$

【例题 1-2】

出口到欧洲的松节油，每单位产品 FOB 价为 1000 人民币元，单位产品运费为 100 人民币元，保险费率为 0.85%，客户要求增加一成投保，计算每单位产品 CIF 净价。

【分析】

$$\text{CIF 净价}=(\text{FOB}+\text{国外运费})/[1-(1+\text{投保加成率})\times\text{保险费率}]$$
$$=\frac{1000+100}{1-(1+10\%)\times 0.85\%}$$
$$=1110.38(\text{人民币元})$$

(二)FCA、CPT、CIP 三种价格的换算

1. FCA 价换算为其他价格

$$\text{CPT 价}=\text{FCA 价}+\text{国外运费}$$

$$\text{CIP 价}=\frac{\text{FCA 价}+\text{国外运费}}{1-(1+\text{投保加成率})\times\text{保险费率}}$$

2. CPT 价换算为其他价格

$$\text{FCA 价}=\text{CPT 价}-\text{国外运费}$$

3. CIP 价换算为其他价格

$$\text{FCA 价}=\text{CIP 价}\times[1-(1+\text{投保加成率})\times\text{保险费率}]-\text{国外运费}$$
$$\text{CPT 价}=\text{CIP 价}\times[(1-(1+\text{投保加成率})\times\text{保险费率}]$$

四、佣金与折扣

在实际业务中，佣金与折扣是交易磋商时经常涉及的内容。出口商如果能够正确且适当地运用佣金和折扣，就可以增强出口商品在市场上的竞争力，激发其经营积极性，从而扩大贸易规模。在进口贸易中，我们也可以通过对佣金和折扣的运用争取到更有利的价格。进出口贸易中的价格通常分为包含佣金或折扣的价格，以及不包含佣金或折扣的净价(Net Price)。

(一)佣金

1. 佣金的含义

佣金(Commission)通常指代理人或经纪人为委托人提供服务而收取的报酬。在进出

口贸易中，佣金通常表现为交易一方支付给中间商的酬劳。例如，出口商向销售代理人支付佣金，或进口商向采购代理人支付佣金。

2. 佣金的规定方法

在进出口价格条款中，佣金的规定方法有所不同，具体如下：

(1)直接在价格条款中注明“含佣价”。例如：“每公吨 1000 美元，CIF 香港，佣金 1%。”

(2)用英文字母“C”表示佣金，并注明佣金的百分比。例如：“每公吨 1000 美元，CIFC1%上海。”

(3)用绝对数额表示佣金。例如：“每公吨支付佣金 20 美元”。

进出口合同的价格条款中，直接将佣金明确表示出来的称为“明佣”。如果进出口双方虽然已就佣金达成协议，但未在价格条款中明确列示，而约定由当事人之间按协议另行支付，则称为“暗佣”。使用“暗佣”的目的有时可能是逃汇或逃税。

3. 佣金的计算方法

常见的佣金的计算方法是以买卖双方的成交额或发票金额为基础计算的。

具体的计算公式为：单位货物佣金额＝含佣价×佣金率

净价的计算方法为：净价＝含佣价－单位货物佣金额＝含佣价×(1－佣金率)

如果已知净价求含佣价，则计算公式为：

含佣价＝净价/(1－佣金率)

【例题 1-3】

我公司拟出口 500 箱某种商品，对外报价为每箱 2000 美元 CIF 某港，外商要求改报 FOB C2%大连。该商品总重量为 600 公吨，每公吨运费为 120 美元，原报价投保加成率为 10%，保险费率为 1%。在不影响收汇额的情况下，FOB C2%大连应为多少？

【分析】

(1)每箱商品的 CFR 价＝CIF×[1－(1＋加成率)×保险费率]

＝2000×[1－(1＋10%)×1%]＝1978.00(美元)

(2)每箱商品的运费＝(600/500)×120＝144.00(美元)

(3)FOB 价＝CFR 价－运费＝1978－144＝1834.00(美元)

(4)FOB C2%＝FOB÷(1－2%)＝1834÷0.98≈1871.43(美元)

4. 主要贸易术语净价与含佣价之间的换算

(1)以 FOB 含佣价换算为其他价格，计算公式为：

FOB 净价＝FOB 含佣价×(1－佣金率)

CFR 净价＝FOB 含佣价×(1－佣金率)＋运费

$$\text{CIF 净价}=\frac{\text{FOB 含佣价}\times(1-\text{佣金率})+\text{运费}}{1-(1+\text{投保加成率})\times\text{保险费率}}$$

(2)以 CFR 含佣价换算为其他价格,计算公式为:

$$\text{FOB 净价}=\text{CFR 含佣价}\times(1-\text{佣金率})-\text{运费}$$

$$\text{CFR 净价}=\text{CFR 含佣价}\times(1-\text{佣金率})$$

$$\text{CIF 净价}=\frac{\text{CFR 含佣价}\times(1-\text{佣金率})}{1-(1+\text{投保加成率})\times\text{保险费率}}$$

【例题 1-4】

我向美国客户出口了一批商品,报价为每千克 100 人民币元 CFR 纽约。美国客户要求更改报价为 CIF C 5 美元价(投保一切险,加一成投保,保费率为 4%,人民币兑美元汇率为 1∶8.3)。请在不影响收汇额的前提下,CIF C 5 价应报多少?

【分析】

$$\text{每箱商品的 CFR 美元价}=100\text{ 人民币元}\div8.3\approx12.05(\text{美元})$$

$$\text{CIF}=\text{CFR}\div[1-(1+\text{投保加成率})\times\text{保险费率}]$$

$$=12.05\div[1-(1+10\%)\times4\%]\approx12.6046(\text{美元})$$

$$\text{CIF C5}=\text{CIF}\div(1-\text{佣金率})=12.6046\div(1-5\%)\approx13.27(\text{美元})$$

(二)折扣

1. 折扣的含义

折扣(Discount)是卖方在原价基础上给予买方的一定价格减让。从性质上看,折扣是一种价格优惠。折扣的具体种类主要包括数量折扣(Quantity Discount)以及特别折扣(Special Discount)等。在出口贸易中,应针对不同客户,灵活运用各种折扣方法。

2. 折扣的规定方法

折扣规定方法如下:

(1)用文字明确表示折扣比例。例如,"CIF 纽约,每公吨 1000 美元,折扣 1%"。

(2)用绝对数表示折扣。例如,"每公吨折扣 3 美元"。

3. 折扣的计算方法

折扣通常以成交额或发票金额为基础进行计算,具体计算公式如下:

$$\text{单位货物折扣额}=\text{含折扣价}\times\text{折扣率}$$

卖方实际净收入计算公式为:$\text{净收入}=\text{含折扣价}\times(1-\text{折扣率})=\text{含折扣价}-\text{折扣额}$

(三)订立出口合同时价格条款应注意的问题

(1)合理确定商品价格,避免定价过高或过低。定价过高可能导致竞争力下降,而定价过低可能导致利润受损。

(2)根据实际经营目标和国际市场价格水平,制定适当的价格策略。

(3)争取选择有利的计价货币以对冲汇率变动的风险。出口时,应尽量采用"硬币"计价;进口时,应尽量采用"软币"计价。在无法统筹的情况下,应增加外汇保值条款或利用汇率互换策略，以降低汇率风险。

(4)根据具体情况，灵活运用固定价格、非固定价格以及价格调整条款等作价方法，以应对价格波动风险。

(5)灵活运用佣金和折扣等促销作价方法，提升市场竞争力。

五、出口盈亏额计算指标

出口企业应注重加强成本核算，以提升经济效益，防止和克服不计成本、不计盈亏以及单纯追求交易量的倾向。一般来说，出口商品的成本核算指标主要包括以下几类。

(一)出口商品换汇成本

出口换汇成本是指某商品出口净收入中获取一个单位外汇所需的人民币成本。一个单位的外汇通常按美元计算。

$$\text{出口商品换汇成本}=\frac{\text{出口总成本(人民币元)}}{\text{出口销售外汇净收入(美元)}}$$

1. 出口总成本

出口总成本包括进货成本(购货成本)、国内费用和出口税，是外贸企业为出口商品支付的全部国内成本。出口成本价格是以企业出口总成本为基础计算得出的单位价格，不涉及国外的任何费用；出口成交价格包括单位商品的国外运费、保险费、佣金等费用。

国内费用包括流通费用、加工整理费用、包装费用、保管费用(仓租、火险等)、国内运输费用(从仓库至码头)、证件费用(包括商检费、证书费、领事签证费、原产地证书费、许可证费、海关规费)、装船费用(集装箱费、起吊费和轮船费)、银行费用(贴现利息、手续费)、邮电费用。

2. 出口销售外汇净收入

出口销售外汇净收入是指出口销售外汇总收入扣除劳务费用等非贸易外汇(如运费、保险费、银行费用)后的收入。按 FOB 价格术语，其即为外汇净收入。按 CIF 价格术语，则需扣除运费、保险费、佣金后得出外汇净收入。

3. 国外费用

国外费用主要包括：

(1)国外运费(从装运港至目的港的运费)；

(2)国外保险费；

(3)佣金。

4. 各变量之间的关系

出口商品换汇成本与出口商品总成本成正比，与出口商品外汇净收入成反比。出口商品换汇成本越低越好，与中国银行外汇牌价相比，其能直接反映出口商品是否盈利。例如，在一笔出口交易中，计算出的出口商品换汇成本为 5.96 人民币元，外汇牌价为 USD1＝6.31 人民币元，这意味着每收入 1 美元，盈利 0.35 人民币元。换汇成本得出的数值为人民币元，其越低，说明成本越低。

(二)出口商品盈亏率

出口商品盈亏率是指出口盈亏额与出口总成本的比例。出口盈亏额是指出口销售的人民币净收入与出口总成本的差额。如果差额为正数,则为盈余;如果差额为负数,则为亏损。出口商品盈亏率是衡量出口盈亏程度的一项重要指标。

出口总成本包括出口商品的进货成本(或生产成本)以及出口前发生的一切费用和税金。其计算公式为:出口总成本＝出口商品的进货成本(或生产成本)＋定额费用－出口退税收入。其中:定额费用 ＝ 出口商品的进货成本(或生产成本)×费用定额率(费用定额率因商品不同而有所差异,通常在5%～20%之间);出口退税收入＝出口商品的进货成本(或生产成本)/(1＋增值税率) ×退税率。

出口销售人民币净收入是指出口商品外汇收入扣除外汇费用(如运费、保险费、码头操作费、驳船费等)后的外汇净收入,按照结汇银行的现汇买入价折算为人民币的金额,即按FOB价出售所得的人民币净收入。

$$\text{出口商品盈亏率}=\frac{\text{出口销售人民币净收入}-\text{出口总成本}}{\text{出口总成本}}\times 100\%$$

出口销售人民币净收入＝外汇销售净收入 FOB 价×外汇牌价(买入价)

该公式表明,若出口商品的盈亏率大于零,则该笔出口交易有利可图;反之,若出口商品的盈亏率小于零,则该笔出口交易存在亏损。

(三)出口创汇率

出口创汇率是指加工后成品出口的外汇净收入与原料外汇成本的比率。若原料不存在进口,则外汇成本可按照同类原料的 FOB 出口价(离岸价格)计算;若所用原料需要进口,则按照该进口原料的 CIF 价(到岸价格)计算。通过对成品出口的外汇净收入与原料外汇成本的对比进行计算,可以衡量成品出口的创汇情况,从而判断该出口是否具有经济效益。在进料加工的情况下,出口创汇率这一指标尤为重要,需进行专门核算。

$$\text{出口创汇率}=\frac{\text{成品出口外汇净收入}-\text{原材料外汇成本}}{\text{原材料外汇成本}}\times 100\%$$

【例题 1－5】

某公司按 CIF 价出口某种商品,出口总成本为 81000 人民币元,扣除各种费用后的外汇净收入为 12500 美元。试计算:该笔出口的换汇成本是多少?该公司此项业务是否盈利?出口盈亏率是多少?(假设当时中国银行的外汇牌价为 100 美元兑换 695 人民币元)

【分析】

出口换汇成本＝81000÷12500＝6.48(人民币元/美元)

出口销售人民币净收入＝12500×6.95＝86875(人民币元)

出口盈亏额＝出口销售人民币净收入－出口总成本＝86875－81000＝5875(人民币

元)，出口盈亏率＝5875÷81000×100％≈7.25％，因此，该公司此笔业务是盈利的，出口盈亏率约为7.25％。

关键术语

FOB术语　CFR术语　CIF术语　FCA术语　CPT术语　CIP术语　EXW术语　FAS术语　DDP术语　价格核算　佣金与折扣　出口商品换汇成本

项目实训

【实训情境】

2018年6月16日，江西某公司外贸业务员李荣收到瑞士All Chamege AG公司经理Andreas Kurz先生的电子邮件，欲购规格型号为205/55R16和205/60R15的防弹轮胎(Bullet Proofing Tires)。

外贸业务员李荣立即通知供应商江苏立远轮胎厂厂长万民进行报价。次日收到其报价如下：防弹轮胎，规格型号为205/55R16和205/60R15，最低起订量为每种规格100条，月生产能力为1000条。价格为RMB ¥444.60/条(含税)，增值税率为17％。每8条轮胎装入一个木箱，每个木箱的毛重为88千克，体积为1立方米；每25个木箱装入一个20英尺(1英尺＝0.3048米)集装箱(20′ FCL)。交货方式为工厂交货，付款时间为交货时。

若2008年6月17日的欧元牌价按EUR1＝RMB ¥10.60/10.71计算；经查询，该轮胎的海关监管证件代码为B，出口退税率为5％；国内运费为RMB ¥1600/20′ FCL，工厂付款到出口收汇预计周期为2个月，资金占用年利率按6.93％计算；其他国内费用为采购成本的5％；由中国上海至德国汉堡的海运费为EUR480/20′ FCL；预期出口成本利润率为20％(按采购成本计算)。

【实训任务】

核算CFR德国汉堡的出口报价是多少？

要求：公式完整，过程清晰，计算准确。

章节习题

(1)试比较FOB术语、CFR术语和CIF术语的异同。

(2)试比较FCA术语、CPT术语和CIP术语的异同。

(3)试比较DAP术语和DPU术语的异同。

(4)试论述影响进出口商品作价的因素。

(5)试论述折扣与佣金的异同点。

项目二　国际市场调研

项目引例

一家美国领先的软饮料公司决定将印度尼西亚作为其全球畅销饮品在东南亚地区的战略市场。作为全球人口第四大国，印度尼西亚拥有近三亿人口，其庞大的市场潜力吸引了该公司的管理层。因此，该公司与印度尼西亚签订了瓶装和分销协议，以期更好地服务当地市场。美国公司选择将饮料原液出售给一家当地瓶装商，由其负责饮料的包装和市场分销。然而，产品的市场表现令人失望，销售情况并不理想。尽管初期的市场调研显示，当地市场竞争状况和政府政策均对美国公司有利，但营销活动未能取得预期效果。美国公司经过深入分析，发现两个关键因素被忽视：首先，尽管印度尼西亚人口众多，但大部分居民生活在农村地区，仍处于前工业化时代；其次，印度尼西亚消费者偏好甜味饮料，尤其是以椰子汁为基底的饮品，对美国风味的碳酸饮料并不青睐。在美国风味饮料方面，尽管存在市场，但主要集中在主要城市，且能够消费并欣赏美国风味饮料的消费者数量有限，大约为八百万。

思考：在进行国际市场调研时，该公司还应该考虑哪些关键因素？

任务一　国际市场调研概述

一、国际市场调研的含义与特点

(一)国际市场调研的含义

国际市场调研是指企业运用科学的调研方法与手段，系统地收集、记录、整理和分析有关国际市场的各种基本状况及其影响因素，以帮助企业进行有效的市场营销决策，实现企业的经营目标。

通过对特定市场进行深入研究和分析，国际市场调研能够帮助企业了解目标市场的需求、消费者行为和竞争状况等信息，从而为企业制定更加精准的出口营销策略提供依据。

(二)国际市场调研的特点

国际市场调研是对目标国家或地区进行全面、系统性的调查和分析，以了解该市场的需求、竞争情况、法规政策等相关信息。其主要特点如下：

1. 系统性

系统性是指在进行国际市场调研时，需要全面、系统地收集和分析目标市场的数据与信息。这种调研方法包括制订明确的调研计划和目标、设计合理的调研问卷与调研流程，以及综合运用多种调研方法。同时，调研者还需要对收集到的数据和信息进行深入的分析与处理，以得出科学、准确的结论和建议。此外，由于不同地区和不同时期的市场情况及竞争格局具有动态性，国际市场调研需要随时关注市场动态，并及时调整调研计划和策略。

2. 客观性

客观性是指确保调研结果的真实性和准确性。客观性是国际市场调研的重要特点之一。通过科学的方法和手段，调研者可以避免主观偏见和错误，从而确保所收集的数据和信息是客观且真实的。客观性可以通过采用标准化问卷、双盲试验等多种方式实现，这些方式能够有效降低人为因素对调研结果的影响，并提高数据的可靠性与可信度。在国际市场调研中，客观性对于企业制定有效的营销策略和决策具有重要意义。只有基于客观、真实的数据和信息，企业才能制定符合市场需求和发展趋势的营销策略，从而提升国际市场的竞争力和市场份额。国际市场调研的客观性是确保企业成功的重要基础。

3. 有效性

有效性是国际市场调研的重要特点之一。通过有效的市场调研，企业能够深入了解目标市场的需求、消费者行为以及竞争状况等关键信息，从而为制定出口营销策略提供坚实的依据。

首先，有效的市场调研可以帮助企业了解目标市场的需求和消费者行为。通过分析目标市场的消费者群体、消费习惯和购买偏好等信息，企业可以确定其产品或服务在目标市场中的潜在销售量，并制定针对不同消费群体的差异化营销策略。

其次，有效的市场调研可以帮助企业了解目标市场的竞争情况。通过分析竞争对手的产品特点、价格策略和市场占有率等信息，企业能够制定更具竞争力的营销策略，提高其产品或服务在目标市场中的市场份额。

最后，有效的市场调研可以帮助企业评估其产品或服务在目标市场中的适应性和可行性。通过收集和分析市场反馈与评价等信息，企业可以及时发现其产品或服务在目标市场中存在的问题和不足，并采取相应的改进措施。

4. 多样性

多样性对于企业的发展至关重要。企业在进行国际市场调研时，需要考虑到目标市场在政治、经济、文化等方面的差异，以及市场需求和消费者行为等因素。这些因素不仅会影响市场调研的结果，还会影响企业在目标市场中的战略和营销策略。因此，企业在进行国际市场调研时，需要从多个角度进行分析和研究，以确保调研结果的准确性和可靠性。同时，企业还需根据不同目标市场的特点，制定相应的市场调研方案和策略，以更好地了解目标市场的需求和消费者行为。

5. 不确定性

由于国际市场涉及的国家和地区众多，每个市场的经济、政治和文化环境均存在差异，因此企业在进行国际市场调研时，需要考虑的因素相对复杂且多变。国际市场调研中的不确定性指的是，由于涉及的因素繁多，包括政治、经济、文化等方面，企业难以对市场状况进行准确的预测和掌控。这种不确定性主要体现在以下几个方面：

(1)政治环境的影响。国际市场调研首先需要考虑政治因素。政治环境的不稳定性或某些国家存在贸易壁垒，可能对国际市场调研的结果产生重大干扰，从而增加调研的不确定性。

(2)经济环境的影响。经济因素是国际市场调研中需要重点考量的另一重要方面。无论是经济增长还是经济衰退，都会对国际市场的需求水平和消费者购买力产生显著影响，从而增加市场调研结果的不确定性。

(3)文化差异的影响。不同国家和地区的文化差异会对国际市场调研产生显著影响。文化差异可能导致消费者需求、消费习惯和价值观的不同，从而增加市场调研的不确定性。

(4)信息获取难度的影响。国际市场调研涉及不同国家和地区的各种信息，如消费者需求、竞争对手情况等。这些信息的获取难度较大，且可能存在误差和不确定性。

因此，企业在进行国际市场调研时，需要充分考虑各种因素对调研结果的影响，尽可能减少不确定性，提高调研的准确性和可靠性，以便更好地了解目标市场的需求和趋势，从而制定更为精准的营销策略。

二、国际市场调研的内容

国际市场调研的内容主要包括目标市场的政治、经济、社会和技术环境，以及目标客户的消费行为、消费心理和购买力。同时，企业还需要深入调研竞争对手在目标市场中的表现、销售渠道、价格策略和产品定位等。

(一)目标市场环境调研

1. 政治环境

目标市场政治环境调研是企业在进入新国际市场前必须进行的一项重要工作。这项调研涉及对目标市场所在国家或地区的政治稳定性、政策法规和贸易壁垒等方面的调查与研究。这些因素对企业的市场进入策略和未来运营具有重大影响。通过对目标市场政治环境的深入了解，企业可以更准确地预测未来的市场趋势和潜在风险，从而制订更为有效的市场进入计划。

2. 经济环境

目标市场经济环境调研旨在帮助企业深入了解目标市场的经济发展状况、产业结构、竞争格局以及消费者需求等方面，为企业制定适宜的营销策略提供依据。

企业在开展目标市场经济环境调研时，需要收集大量相关数据，并通过统计分析与实地考察等方法对这些数据进行验证和补充。首先，企业应重点了解该市场所在的宏观经济环境，包括国家政策法规、税收政策、金融体系等对市场发展的影响。其次，企业应掌握目标市场所属行业的整体状况及其竞争态势，如主要企业的数量与规模、产品特点及差异化程度。最后，企业还需详细分析消费者群体的特征及其购买行为习惯，包括他们对产品或服务质量、价格敏感度等方面的偏好。

此外，企业在进行目标市场经济环境调研时，应重点关注技术创新与变革带来的机遇和挑战。随着科技进步和数字化转型的不断推进，许多传统行业正在发生颠覆性变革。因此，企业在调研过程中，需要密切关注新兴技术趋势，如人工智能、物联网等，并评估它们对目标市场产业链上下游环节可能产生的影响。

3. 社会环境

目标市场社会环境调研是指企业对特定市场的社会背景、文化习俗、法律法规等方面进行深入了解和分析的过程。企业在进行目标市场社会环境调研时，需要全面收集相关数据和信息，以便更好地把握该市场的发展趋势和消费者需求。

首先，在目标市场的社会背景方面，企业应关注该地区的人口结构、教育水平、就业情况等因素。这些因素将直接影响消费者群体的数量和购买力，并且与产品或服务在该市场中的受欢迎程度密切相关。

其次，在文化习俗方面，企业需要了解当地人所信奉的宗教、传统节日及庆典活动等。这些文化元素对于产品设计、营销策略以及品牌形象的塑造都具有重要意义。企业只有深入了解并尊重当地文化，才能更好地满足消费者需求，避免可能出现的文化冲突。

最后，在法律法规方面，企业必须全面掌握目标市场国家或地区与商务活动相关的政策和法律法规。这包括但不限于贸易政策、知识产权保护、劳工权益保障等内容。企业只有在合法、合规的前提下经营，才能确保在目标市场中实现稳健发展。

4. 技术环境

目标市场技术环境调研是指企业对特定市场的技术发展、应用情况以及相关政策法规进行全面、深入的调查和分析。企业在进行目标市场技术环境调研时，需要关注以下几个方面：

首先，了解该市场的技术发展趋势。企业通过收集和分析领域内的最新科研成果、专利信息以及行业报告等资料，可以掌握该市场涉及的前沿技术和创新方向。这将帮助企业抓住未来的发展机遇，并提前做好相应的准备。

其次，考察目标市场中已有的相关产品或服务。调研者通过实地走访、参观企业或与行业从业者交流，可以了解当前主流产品或服务在该市场上的表现，是否具有竞争优势，以及是否存在改进空间。同时，调研者还需关注消费者对这些产品或服务的反馈意见以及需求变化。

最后，应重点关注政府部门制定并执行的相关政策法规。这些政策法规可能直接影响企业在该市场中开展经营活动时所面临的限制条件、补贴政策等。因此，企业了解并准确解读这些政策法规对合规经营至关重要。

(二)目标客户消费调研

在当今竞争激烈的市场环境中，了解目标客户的消费行为和需求至关重要。通过对目标客户进行深入调研，企业可以更有效地调整产品和服务，以满足客户的个性化需求，并提升市场竞争力。目标客户消费调研包括以下几个方面：

1. 目标消费者行为

目标消费者行为调研是市场研究中的重要环节，旨在帮助企业深入了解和分析目标消费者的购买决策过程、偏好以及行为习惯。通过对目标消费者进行细致观察和调查，企业可以更准确地把握市场需求，优化产品设计和市场定位，并制定切实可行的营销策略。

2. 目标客户消费心理

目标客户消费心理调研是一项重要的市场研究工作，有助于企业了解消费者的需求、偏好和行为，从而制定更为精准的营销策略。了解目标客户的消费心理和行为特征，包括购买动机、消费习惯、决策过程等。例如，有些客户更注重品质和信誉，而有些客户则更关注价格和服务。在调研中，企业可以运用问卷调查、访谈、观察等方法来收集数据和信息。

3. 目标客户购买力

目标客户购买力调研是企业在制定营销策略时必须考虑的重要因素之一。在分析目标客户购买力时，企业需要考虑以下几个因素：

(1)目标客户的经济状况。了解目标客户的收入、支出和储蓄等方面的信息，可以帮助企业更好地把握其购买能力和购买意愿。

(2)目标客户对产品的态度和购买意愿。了解目标客户对产品的态度和购买意愿，有助于企业更准确地定位产品或服务，并制定相应的营销策略以吸引目标客户。

(3)目标客户的购买能力和消费习惯。了解目标客户的购买能力和消费习惯，可以帮助企业优化营销策略，并为目标客户提供更符合其需求的产品或服务。

(三)目标市场竞争对手调研

目标市场竞争对手调研是企业制定营销策略的重要环节。通过调查竞争对手在经营状况、营销策略、市场占有率以及品牌知名度等方面的表现，企业能够全面地掌握市场动态，从而制订更精准的营销计划。

1. 经营状况

为了准确了解出口目标市场的竞争格局，企业需要对竞争对手的经营状况进行深入调研。通过分析竞争对手的产品定位、市场份额、营销策略及核心优势等，企业可以为自身制定更具针对性的竞争策略。

2. 营销策略

(1)产品策略。在调研过程中，企业需要系统性地收集并分析竞争对手的产品策略信息。这些信息可通过公开渠道获取，如企业官网、宣传资料、市场调研报告等。此外，企业还可以通过与竞争对手的客户、供应商以及内部员工的交流来获得更深入的洞察。在收集到足够的信息后，企业需对这些数据进行全面分析和评估，以明确竞争对手产品策略的优势与不足，同时了解市场反应及未来发展趋势。

在分析竞争对手的产品策略时，企业应充分考虑目标市场的需求和特点。不同目标市场对产品的需求和偏好可能存在显著差异，因此企业需要对目标市场进行深入分析和研究，以准确掌握其需求和特点，从而制定切合实际的产品策略。

此外，根据调研结果制定相应的产品策略尤为重要。企业可以通过采取多种措施来应对竞争对手的挑战，如调整产品定位、优化产品设计、降低产品价格、加强营销推广等。同时，企业还需结合自身实际情况以及市场环境等因素进行综合考量，确保制定的产品策略具有可行性和可操作性。

（2）价格策略。企业需要对目标市场中的竞争对手进行深入分析，以制定有效的价格策略。通过市场调研，企业可以了解竞争对手的价格水平、促销手段、折扣策略以及市场占有率等信息，从而根据竞争对手的实际情况制定相应的价格策略，提升自身的市场竞争力。例如，如果竞争对手在市场中采取低价策略，企业可以选择相应的低价策略或差异化策略进行应对。在制定价格策略时，企业还需要综合考虑自身的成本、利润和市场定位等因素。企业制定价格策略需要全面权衡各种影响因素，包括竞争对手、市场环境、企业自身及行业特点等。只有在充分分析这些因素的基础上，企业才能制定有效的价格策略，提升市场竞争力。

（3）分销渠道策略。随着市场竞争日趋激烈，企业若想在市场中占据一席之地，制定针对性的分销渠道策略至关重要。企业对目标市场竞争对手分销渠道策略的调研，旨在通过了解竞争对手在市场中的分销渠道策略，发现自身的优势与不足，从而为自身优化分销策略提供依据。通过调研，企业可以深入了解竞争对手在分销渠道方面的运作情况，包括竞争对手选择的分销渠道类型、分销渠道覆盖的范围以及竞争对手与合作伙伴之间的关系等信息。

（4）促销渠道策略。在确定目标市场和分析竞争对手后，企业需要制定促销渠道策略并开展相关调研。这包括对市场中各个促销渠道的全面分析，评估每个渠道的优劣势，以及竞争对手在这些渠道中的促销策略。同时，企业还需深入了解目标消费者的购买行为、需求特征及其对不同促销渠道的偏好。根据调研结果，企业能够制定更具针对性和有效性的促销策略，从而提升销售业绩和市场占有率。在实施促销策略时，企业应综合考虑多种因素，如促销预算、促销时间以及促销方式等。此外，企业需保持灵活性，根据市场动态和消费者需求的变化不断优化和调整策略，以确保其持续有效和具有竞争力。

3. 市场占有率

企业对目标市场竞争对手的市场份额进行调研，旨在了解目标市场中各竞争对手的市场占有率情况。通过这项调研，企业可以全面掌握竞争对手在目标市场中的地位和影响力，为其制定有效的营销策略提供科学依据。

企业在开展目标市场竞争对手市场份额调研时，首先需要明确竞争对手所涉及的行业领域及具体产品或服务范围。接下来，通过收集大量数据和信息，对每个竞争对手在该领域的市场地位进行评估。这些数据包括但不限于公司财务报表、销售数据、客户反馈以及品牌知名度等。

此外，企业在调研过程中需综合考虑多种因素，如竞争对手的产品特点、定价策略、渠道布局以及营销活动等。只有全面了解并分析这些因素，企业才能准确判断每个竞争对手在目标市场中的定位，并预测其未来发展趋势。

同时，企业还需关注其他相关指标，例如消费者偏好变化、技术创新趋势以及法律政策的调整。这些因素可能直接或间接地影响竞争对手的相对竞争优势与劣势。

4. 品牌知名度

品牌知名度是衡量一个品牌在消费者心中认知度和受欢迎程度的重要指标。通过对竞争对手品牌知名度进行调研，企业可以更好地了解自身在市场中的地位，从而制定更为有效的营销策略，抢占市场份额。企业在调研目标市场竞争对手品牌知名度时，可通过市场调研、数据分析以及口碑调研等多种方法获取所需信息。企业应密切关注市场动态，掌握竞争对手的最新情况，以在市场竞争中保持领先地位。

任务二 国际市场调研步骤

一、确定调研目标

(一)国际市场细分

国际市场细分是指识别可能对企业的营销组合做出相似反应的同质性潜在消费者群体(无论这些群体是国家群体还是个体消费者群体)的过程。

1. 人口统计细分

人口统计细分是基于可测量的人口特征，如收入、年龄、性别、受教育程度和职业等进行的细分。许多人口领域的趋势，如结婚人数减少、家庭规模缩小、妇女角色变化、收入和生活水平差异，表明各种细分的国际市场已经出现。

(1)按收入水平细分国际市场。国际市场可以根据收入水平进行细分。按照收入水平，可以将国际市场分为低收入、中低收入、中等收入、中高收入和高收入水平国家市场。这些市场具有不同的消费能力和需求特点，企业在制定全球营销策略时必须考虑这些差异。

(2)按年龄细分国际市场。国际市场按年龄细分通常可以划分为儿童市场、青少年市场、中青年市场和老年市场等。

儿童(一般指 12 岁及以下)市场。儿童消费多受家长影响，但在玩具、零食、教育产品等品类上有独特需求。例如，国际知名玩具品牌乐高精准定位儿童群体，通过推出不同主题系列产品吸引全球各地的儿童。

青少年(13～19 岁)市场。青少年追求时尚、潮流与社交认同，在电子设备、时尚服饰、娱乐产品等方面消费活跃。苹果公司的产品深受青少年喜爱，其时尚设计和强大的社交功能契合了这一群体的需求。

中青年(20～59 岁)市场。中青年通常是消费主力军，具有较强的购买能力，在住房、汽车、高端电子产品、旅游、金融服务等众多领域都有广泛需求。例如，在国际旅游市场中，中青年群体是长途旅游、探险旅游以及商务旅游的主要参与者。

老年(60 岁及以上)市场。老年群体对健康保健产品、休闲养老服务、老年旅游等有较高关注度。一些专门针对老年群体的医疗保健品牌在国际市场上也占有一定份额。

(3)按性别细分国际市场。男性与女性在消费偏好、购买决策过程及消费行为等方面存在显著差异。

男性消费者往往注重产品的功能性、科技性与品质，在汽车、电子产品、运动装备等领域表现出强烈兴趣。例如，国际知名运动品牌耐克的高性能运动鞋和运动服饰深受男性消费者青睐。他们在购买时会更关注产品的技术参数、材质以及品牌的专业形象。

女性消费者则通常倾向于时尚、美容、家居等品类。在时尚服装方面，女性追求流行款式、色彩搭配与独特设计，像香奈儿等国际大牌凭借其时尚优雅的女装系列在全球女性市场中拥有众多拥趸。在美容护肤领域，各类化妆品、护肤品层出不穷，满足女性对美的需求。此外，女性在进行购买决策时，可能更易受广告、社交推荐及情感因素的影响。

(4)受教育程度。高学历群体往往对知识密集型产品与服务有更高的需求，如专业书籍、在线教育课程、高端学术研讨会等。他们更注重产品的品质、创新性与深度内涵，在科技产品的选择上倾向于功能复杂且具前瞻性的款式，如苹果的高端笔记本电脑。

低学历群体可能更关注基础生活需求类产品，如日用品、基础家电等，注重产品的实用性与性价比。在进行购买决策时，这类群体往往受广告宣传和口碑传播的影响较大，对产品的理解和接受程度也相对有限。

2. 心理细分

心理细分是根据消费者的心理特征进行的市场划分，这些特征包括个性、生活方式、价值观、兴趣和爱好等。心理细分通常与人口统计信息结合使用，以帮助企业更全面地理解消费者的行为。

(1)个性。不同个性的人对同一产品或服务可能有截然不同的反应。例如，外向型的人可能更偏爱与社交活动相关的产品或服务，而内向型的人则可能更倾向于选择与个人发展或自我提升相关的产品。

(2)生活方式。人们的生活方式选择通常反映了他们的价值观和兴趣，从而影响他们的消费习惯。例如，环保主义者可能更倾向于购买有机食品和可持续生产的衣物，而健身爱好者可能会优先投资于运动器材和健康食品。

(3)价值观。消费者的价值观对其购买决策有重要影响。例如，重视家庭的人可能会倾向于购买更多与儿童教育和娱乐相关的产品，而注重职业发展的消费者可能会更多地投资于专业培训课程和书籍。

(4)兴趣和爱好。具有特定兴趣或爱好的人群可能对相关产品的需求更高。例如，摄影爱好者可能倾向于购买高端相机及其配件，而音乐爱好者则可能选择高质量的音响设备和乐器。

3. 行为细分

行为细分是根据消费者的购买行为、使用情况和品牌忠诚度等因素对市场进行划分。

(1)购买行为。购买行为包括购买频率、购买量和购买时机等。例如，经常购买日常用品的消费者可能对促销活动更加敏感，而偶尔购买奢侈品的消费者则可能更注重品牌形象和产品质量。

(2)使用情况。不同消费者可能以不同的方式使用同一产品。例如，有些人主要将汽车用于日常通勤，而另一些人则将汽车用于周末旅行或赛车活动。

(3)品牌忠诚度。一些消费者对他们偏爱的品牌表现出高度忠诚，而另一些消费者则可能在多个品牌之间进行选择。对于品牌忠诚度较高的市场，企业可能需要采用特定的营销策略以维护现有客户关系。

4. 利益细分

利益细分是根据消费者所追求的具体利益或满足的需求来进行市场划分。

(1)功能性利益。消费者可能因产品的实用性、效率或性能而选择它。例如，商务人士通常选择具有强大处理能力和长续航时间的笔记本电脑，以满足工作需求。

(2)情感性利益。产品可能因为其设计、品牌形象或与消费者的情感联系而受到青睐。例如，时尚手表因其精致的外观和良好的品牌声誉而备受追捧。

(3)社会性利益。某些产品可能因为能够提升消费者的社会地位或让他们感觉融入某个特定群体而受到欢迎。例如，豪华汽车常被视为成功和地位的象征，吸引了追求高端生活方式的消费者。

5. 种族细分

种族细分是根据消费者的种族背景进行市场划分，这有助于企业更好地理解并服务于多元文化市场。

(1)文化习俗。不同种族和文化通常有独特的节日、传统和习俗，这些因素可能直接影响消费习惯。例如，某些族群在特定节日期间可能会产生特殊的购物需求，企业可以针对这些需求提供定制化的产品或服务。

(2)语言偏好。提供多种语言服务和支持可以帮助企业吸引非英语或其他主要语言的消费者。

(3)审美差异。不同文化背景的消费者有不同的审美标准和偏好，企业在设计产品和广告时需要考虑这一情况。

(二)评估市场潜力与选择目标市场

评估市场潜力与选择目标市场是企业制定营销策略和发展规划的重要环节。企业对市场潜力进行评估时，需要考虑多个因素，如人口结构、消费能力、竞争情况等。通过对这些因素的综合分析，企业可以了解不同市场的发展前景和机会，为自身提供决策依据。

选择目标市场是指企业根据产品或服务的特点以及自身资源状况，在众多潜在市场中挑选最具盈利性和适应性的市场进行开拓。这一过程需要企业综合考虑多个因素，包括需求量、竞争程度、渠道条件等。同时，企业还需要关注目标市场是否符合自身战略定位和长期发展规划。

评估市场潜力与选择目标市场是一个相互影响且相辅相成的过程。只有在准确评估各潜在市场的商机和风险的基础上，做出明智且全面的选择，企业才能更好地实现经营目标并获得持续增长。

值得注意的是，在进行上述工作时，企业必须保持客观、中立的态度，避免受到主观意见或情感因素的影响。只有基于科学的数据分析，并结合行业趋势和内外部环境变化进行全面思考与判断，企业才能在竞争日益激烈的商业环境中稳步前进并取得成功。

(三)确定目标市场

假设一家美国公司将中国、俄罗斯和墨西哥确认为潜在的目标国家市场。表1-1对这些国家的市场规模进行了从大到小的排序，仅从市场规模来看，中国似乎拥有最大的潜力。然而，该公司在中国的竞争优势指数仅为0.07，在俄罗斯为0.10，而在墨西哥为0.20。将市场规模与竞争优势指数相乘后，得出的市场潜力分别为：中国为7，俄罗斯为5，墨西哥为4。

表1-1 市场选择原则的框架

市场(人口)	市场规模	竞争优势	市场潜力	准入条件指数
中国(14.08亿)	100	0.07	7	0.50
俄罗斯(1.44亿)	50	0.10	5	0.60
墨西哥(1.31亿)	20	0.20	4	0.90

这项分析的下一步要求是对市场准入的各种因素进行评估。在表1-1中，所有这些因素或条件都被简化为准入条件指数：中国为0.50，俄罗斯为0.60，墨西哥为0.90。换句话说，可能由于《北美自由贸易协定》，墨西哥的市场准入条件比俄罗斯的更有利。将市场潜力与准入条件指数相乘后，可以看出墨西哥的出口潜力比中国和俄罗斯的都大，尽管它的市场规模较小。

二、制订调研计划

为了确保调研工作顺利进行，制订一份详细的调研计划是至关重要的。在调研计划中，企业需要明确调研的目的、对象、方法、时间安排和预算等关键信息。此外，企业还需考虑如何收集和处理数据，以及如何分析结果并撰写报告。在制订调研计划时，企业必须充分考虑各种因素，以确保调研结果的准确性和可靠性。

首先，企业需要明确调研的目的和对象。在制订调研计划前，企业应对自身的发展战略、市场环境、竞争态势等方面进行深入分析和研究，明确需要了解的信息和调查的重点。同时，企业还应充分了解调查对象，包括其需求、行为和习惯等方面的信息，以便更好地确定调查内容和方式。

其次，企业需要明确调查内容和选择合适的调查方法。调查内容应围绕调查目的和实际需求进行设计，包括被调查者的基本信息、行为特点、态度倾向等方面。同时，企业应根据调查内容选择合适的调查方法，如问卷调查、访谈、实地观察等。不同的调查方法各有优缺点和适用范围，企业需结合实际情况进行合理选择。

再次，企业需要制订详尽的实施计划。实施计划应涵盖调查的时间安排、地点选定、人员配备、预算规划等具体内容。在实施过程中，企业应对调查工作进行严格监督和有效控制，确保调查的质量和进度符合预期。同时，企业还需对调查结果进行系统的统计和深入的分析，从中提炼出有价值的信息和结论，为企业的决策提供科学依据。

最后,企业需制订完善的后续计划。后续计划应包括对调查结果的反馈与应用、对市场动态的持续监测与预警等内容。此外,企业应根据市场变化及时调整战略和计划,以保持竞争力并提升适应能力。

三、执行调研计划

调研计划经相关部门审查批准后,即可进入实施阶段。首先,企业需挑选调研人员并组织调研小组。调研人员应具备调研基本原理与技能,性格外向、举止稳重、工作勤奋,且善于沟通、具有较强的应变能力,掌握当地语言者优先。其次,企业需对调研人员进行必要的培训,特别是对在当地临时聘用的调研人员进行针对性指导。最后,企业需选择合适的调研方法开展实地调研。在实施调研计划的过程中,营销调研部门应加强对调研人员的管理,按照调研计划的要求对其进行督促和检查,同时协调各调研小组的工作。对于调研过程中出现的特殊情况或问题,各部门应及时处理,以确保调研计划顺利完成并实现预期目标。

尤其需要注意的是,调研人员在调研中所提出的问题应该是被调查者能够回答的问题,以确保信息真实可靠。调研方式应避免或减少被调查者的抵触情绪或思想顾虑,否则不切实际的回答会影响调查结果。调查问题必须具有很强的针对性,不能模棱两可,以免答案不一致而造成混乱。

四、整理分析调研资料

(一)对搜集的资料进行归纳整理

调研人员要对搜集的资料进行鉴别和分析,剔除不真实的信息、缺乏足够证据的信息,以及带有较多主观臆断的信息,保留可靠的、有可比性的信息,避免造成错误的判断和决策。

调查搜集资料与计算处理资料一样,也会产生误差。例如:

经常性误差——这类误差往往具有相同的特征,是由于可控因素引起的;

偶然性误差——这类误差具有不同的特征,是由于各种不可控因素的作用而产生的;

人为误差——指填写数据时的疏忽和计算中的运算错误造成的失误。

因此,国际市场调研人员要想获得真实可靠的信息,必须以以下条件为前提:

(1)调研人员要了解所调研市场的文化背景。为了分析调查资料,调研人员必须对该市场整体或有关的社会习俗、价值取向、思想观念、消费偏好、语言文字、人情世故、商业惯例有清楚的了解。

(2)调研人员应具备敏锐的洞察力和判断力。只有这样,他们才能在陌生而复杂的环境中获取有价值的资料和信息。

(3)调研人员在处理直接资料和间接资料时,应保持审慎和怀疑的态度。不论拿到何种资料,调研人员都应该首先弄清以下问题:

① 资料的来源是什么,是通过何种渠道获取的;

② 资料收集的时间及采用的调研方式;

③ 资料的真实性和可靠性如何?

(二)对加工整理的资料进行计算与分析

调研人员在确认资料可靠的基础上,应对其进行归纳和分类,并认真研究、分析。调研人员要从表面现象入手,探寻其内在本质,使感性认识上升到理性认识。最终,调研人员要做出正确的判断和结论,并提出具有指导意义的建议,为企业管理者提供参考。

五、解释并报告调研结果,撰写调研报告

调研报告是调研工作的最终成果,对市场调研具有直接的指导作用。在调研任务基本完成后,调研人员应向管理部门详细说明调研结果。调研报告一般以书面或口头形式呈现。

书面调研报告一般由四部分组成:前言、摘要、正文和附录。

前言——简要介绍调研项目的基本情况。

摘要——以简洁明了的方式概括调研的主要结果、结论和建议。

正文——包括调研的目的、方法、步骤,调查图表,统计数据,背景材料,以及调研的结果、结论和建议等内容。

附录——包括统计图表、采访纪要、参考资料目录等。

由于企业国际市场营销环境不断变化,国外用户和消费者的需求也在持续调整,企业的国际市场营销业务活动也必然随之发生变化。因此,提交调研报告并不意味着调研工作的结束。营销调研人员还需进行追踪调研,以检验所提供资料的准确性和有效性,并及时搜集新信息,确保决策的正确性。通过追踪调研,营销调研人员可以实现及时反馈,总结经验教训,从而为今后更好地开展国际市场营销的实地调研工作奠定基础。

任务三　国际市场调研方法

国际市场营销调研传统上分为案头调研(即二手资料的搜集)和实地调研(即一手资料的搜集)两种。随着互联网技术的兴起和广泛应用,国际互联网已成为国际市场调研的新兴渠道和发展趋势。除了自行开展国际市场调研,企业还可以委托专门的代理机构或公司进行调研。

一、案头调研

案头调研是指调研人员根据调查目的搜集相关的二手资料,并对这些资料进行分析与研究。我国企业在进行国际市场营销调查时,常用的二手资料主要来源于以下几个方面。

(一)国家和地方的驻外机构

企业可以通过驻外使馆经济商务处或代办处、商务部的驻外机构等途径搜集资料。这些机构通常能够为企业提供大量信息,例如贸易统计数据、关税信息、海关条例、进出口商名单、零售商和制造商名单、政府制定的贸易政策和法令、外汇管理条例、现有统计资料以及相关刊物中的信息等。

（二）商会和行业协会

国际商会以公开发行涵盖国际商务各方面内容的刊物而闻名。除此之外，还有两国间的双边商会，其成员通常从事国际贸易活动。此外，国家级商会和城市商会也可以为企业提供丰富的市场信息，例如成员名单及其资信信息、当地商业状况、贸易习惯和贸易条例等。同时，行业协会也能为企业提供本行业成员目录、相关行业的贸易及经济法规等资料，这些资料具有重要的参考价值。

（三）银行

作为金融信贷中心，银行是国际市场信息的重要来源之一。银行等金融机构的报告、计划资料可以为企业提供有关市场、经济发展趋势，以及信贷状况等信息。

（四）国际组织

为促进国际贸易往来和共同处理国际事务，世界上已成立了多种类型的国际性组织，如联合国国际贸易中心、联合国粮食及农业组织、联合国贸易和发展会议、联合国经济发展委员会、国际货币基金组织；区域性组织，如欧盟、石油输出国组织、东南亚国家联盟等；行业性组织，如世界知识产权组织等。这些组织均出版相关刊物，每年公开发布大量市场信息，并且多数出版其刊物目录，如联合国的《全球贸易》、世界贸易组织的《世界贸易报告》以及联合国贸易和发展会议的《世界投资报告》等。

（五）公共机构

许多国家的政府都成立了专门的机构，为企业提供各类信息（包括统计资料、销售机会、进口程序和规章，以及当地的进出口商、代理商及相关客户的情况）。例如，日本贸易振兴会的"海外市场调查会"等。我国的信息机构则包括国家信息中心、中国国际经济交流中心和中国银行信息中心等。

（六）交易会

交易会是较为便捷的信息获取渠道之一。我国每年都会举办各种国际性的交易会和展览会，例如在广州举办的中国进出口商品交易会，以及在深圳举办的中国国际高新技术成果交易会。这些交易会在国内外都具有较大的影响力，属于综合性商品交易会。此外，中国还经常举办各类行业和专业领域的国际交易会。除了在本土举办交易会，中国企业还积极走出国门，参与海外的交易会，如著名的德国法兰克福博览会。通过大量展览商品的资料搜集，企业能够获取来自世界各地的各类信息。

（七）学术报告与期刊

调研人员可以查阅国外一些著名研究机构与组织的分析文章和报告，例如美国国家经济研究局。此外，营销人员还可以查阅国外著名的报刊，如《国际广告》等。国内的科研机构和高等院校为了教学与科研的需要，也掌握了大量的国际市场信息。这些信息通常以论文或其他形式公开发表，这也是一个重要的国际市场信息来源。

（八）外国专业咨询机构

这是一种收费的信息来源。咨询机构可以根据客户的要求，搜集对营销活动有用的信息。虽然其信息准确性较高，但所需费用也比较高。

二、实地调研

随着科学技术的发展以及国际市场营销活动的广泛深入，案头调研已经不能满足企业的需求，许多重要的项目均需要进行实地调研。

实地调研是企业依据自身的国际市场营销目标、营销规模和营销范围开展的调研活动。调研机构可以依托外国机构或在相关国家设有分公司的国内企业来进行调研。实地调研的方法种类繁多，大致可以归纳为三类。

(一)访问法

访问法是指调查者通过直接向被调查者提出问题并获得答复，将调查结果汇总以搜集资料的方法。根据接触方式的不同，访问法可分为面谈访问法、电话访问法、邮寄调查法和投影法。

1. 面谈访问法

面谈访问法是指调查者以面对面交流的方式向被调查者提出问题并获得答复的调查方法。这是一种获取信息最为可靠的方式。在对深度和精确度有较高要求的项目调查中，面谈访问法是不可或缺且最重要的方法。面谈访问法的主要优点包括：

(1)调查者与被调查者直接交流，可以观察被调查者的表情和反应，从中获得许多有价值的信息；

(2)调查者通过设计能反映调查内容的问卷，可以确保获取全面、真实的资料；

(3)调查者能够及时解答被调查者提出的问题，从而减少误差，获得更加真实、明确的信息；

(4)面谈访问通常能满足被调查者充分表达的需求，从而获取一些隐秘信息以及真实的态度、生活习惯和消费方式等资料；

(5)面谈访问还可以起到促销作用，例如向被调查者展示样品、图表和说明书；

(6)面谈访问也是一种情感投资，有助于建立消费者与企业之间的情感联系。

作为一种调研方法，它的不利之处在于需要较高的费用，效率较低，调查结果与调查者的个人水平密切相关。调查者的个人观点可能会对被调查者产生误导，同时，公司对调查者的监督也较为困难。

2. 电话访问法

电话访问法是调查者通过电话向受访者进行询问的一种方式。其优势主要体现在：

(1)信息收集迅速且及时；

(2)能够使那些不愿接待陌生人的受访者接受电话访问，从而避免心理上的不安；

(3)便于搜集敏感问题的资料，受访者对于面谈中不便回答的问题可以通过电话回答；

(4)相较于面谈访问，其调查成本较低，效率较高，且可进行多次调查。

然而，电话访问法的局限性在于调查样本可能不够全面，交流过程较为简略，难以调查较为复杂的内容。因此，这要求调查者在语言表达上需简洁、明确、清晰且语速适中，以便受访者理解。

3. 邮寄调查法

邮寄调查法是将预先设计好的调查问卷发送给受访者，受访者完成问卷后将其寄回。该方法具有以下优点：

(1)调查范围广泛，样本覆盖面较大；

(2)不受时间约束，受访者有充足时间仔细思考并回答问题；

(3)避免了调查人员的潜在影响，受访者能够独立自主地提供答案，从而提升了数据的真实性；

(4)便于数据统计和整理，通过设计相应的统计表格，仅需少量人员即可完成整理工作；

(5)成本相对低廉，仅需承担邮寄和印刷费用。

然而，邮寄调查法的主要缺点在于问卷回收率较低，缺乏针对性，且时间跨度较长，难以迅速获得所需信息。此外，受访者可能无法提供满意的答复，这可能是由于其知识水平限制，无法深入触及调查的核心内容；抑或是受访者有意回避涉及个人隐私的问题，导致答案的准确性受到影响。

4. 投影法

投影法是一种间接探测被调查者态度的方法。许多人在接受访问时不愿意袒露自己的真实态度和动机，而投影法的目的在于让被调查者在不自觉中表露其个性和思想。例如，调查者可以利用一些语句、漫画等进行引导，启发被调查者自由发挥。投影法是一种心理测试方法，它需要调查人员具备一定的心理学知识，且其成本相对较高。

(二)观察法

观察法是指通过对被调查者的行为反应、公开行动以及市场形势进行直接观察和测量来收集信息的一种方法。其主要包括直接观察法、仪器观察法和痕迹测量法。

1. 直接观察法

直接观察法是指调查者对消费者的反应、公开行为以及市场营销环境进行直接的观察和度量。调查者亲临现场，记录与调查目标相关的原始数据。例如，在评估商店地理位置及人流状况时，调查者无须与顾客直接交流，而是通过在特定位置观察顾客流量、交通状况以及市场基础设施等，将所见所闻详尽地记录在预先设计的调查表格或问卷中。

此外，调查者亦可参与展览会、交易会、现场会等各类活动，对所见公司产品、竞争对手产品的特性、样品及说明书、参观者的兴趣点、展台的规模与位置、同类企业的数量及产品概览等进行细致的记录。该方法成本相对低廉，却能提供大量最新的市场信息，甚至包括最新的科技资讯。因此，会议观察法作为直接观察法的一种，备受青睐，至今仍被广泛运用。直接观察法应遵循以下基本调查原则：

(1)在同一时间内最好只观察同一件事，以确保结果的准确性；

(2)必须立即记录观察结果，避免遗漏或记错；

(3)观察员应尽量保持隐蔽，以防被观察者察觉，从而确保观察结果的真实性。

该方法的优点是所得资料的准确性较高，内容深入且翔实，但其缺点在于成本较高、耗时较长，并且无法直接获取被观察者的心理活动和动机信息。

2. 仪器观察法

仪器观察法是指使用仪器代替人眼进行观察的一种方法。现代科学技术的发展和应用,使电子仪器和机械设备成为市场营销调查的重要工具。调查者可以利用摄像机或录音设备记录被观察者的活动和声音。利用现代科学仪器进行观察具有效率高的特点,是当前广泛应用的一种方法。

3. 痕迹测量法

痕迹测量法是指调查者不直接现场观察顾客的行为和态度,而是通过一定的手段间接了解顾客的行为和态度的一种方法。例如,某公司为了调查广告媒体的效果并选择最佳广告媒体,在各类广告媒体中附上回条。顾客看到广告后可以凭回条到公司购买折扣优惠的商品,通过统计回条数量来确定最佳广告媒体。此方法省时、省力,但回条的回收率较低。

(三)实验法

实验法,即实验调查法,起源于自然科学中的实验求证方法。在国际市场营销调查研究中,实验法应用了自然科学的实验原理,企业通过对国际备选市场进行现场实验或试验,以验证相关假设,从而为生产或营销策略的制定提供依据。市场营销实验是指实验者(即调查者)控制一个或多个自变量,如商品价格、包装、广告、分销渠道等,通过实验调查,确定这些变量对销售量、市场占有率、销售增长率以及利润目标的影响。

实验法分为正式实验与非正式实验两种。正式实验是调查者选择某一具备实验特质的市场进行实验,设计较为科学、详尽的表格,包括实验所需的所有自变量与因变量的关系。正式实验的时间较长、成本较高,对实验人员的要求也较高,与其他方法相比,其较难掌握。非正式实验比正式实验简便,不需要设计过于复杂且精细的表格,表格栏目较少,较为容易掌握和计算,对实验人员的专业水平要求不高,实验费用低,耗时短;但该实验结果的可靠性不如正式实验高。实验法的主要形式如下:

1. 新产品销售实验

新产品销售实验是指通过新产品试销活动获取反馈信息,从而改进设计、提升质量。

2. 产品展销会实验

产品展销会实验是指调研人员通过分析展出产品的销售情况,实地收集和听取消费者的意见,以测试某个变量对产品销售的影响。

三、网络市场调研

互联网的发展带来了信息的爆炸式增长,以及大量信息资源的共享,这大大丰富了营销调研的资料来源渠道,并拓展了传统的市场调研方法。如今,网络市场调研作为一种新型的调研方式,已得到世界各国网民的普遍认可,也被专业营销调研公司广泛应用。网络市场调研是指基于互联网系统地进行营销信息的收集、整理、分析和研究。

(一)网络市场调研的优点

与传统的市场调研相比,网络市场调研具有许多独特的优点,这些优点使调研过程更加高效、便捷和精确。

首先，网络市场调研具有广泛的覆盖范围。通过网络平台，调研人员可以迅速接触到来自全球各地的潜在受众，不再受限于地域和时间。这种跨地域、跨时间的调研方式使企业能够更全面地了解市场需求和消费者行为，为决策提供更加丰富和准确的数据支持。

其次，网络市场调研的成本相对较低。传统的市场调研通常需要耗费大量的人力、物力和财力，包括问卷设计、印刷、分发、收集、分析等各个环节。网络市场调研则可以通过在线问卷、社交媒体互动、在线论坛讨论等方式进行，大大降低了调研成本。同时，由于数据收集和分析过程更加自动化，这也减少了人工操作的错误和偏差。

再次，网络市场调研具有高效处理数据的能力。通过先进的统计软件和技术手段，调研人员可以对收集到的数据进行快速、准确的分析和处理，提取出有价值的信息。这种高效处理数据的能力使企业能够更快地做出决策，抓住市场机遇。

最后，网络市场调研具有互动性强的特点。通过在线问卷、社交媒体互动等方式，调研人员可以直接与受访者进行沟通和交流，了解他们的真实想法和需求。这种互动式的调研方式不仅能提升调研的准确性和可靠性，还能提升消费者对企业的信任和忠诚度。

综上所述，网络市场调研具有广泛的覆盖范围、较低的成本、高效处理数据的能力和互动性强等优点。这些优点使网络市场调研成为企业和研究机构进行市场调研的重要选择，为企业决策提供了更为全面、准确和及时的数据支持。

(二)网络市场调研的方法

1. 直接调研的方法

网络直接市场调研是指企业为当前特定目的在互联网上搜集一手资料和原始信息的过程。与传统案卷调研不同，网络直接市场调研最常使用的是专题讨论法、在线问卷法和网络跟踪法。在调研过程中具体应采用哪一种方法，要根据实际调查的目的和需要而定。需注意，市场调研应遵循网络规范和礼仪。

(1)专题讨论法。专题讨论法可通过新闻组、电子公告牌或邮件列表讨论组进行。

(2)在线问卷法。在线问卷法是指请求浏览企业网站的每位用户参与各种调查活动。企业可以自行组织实施在线问卷法，也可以委托专业公司进行。

(3)网络跟踪法。调研人员除了可以采集被调查者的有意识行为(如专题讨论法和在线问卷法)采集外，还可以采集被调查者的无意识行为数据。例如，当被调查者访问某网站时，调研人员可以通过网络跟踪器记录其在网站上的活动轨迹。

通过以上三种国际市场调研方法，企业既可以通过自身的网站实施，也可以委托其他网站或专业的在线调查公司完成。例如，惠普公司经常在一些ICP(互联网内容提供商)站点上开展新产品调查，而海尔品牌则曾在《人民日报》网站上进行相关调查。

2. 间接调研的方法

网络市场的间接调研是指对网上二手资料进行搜集。许多单位和机构在互联网上建立了自己的官方网站，各类信息均可通过访问其网站获取。此外，大量综合型ICP、专业型ICP以及成千上万个搜索引擎网站的存在，使企业在互联网上搜集二手资料变得极为便利。

关键术语

国际市场调研　案头调研　实地调研　网络市场调研

项目实训

【实训情境】

随着第五代移动通信技术(5G)在全球范围内的快速发展和广泛部署,这项革命性的技术不仅改变了通信基础设施,还对智能手机行业产生了深远的影响。本次实训旨在通过对5G商用化进程进行全面、深入的研究,探讨其对智能手机市场需求、产品设计、销售策略以及整个产业链条的变革作用。

【实训任务】

假如你是国内某通信企业的外贸市场专员,请编写一份全面反映5G商用化进程及其对智能手机市场影响的专业调研报告。

章节习题

(1)企业为什么要进行国际市场营销调研?

(2)国际市场调研的步骤是什么?

(3)企业进行国际市场二手资料搜集的来源有哪些?

(4)实地调查法主要包括哪几种调查方法?其各有什么优缺点?

项目三　国际贸易商品

项目引例

我国A公司与外商签订了一份农产品出口合同，合同中的品质条款明确规定：水分最高含量为12%，杂质含量不超过3%，且交货品质以中国的出口检验证书为最终判定依据。在达成交易之前，A公司曾向对方寄送过样品，只是当时未特意说明此样品仅作参考。合同签订之后，A公司通过电报告知对方，所交付货物的品质与此前寄送的样品相近。

货物运抵国外后，收货方指出货物品质不如样品，进而提出每公吨减价6英镑的要求。A公司以合同中未明确约定凭样交货为由，拒绝了对方的减价诉求。但国外收货方并不认可，委托该国一家检验机构对货物进行检验。该检验机构出具的证明显示，所交付货物的平均品质比样品低了7%，据此，收货方再次提出赔偿主张。

A公司对此回应称，农产品本身存在不同的特性，货物品质难以与样品的品质完全一致，但也不至于相差达7%之多。可关键问题在于，A公司保存的样品已经遗失，无法拿出有力证据来证实自身说法。最终，A公司无奈之下，只能支付一笔品质差价作为赔偿。

思考：我方出口公司应从中吸取哪些教训？

任务一　商品名称

商品名称是每笔进出口贸易的重要物质基础，是进出口贸易合同中的主要交易条件之一。

一、列明商品名称的意义

商品名称(Name of Commodity)，简称品名，是法律上所谓的标的物(Subject Matter)。它是进出口贸易赖以进行的物质基础与前提条件，也是订立合同的前提条件。正确选择合同标的物名称是买卖双方在协商及签订合同时首先需要考虑的问题之一，也是买卖双方履行合同的基本依据。

正确规定合同标的物名称具有重要意义：首先，从法律的角度来看，合同标的物名称属于商品描述的核心构成部分，是买卖双方履行货物交付环节的关键基础要件。一旦卖方交付的货物与合同约定的品名及相关说明不符，买方依法享有提出损害赔偿诉求的权利，情节严重时,买方甚至能够拒收货物或者依法撤销合同。其次,从业务的角度来看,品名条款不仅充当着商业统计与外贸统计的数据基准,还是报关、报运、投保、商检、仲裁等一系列实务流程中进行费用核算的重要参照依据。由此可见,在出口贸易活动中,清晰、准确地罗列商品名称,对保障贸易流程的顺畅推进与交易目标的顺利实现,具有重要的实践意义。

二、商品名称的表示方法

在出口贸易中,商品名称的表示方法主要有以下几种:

(一)以货物的主要用途表示商品名称

这种方法主要突出货物的用途,便于客户选择和购买,如"电饭锅""自行车"等。

(二)以构成货物的主要原料表示商品名称

这种方法强调出口货物所使用的加工原料,以反映货物的质量,如"玻璃杯""羊毛衫""实木家具"等。

(三)以人物姓名表示商品名称

这种方法利用人物的知名度或历史积淀来命名商品,如"李宁运动鞋""香奈儿化妆品"等。

(四)以著名品牌表示商品名称

品牌是企业产品质量的历史记录,代表着企业对消费者的产品质量承诺。这种方法有助于消费者克服选择商品时的信息不对称,如"可口可乐""青岛啤酒"等。

(五)以产地名称表示商品名称

对于一些农副土特产品或具有特殊加工工艺的产品,直接用产地名称命名出口商品,如"西湖龙井""金华火腿""烟台苹果"等。

(六)以主要成分表示商品名称

用货物所含的主要成分表示货物名称可以帮助消费者了解货物的成分构成,有助于消费者选择货物,如"花生油""钻戒"等。

(七)以商品的外观造型命名出口商品

这种命名方法有助于消费者了解商品的外观特点,如"高跟鞋""喇叭裤""蝙蝠衫"等。

三、品名条款

进出口贸易合同中的品名条款并没有统一的格式,通常在出口合同或销售确认书中的"商品名称"或"品名"项下列明规定的货物名称。例如,品名:中国桐油(Name of Commodity:Chinese Tung Oil)。

在国际贸易实务中,商品的品名条款相对简单,通常不单独列出,而是包含在品质条款中。这是因为许多货物往往具有不同的品种、等级和型号。有时,一份合同中交易的货物不止一种,通常将有关具体品名、品种、规格、等级等内容合并在一起加以说明。

四、列明品名条款时的注意事项

(1)货物名称的选用应准确、具体、简洁。这要求名称能够切实反映货物的特点及物理、化学特性，避免使用笼统或含混不清的表述。

(2)应实事求是，准确反映货物的实际情况。凡是无法实现或不必要的修饰性语句均不应采用，以免给后续履约带来麻烦。

(3)尽可能使用国际通用的名称。当前，世界上不同国家甚至同一国家的不同地区，对同一种货物的命名可能有所不同。为避免俚语、方言等因素可能引发的误解，应尽量使用国际上通用的货物名称。如果必须使用地方性的名称，则需要买卖双方事先就其含义达成一致。对于某些新货物的名称或其译名，则必须确保准确、易懂，并符合对方国家的习惯用法。

(4)应恰当地选用合适的名称。在有多种名称可供选择时，需要根据进出口费用、关税、运输费用等因素选择适当的名称。总体原则是在不影响外贸政策的前提下，选择有利于降低关税、运费及其他相关费用的名称。

任务二　商品的品质

商品的品质(Quality of Goods)，也称商品质量，是指商品的内在质量以及外观形态的综合。前者包括商品的机械性能、化学成分、生物特性及物理性能等自然属性，后者包括商品的外形、款式、色泽及包装等。

一、商品品质的重要性

从业务角度来看，商品品质的优劣直接影响商品售价、销量及交易双方经济利益实现程度。高品质能帮助企业树立信誉，提升国家形象，保障消费者权益；低品质则反之。在全球市场竞争激烈的当下，以质取胜已成为各国普遍认可的出口战略。

从法律角度来看，合同品质条款是商品说明的核心，是货物交接的关键依据。依据《联合国国际货物销售合同公约》的规定，卖方须按约定质量交货。若货物品质不符，买方有权要求损害赔偿、修理、交付替代货物，情节严重时可拒收货物或撤销合同。

二、表示品质的基本方法

出口商品品类繁多，各具特性，相应地，表示出口商品品质的方法也丰富多样，总体可归纳为以实物表示和以说明表示这两大类别。

(一)以实物表示商品品质

以实物表示商品品质是指通过作为交易对象的商品实际品质(Actual Quality)或通过代表商品品质的样品(Sample)来表示商品品质。前者为看货买卖(Sales by Actual Quality)，后者为凭样品买卖(Sales by Sample)。

1. 看货买卖

采用这种方法时，通常是买方本人或其委托的代理人前往卖方储存货物的地点实地查验货物。一旦达成交易，卖方就应按照对方验看过的商品交货。只要卖方交付的货物符合验看的品质要求,买方就无权对商品品质提出疑问。这种交易方式在寄售、拍卖以及展卖等业务场景中较为常用。

2. 凭样品买卖

所谓样品,是指从整批商品中精心抽取出来的、能够精准反映并代表整批商品品质的一小部分货物。在进出口贸易中,若买卖双方以样品作为签约或交货时的品质依据,则这种交易方式称为凭样品买卖或看样成交。根据样品提供者的不同,凭样品买卖可细分为以下几种:

(1)凭卖方样品买卖(Sales by Seller's Sample)。凭卖方样品买卖即在贸易中以卖方提供的样品作为交货品质的依据。采用凭卖方样品买卖的方式时,应注意以下问题:

第一,出口方提供的样品应具有代表性,通常以平均水平为准。如果样品品质过高,可能导致后续交货品质难以与样品相符;如果样品品质过低,可能对商品的定价和销售产生不利影响。

第二,注意留存复样。所谓复样(Duplicated Sample),又称封样,是指选择与寄送样品品质一致的商品作为留样。留存复样的目的是为解决日后可能出现的品质争议提供依据。必要时,可邀请第三方公证机构共同加封,以增强封样在处理品质争议中的权威性。

(2)凭买方样品买卖(Sales by Buyer's Sample)。凭买方样品买卖即以买方提供的样品作为交货品质的最终依据。在此交易方式下,必须注意以下三个问题:

第一,来样的内容及形式不得包含毒品、色情等违反公共利益的内容。

第二,在凭买方样品成交时,出口方需综合考虑原料保障、生产技术条件及加工能力等是否匹配。

第三,凭买方样品成交时,出口方应在合同中明确声明,因来样引发的工业产权侵权责任等问题应由买方承担,与卖方无关。

无论是以卖方样品还是以买方样品达成的交易,卖方都肩负着确保交付货物品质与样品品质一致的责任。然而,部分商品受自身特性、生产工艺等因素影响,难以做到与样品品质丝毫不差。对于这类商品,出口方务必在合同中添加诸如"品质与样品大致相同"(Quality Shall Be about Equal to the Sample)或"品质与样品相近"(Quality Is Nearly the Same as the Sample)等类似条款,并明确规定货物品质与样品之间差异的处理方法,以避免潜在的纠纷。

(3)凭对等样品买卖(Sales by Counter Sample)。为防止交货双方因对样品品质的理解存在偏差而引发纠纷,卖方有时会依据买方提供的样品,先行试生产一批货物。随后,将这批试生产的货物交由买方确认,经买方认可后的该样品被称为"回样"(Return Sample)或"对等样品"(Counter Sample),并作为交货时品质的依据。

凭样品买卖存在以下基本要求:

第一,样品是判定交货品质的唯一依据。

第二,卖方所交付的货物必须与样品完全一致。凭样品买卖的优势在于免除了订立繁琐品质条款的麻烦,尤其适用于产品品质难以通过文字准确描述的情况。

目前，单纯凭样品交易的商品越来越少。样品通常仅用于表示商品某一方面或某几方面的品质指标，如色样(Color Sample)、款式样(Pattern Sample)等。

(二)以说明表示商品品质

以说明表示商品品质(Sales by Description)在国际贸易中较为常见。在出口贸易中，这种方式可细化为以下几种类型：

1. 凭规格买卖(Sales by Specification)

商品规格，即用以体现商品品质的一系列关键指标，如成分构成、含量比例、性能参数、尺寸大小、重量数值等。以规格确定商品品质的交易称为凭规格买卖。针对不同的出口商品，应选用合适的规格来表示质量。同一种商品因买方用途不同，需选用不同的规格。例如，某批东北大豆的规格可以表示为“水分含量最高 12%，含油量不低于 15%，杂质含量最高 1%，不完整颗粒含量最高 6%”；某种蜂蜡的规格可以表示为“熔点 60 ℃，密度在 15.5 ℃时为 0.95～0.98 g/cm^3，杂质含量不超过 1%”。以规格表示商品品质的方式较为简单、方便且准确，因此在出口贸易中应用广泛。

2. 凭等级买卖(Sales by Grade)

商品的等级就是根据规格的差异对商品进行分级、分类，即按照同类商品在规格上的差异将商品分为优劣不同的若干等级，如大、中、小；重、中、轻；甲、乙、丙；A、B、C 等，用以匹配不同等级的交易需求。

例如，出口钨砂根据三氧化钨及锡含量的不同分为特级、一级、二级、三级；出口皮蛋根据重量分为奎、排、特、顶、大五级。

凭等级交易可以简化交易磋商过程。但需要注意的是，由个体厂商制定的等级并不具有约束力。为了便于合同履行，避免贸易纠纷，在列明等级时最好同时说明每一等级的具体规格。

3. 凭标准买卖(Sales by Standard)

所谓标准，是指统一化的规格等级及其检验方法，它是技术与实践经验的结晶。以标准表示商品品质并进行交易的方式称为凭标准买卖。商品的标准可由国家或相关政府部门制定，也可由同业公会、商品交易所或企业自身制定。在国际贸易中，商品的标准通常分为五大类，即企业标准、团体标准、国家标准、区域标准及国际标准。在我国出口贸易中，通常采用国内公布的不同等级的标准，但有时也会根据客户的要求采用国际标准。需要注意的是，同一标准的不同版本对商品质量的要求可能存在差异。因此，在出口合同中不仅需要注明标准的名称，还应注明标准颁布的年份。例如，利福平，《英国药典》1993 年版(Rifampicin B. P. 1993)。

在国际贸易中，还存在一些特殊类型的标准表述方法：

(1)良好平均品质(Fair Average Quality，FAQ)。良好平均品质有时称为“大路货”，指某一时期内某地出口商品的平均品质水平。其通常用于表示农产品的产品质量，基本含义是：农产品在某个生产年度的中等品质，或某一季节、某一装船月份、某一装运地点发运的同种农产品的平均质量。在采用 FAQ 表示商品品质时，应注意明确生产年份、产地，甚至具体的季节。例如,“东北大豆2019年收成,良好平均品质”。此外,还需明确是以装船品质为准还是以到岸品质为准。

为了更确切地表示商品的品质,在合同的品质条款中注明FAQ的同时,也会增加一些主要规格指标。例如,“中国花生,大路货,规格:水分不超过12%,不完善颗粒最高3%,含油量最低43%。”

(2)上好可销品质(Good Merchantable Quality,GMQ)。上好可销品质是指卖方须保证交付的货物品质良好,适合销售。其强调货物的品质不会影响销售,通常适用于木材或冷冻鱼虾等水产品。

4. 凭品牌或商标买卖(Sales by Brand or Trademark)

品牌(Brand)是工商企业对其制造或销售产品的命名,主要用于区别其他企业生产的同类产品。品牌或品牌的一部分在政府有关部门依法注册后称为“商标”(Trademark)。商标具有法律内涵,代表一种排他的使用权。用品牌或商标来确定商品品质的交易方式称为凭品牌或商标买卖。当前,采用凭品牌或商标开展进出口贸易的情况越来越普遍。在现代经济中,品牌或商标本身就代表了品质形象,同时包含消费者的情感认知,是对商品品质的最佳说明。

5. 凭产地名称买卖(Sales by Name of Origin)

一些农副产品在特定的产地自然条件或传统的生产工艺、生产技术影响下,形成了独特的风格或品质。产地名称能够突出这类产品的独特品质,因此,这类产品可以通过产地名称来表明商品的品质并进行交易。例如,龙口粉丝、西湖龙井、涪陵榨菜等。

6. 凭说明书买卖(Sales by Descriptions)

一些技术复杂的机、电、仪产品以及大型设备、交通工具等技术密集型产品,由于其复杂的技术结构和工艺流程,通常以说明书来表明产品的品质,这种方式被称为凭说明书买卖。在这种情况下,卖方交付的货物品质必须与说明书中列明的条件完全一致。需要特别强调的是,在出口合同中,除了列出说明书的具体内容外,还必须包含卖方的品质保证条款以及技术服务条款。卖方有义务确保在特定的期限内,所售货物的品质切实符合说明书所规定的技术指标,否则买方有权要求赔偿。卖方还应负责更换品质不符合规定的商品,并承担因此产生的各项费用。

三、规定品质条款需要注意的问题

商品的品质条款是进出口双方买卖货物及解决品质纠纷的主要依据,合理地规定品质条款具有重要意义。一般而言,出口方在规定品质条款时应注意以下几个问题。

(一)正确运用各类表示品质的方法

在规定出口商品品质指标时,需紧密结合商品自身特性,合理选择商品品质表示方法。在出口贸易中,有些商品适宜凭样品买卖,而有些则需要凭等级、规格、标准或说明书买卖。此外,凡是能用一种方法表示品质的,一般不宜用两种或多种方法表示。通常情况下,凭样品与凭规格、等级、标准等表示品质的方法不宜混用。根据某些国际贸易惯例及公约的规定，如果既凭样品买卖，又凭规格、等级、标准买卖，则卖方所交货物的品质既要与样品一致，又要符合规格、等级、标准的要求，否则买方有权拒收货物，甚至索赔。

(二)某些出口商品的品质指标可采用弹性的规定方法

在国际贸易中，严格按照合同中的品质条款交货是卖方的主要义务之一。然而，在具体的出口业务中，由于商品特性、生产加工条件、运输条件以及气候等因素的影响，出口方交付的产品实际品质可能与合同所列条款存在合理的细微差异。为了避免因交货质量与合同要求稍有出入而可能引发的违约问题，在出口工业制成品时通常应订立品质公差条款，而在出口初级产品特别是农副产品时，则应订立品质机动幅度条款，并辅以品质增减价条款。

1. 品质公差条款(Quality Tolerance Clause)

品质公差条款一般适用于工业制成品，是指行业公认的或在正常情况下买卖双方认可的产品质量差异。这意味着卖方交付的货物品质可以略高于或低于合同规定的标准。这种误差的存在是基于现有生产技术条件无法完全避免的实际情况。品质公差条款主要针对工业制成品的出口，一般有以下两种规定方法：

(1)仅作笼统规定，如“质地、重量、尺寸、颜色均允许合理差异”。至于何谓“合理差异”，未作明确规定；

(2)明确规定允许存在一定幅度的差异，如“重量或尺码允许有±3%～±4%的合理公差”。

2. 品质机动幅度条款(Quality Latitude Clause)

品质机动幅度条款是指允许卖方交付货物的品质在特定范围内存在合理差异，具体有以下三种规定方法。

(1)规定具体范围。这是指对某项品质指标允许存在波动的上下差异范围。例如，棉布幅宽为33～35英寸。

(2)规定指标极限。规定指标极限即对某些商品的品质规格指标规定上下限，具体可以用“最小”“最大”或“最低”“最高”来表示。例如，“中国芝麻，水分最高6%，杂质最高3%，含油量最低50%”。

(3)规定上下差异。例如，“灰鸭毛，含绒量16%，上下浮动2%”。这种规定方法具有灵活性的特点。

3. 品质条款结合增减价条款

品质条款结合增减价条款有以下三种形式。

(1)在品质机动幅度范围内，根据实际交货品质的差异幅度进行价格增减。例如，“东北大豆，水分每增减1%，价格相应增减1%”。

(2)在品质机动幅度范围内，若实际交货品质低于合同规定，则进行扣价处理；若实际交货品质高于合同规定，则按合同价格计算。这种规定方式对买方较为有利。

(3)在品质机动幅度范围内，根据品质差异程度的大小，采用递进式扣价方法。例如，“实际交货品质低于合同规定1%以内，扣价1%；低于合同规定1%以上，扣价2%”。

(三)出口品质条款的规定应具体、明确

出口品质条款应尽量做到文字简练、语义准确。应避免使用“大约”“左右”“合理误差”这类语义模糊、界限不清晰的表述,以免在交货品质问题上引发争议。

(四)品质条款要体现对潜在知识产权纠纷的处理原则

若产品是依据买方所提供的设计、商标、品牌或者图案进行生产,一旦因该产品引发涉及第三方工业产权或其他知识产权方面的纠纷,则所有责任将由买方承担。出口方应在合同中明确声明:若按照买方提供的技术图样、图案、程序或其他规格生产的产品涉及第三方的工业产权或其他知识产权纠纷,出口方对此概不负责,相关责任应由提供技术图样、图案、程序等的买方承担。

五、关于品质条款的典型案例分析

【案例 3-1】

1988 年 6 月,我国一家出口公司向约旦出口了 3000 箱巧克力。合同并未对巧克力的“湿度”指标作出明确规定。这批货物运抵约旦杰拉什省后,约旦进口商反映,经进口国商检局检验,这批巧克力的湿度为 2.6%,超出了当地标准所规定的 1.5%,无法在当地市场销售。进口商要求将货物移送出境,否则将被销毁。我方出口公司陷入被动局面。考虑到市场前景及客户关系,我方最终同意退货,但因此造成了重大损失。

【分析】

出口贸易中的品质条件分为明示条件和暗示条件。明示条件是指合同明确列出的品质规格标准,而暗示条件则是指“货物必须具备符合商业销售的品质”或“货物适合于同一规格货物的通常用途”。本案例中,合同未列明“湿度”指标,而货物抵达目的港时,巧克力并无明显的质量问题,完全符合“通常食用”的要求。从这一角度来看,若不考虑其他因素,我方本可以不承担任何责任。

任务三　商品的数量

一、商品数量的重要性

商品数量是制定单价和计算总金额的重要依据。合同中的数量条款涉及成交数量的确定、计量单位和计量方法的规定,以及数量机动幅度等内容。买卖双方约定的数量是交接货物的依据,若卖方所交货物的数量与合同规定不符,买方有权提出索赔,甚至拒收货物。

根据《联合国国际货物销售合同公约》规定,买方可以选择收取或拒绝收取全部或部分多交的货物;如果卖方未能按期全额交货,可以允许其在规定的交货期限内补齐货物,但前提是不能给买方带来不合理的不便或额外开支。即便如此,买方仍有权要求损害赔偿。

二、常用的度量衡制度

国际贸易中常用的度量衡制度主要包括公制、英制、美制及国际单位制。《中华人民共和国计量法》第二条明确规定："国家实行法定计量单位制度。法定计量单位的名称、符号按照国务院关于在我国统一实行法定计量单位的有关规定执行。"在我国出口贸易中，计量单位原则上应采用我国法定计量单位。但为适应进口国的贸易惯例，也可酌情使用公制、英制或美制单位。对于机器设备和仪器仪表，必须使用法定计量单位，未经相关主管部门特别批准，不得采用其他计量单位进口。

(一)公制

公制的使用始于18世纪，是一种以法国推行的十进制为基础的度量衡制度。由于单位换算较为方便，它逐渐被越来越多的国家采用。

(二)英制

英制单位源自罗马帝国的度量衡体系，是一种以当时农业生产作为单位基准的度量衡制度。这种制度曾在世界范围内产生了较大的影响，但由于未采用十进制计算方法，单位换算较为复杂，其在国际贸易中的使用频率逐渐降低。英国自1965年起开始改用国际单位制，并于1995年完成了单位制的转换。然而，陆路交通仍以英里作为长度单位。此外，在国际上一些领域仍沿用英制，如电视机、电脑显示器和手机屏幕的尺寸常以英寸表示。在航空管制中，飞行高度、跑道长度等通常以英尺为单位。

(三)美制

美制度量衡单位是在英制的基础上发展而来的，主要用于重量和容量的计量。美制容量单位分为"干量"和"液量"两类，其中干量通常用于粉状或颗粒状固体的计量，而液量则用于液体的计量。美制度量衡单位在谷物、玉米等农产品交易领域中应用较为广泛。

(四)国际单位制

1960年，第11届国际计量大会通过了国际单位制的度量衡单位。由于国际单位制是以公制为基础制定的，因此它也被称为现代米制。此次国际计量大会重新定义了"米"的标准："一米等于氪同位素(Kr)原子在真空中辐射的光波波长的1650763.73倍。"由此，自然基准的光波波长取代了人工基准。目前，世界上许多国家已逐步向国际单位制过渡，我国法律也明确规定采用国际单位制。

值得注意的是，同一单位的不同度量衡所表示的数量可能存在明显差异。例如，就重量的"吨"而言，实行公制的国家采用的是公吨，每公吨等于1000千克；实行英制的国家采用的是长吨，每长吨约等于1016千克；而实行美制的国家采用的是短吨，每短吨约等于907千克。

三、常用计量单位

国际贸易中常用计量单位及其适用商品主要有以下几类：

(一)重量单位

重量单位通常用于一般的天然产品及部分工业制成品，如煤炭、铁矿石、棉花、羊毛、油类、谷物等。常用的重量计量单位包括：千克(Kilogram)、克(Gram)、公吨(Metric Ton)、长吨(Long Ton)、短吨(Short Ton)、磅(Pound)、盎司(Ounce)、克拉(Carat)等。

(二)容积单位

容积单位通常用于计量谷物以及流体、气体商品。常用的容积单位有蒲式耳(Bushel)、公升(Liter)、加仑(Gallon)、品脱(Pint)等。例如，某国以蒲式耳作为各种谷物的计量单位，但蒲式耳所代表的重量会因谷物的种类不同而有所差异，例如，每蒲式耳燕麦为32磅，亚麻籽为56磅，大豆及小麦为60磅。对于液体商品如酒类和油类，则普遍使用公升或加仑作为计量单位。品脱主要在英国、美国及爱尔兰使用。在度量衡单位公制化的背景下，品脱在英国及肯尼亚通常仅用于表示啤酒和牛奶的容量。然而，在食谱方面，英国仍然广泛使用品脱作为大量液体的容量单位，而公制食谱则通常将1品脱换算为500毫升或600毫升。

(三)数量单位

数量单位主要用于工业制成品以及杂货类商品的计量，如文具、玩具、成衣、车辆等。常用的数量单位有件(Piece)、套(Set)、双(Pair)、卷(Roll)、打(Dozen)、令(Ream)、包(Bale)和袋(Bag)等。

(四)长度单位

长度单位主要用于纺织品、电线电缆等商品的计量。常用的长度单位有米(Meter)、英尺(Foot)、码(Yard)等。

(五)面积单位

面积单位主要用于皮制品、塑料制品、铁丝网、地板、玻璃等商品的计量。常用的面积单位有平方码(Square Yard)、平方英尺(Square Foot)、平方米(Square Meter)等。

(六)体积单位

体积单位主要用于木材、化学气体等商品的计量。常用的体积单位有立方米(Cubic Meter)、立方英尺(Cubic Foot)、立方码(Cubic Yard)等。

四、重量的计算方法

国际贸易中重量(Weight)的计算方法主要有以下几种：

(一)按毛重(Gross Weight)计算

所谓商品的毛重，即商品本身的重量加上商品包装材料的重量。与此对应的另一个概念称为“以毛作净”(Gross for Net)，即把商品的毛重近似等于商品的净重，其主要适用于价值较低的商品计重，如大米、蚕豆等农产品。

(二)按净重(Net Weight)计算

所谓商品的净重，即去掉包装材料后商品本身的重量，它是国际贸易中以重量计量商品的主要形式。而包装材料的重量称为皮重(Tare)，在国际贸易中习惯上有以下几种不同的皮重计算方法：

1. 实际皮重(Actual Tare)

这指的是实际过秤称量出每件包装的重量及总重量。

2. 平均皮重(Average Tare)

对于一些不规则的包装，为了简化计算，抽取一小部分包装进行称量，得出每件的平均皮重，然后根据该平均皮重推算整批货物的重量。

3. 习惯皮重(Customary Tare)

某些包装较为规范，并形成了公认的标准单件重量。在此基础上，通过将标准单件重量乘以总件数即可得出整批货物的皮重，这种方法称为习惯皮重。

4. 约定皮重(Computed Tare)

约定皮重即单件商品的包装重量由买卖双方事先约定，然后通过将单件包装重量乘以数量得出包装总重量。

(三)其他重量计算

1. 按公量(Conditioned Weight)计算

在国际贸易中，对于棉花、羊毛、生丝等易受潮商品，由于其含水量会随环境湿度变化而波动，因此采用“公量计重”方法来确定准确的重量，即通过科学手段除去商品实际所含的水分，再加上标准含水量，求得商品的重量。可以将其理解为，公量是商品的干净重量加上“干净重量乘以国际公定回潮率”所得到的结果。其计算公式为：

$$公量=商品干净重量\times(1+公定回潮率)$$

2. 按理论重量(Theoretical Weight)计算

对于规格和尺寸固定的商品，其重量通常大致相同，因此总重量可以通过推算得出。根据件数推算出的重量称为理论重量。例如，根据厚度、宽度和长度等体积指标，可以推算出钢板的总重量。

3. 按法定重量(Legal Weight)及实物净重(Net Weight)计算

法定重量是指商品本身的实际重量与其直接内包装材料重量的总和，是海关征收从量税的基础。实物净重又称净净重，是扣除商品的内包装以及水分、尘埃等其他杂物后的纯商品重量，也是海关征税时采用的指标之一。

五、合同的数量条款

(一)数量条款的基本内容

数量条款(Quantity Clause)是合同的主要条款之一，主要包括交货数量及计量单位。对于大宗散装货物，需要在数量条款中加入溢短装条款(More or Less Clause)，即为满足订舱及仓容等的需要，允许卖方所交的货物数量在一定范围内略多于或少于合同规定。溢短装条款主要包括数量机动幅度、机动幅度的选择权以及溢短装部分的作价方法。

(二)订立数量条款的基本要求

1. 正确掌握进出口商品的数量

确定出口商品数量时,决策需依据对国外市场需求、趋势及季节因素的综合判断,旨在确保供应稳定、及时,从而巩固和拓展市场;同时,必须严格考察进口方的信用和经营状况,以控制收款风险。至于进口商品数量,主要应以满足国内生产和民生需求为出发点,并确保与国家的外汇支付能力及运输条件匹配,保障贸易顺利进行。

2. 合理规定溢短装条款

受商品特性、生产能力、船舶舱位、装载技术、包装等因素影响,一些农副产品及工矿产品,在实际交货时,很难丝毫不差地达到合同规定的数量。鉴于此,交易双方可在合同中增设溢短装条款。依据该条款,卖方在履行交货义务时,允许在合同约定数量的基础上,有一定比例地上下浮动。依据《跟单信用证统一惯例》(以下简称《UCP 600》)的规定,如果采用信用证付款方式,除非信用证明确规定货物数量不得增减,否则在实际支取金额不超过信用证金额的条件下,即使信用证禁止分批装运,卖方交货数量的伸缩幅度也可为5%。然而,当货物数量以包装单位或个体计算时,此伸缩条款则不适用。

通常情况下,溢短装数量的选择权归卖方所有,不过在某些交易场景中,也可由买方或者船方来决定。当合同涉及的货物数量庞大,且商品价格呈现大幅波动态势时,为了避免卖方或买方借溢短装条款谋取不当利益,部分合同会明确规定,货物溢短装的那部分,按照装船时或者货物抵达时的国际市场价格来核算。

【案例3-2】

某出口公司向中东出口电风扇1500台,信用证规定不允许分批装运。但临近装船时,卖方发现有40台严重损坏,更换又来不及。发货人员认为根据《UCP 600》第三十条的规定,即使合同未规定溢短装条款,数量上仍允许有5%的增减,故决定少交40台风扇,即少交4%。结果遭买方拒付。(资料来源:百度文库)

【分析】

《UCP 600》中关于允许5%增减的规定并不适用于以包装单位或个数计量的产品买卖。本案例中出口电风扇1500台,很显然是以产品个数计量进行的买卖,不适用5%的增减幅度,买方拒付是合理的。

3. 对于"约量"的解释

有时出口合同数量条款中只规定"约量"(About),即在合同规定的数量前加上"约"字,意思是卖方交货的数量可以有一定范围的灵活性。不同的国家对"约量"有不同的解释,有的解释为2%,有的解释为5%,也有的解释为10%。根据《UCP 600》的规定,"约量"可解释为交货数量有不超过10%的增减幅度。为了便于执行合同,建议最好在合同数量条款中不采用"约量",而是规定明确的溢短装幅度。如果确需采用"约量",当事人双方应就"约量"的含义做出明确的规定。

任务四　商品的包装

商品的包装是商品生产的延续,未经包装的商品,难以顺畅进入流通与消费领域。商品的包装不仅能够保护商品的使用价值,还能够提升商品的附加价值。在竞争激烈的国际市场中,商品的包装已日益成为非价格竞争的重要手段。

一、商品包装的重要性

商品的包装是实现商品价值和使用价值的重要手段,也是商品生产与消费之间的重要桥梁。绝大多数商品只有经过适当的包装,才能顺利进入流通领域进行销售,从而实现其使用价值和经济价值。

在国际贸易中,除了少数商品由于自身特点可以散装或裸装外,大多数商品都需要一定的包装。包装费用本质上归属于生产性质的开支,商家投入包装环节的成本,能够通过提升商品售价的方式收回。从这个意义上看,包装也是促使商品增值的一种手段。

包装除了具备保护商品、美化商品的功能外,还是货物说明不可或缺的部分。因此,凡是需要包装的商品,交易双方必须在合同中明确规定包装条款。根据一些国家的法律解释,如果一方违反约定的包装条件,另一方有权提出索赔,甚至拒收货物。例如,我国某公司出口一批货物,合同约定的包装材料为毛皮纸。然而在合同履行过程中,我方未能找到足够的毛皮纸,于是改用价格较高的塑料纸进行包装。虽然货物完好无损地抵达目的地,但恰逢该商品市场价格暴跌,对方在验收货物后,以我方违反包装条款为由拒收该批货物,导致我方遭受较大的经济损失。在该案例中,对方的行为完全合理,因为我方确实未能遵守合同中关于包装材料的规定。这表明,包装条款是国际货物买卖合同中的重要交易条件。

二、运输包装

运输包装(Transportation Packing),又称大包装或外包装(Outer Packing),指用于保护商品数量和品质,同时便于运输和储存的外层包装。其主要作用包括保护商品、防止货物损失、便于运输和储存,以及降低运输成本等。

(一)运输包装的种类

运输包装主要分为单件运输包装和集合运输包装两类。

1. 单件运输包装

单件运输包装指的是在货物运输期间,被视作单独计数单元的包装形式。根据包装的造型,单件运输包装可分为箱、包、桶、袋等形式。

(1)箱(Case)。箱主要包括板条箱(Crate)、纸箱(Carton)、木箱(Wooden Case)、漏孔箱(Skeleton Case)及瓦楞纸箱(Corrugated Carton)等,多用于包装价值较高且易受损的货物。在现代运输中,最常用的箱主要是纸箱、瓦楞纸箱及木箱。

(2)包。凡原始体积较大且能压缩的商品,如棉花、羽毛、布匹等,采用机械压缩打包的方式包装后,压缩体积形成的包装单位称为包。

(3)桶。桶通常指密封的金属或塑料容器,多用于液体、半液体以及粉状、粒状等类型商品的包装,其主要包括塑料桶(Plastic Cask)、铁桶(Iron Drum)及木桶(Wooden Cask)等。

(4)袋。袋一般用于农产品及化学原料等货物的包装,其主要包括麻袋(Gunny Bag)、塑料袋(Plastic Bag)、布袋(Cloth Bag)等。

除以上四种单件运输包装外,常见的还有钢瓶、卷、篓或筐、捆、坛或罐等。

2. 集合运输包装

集合运输包装,也叫成组化运输包装,是将许多单件包装的货物归拢起来,统一装进一个大包装或者大型容器里。作为一种新型的包装方式,集合运输包装具有提高装卸效率、节省运输费用以及防止货物被盗等作用。集合运输包装的形式主要包括集装箱、集装袋和托盘等。

(1)集装箱(Container)。集装箱是指一种能够利用机械设备对包装或无包装货物进行装卸搬运的成组工具,又称"货箱"或"货柜"。集装箱既是货物的运输包装,又是运输工具的组成部分,一般由船公司或其他专门运输公司提供。

(2)集装袋(Flexible Container)。集装袋的全称是柔性集装袋,也称大袋或吨包装袋,也就是我们常说的大袋或者吨包装袋,简称集装袋。这是一种质地柔软、能够折叠收纳的包装容器,它由涂胶布、树脂加工布以及其他软性材料制成,容积较大,主要用于货物运输。这种包装方式不仅有利于提高装卸效率,促进散装货物包装的规格化和系列化,降低运输成本,还具有便于包装、储存以及造价低等优点。其特别适用于机械化作业,是仓储、包装和运输的理想选择。集装袋可广泛应用于水泥、化肥、食盐、糖、化工原料、矿石等散装货物的公路运输、铁路运输及海上运输。

(3)托盘(Pallet)。《中华人民共和国国家标准:物流术语》(GB/T 18354—2021)对托盘的定义是:在运输、搬运和存储过程中,将物品规整为货物单元时,作为承载面并包括承载面上辅助结构件的装置。托盘堪称一种与集装箱相似的集装设备,如今,在生产、运输、仓储以及流通等众多领域,都能频繁见到它的身影。它被视作 20 世纪物流产业里,两大具有关键意义的创新成果之一。在物流运作进程中,托盘是极为重要的装卸、储存和运输工具,常与叉车配合使用,有力推动着物流各环节高效运转,在现代物流体系里占据着举足轻重的地位。

(二)运输包装的标志

运输包装的标志(Packing Mark),简称包装标志,是指在商品的运输包装上通过文字、几何图形、数字等标注或印刷的特定记号及事项说明,用以方便货物的运输、装卸、储存保管以及核对单证,防止错发、错运或错提货物。根据用途的不同,其可分为运输标志(Shipping Mark)、指示性标志(Indicative Mark)和警告性标志(Warning Mark)三种形式。

1. 运输标志

运输标志,也称唛头,它是由几何图形、字母、数字以及文字共同构成的符号,通过刷制、书写或者压印等方式，呈现在外包装的醒目位置，方便在运输、仓储等物流环节中识别货物。运输标志如图 4－1 所示。

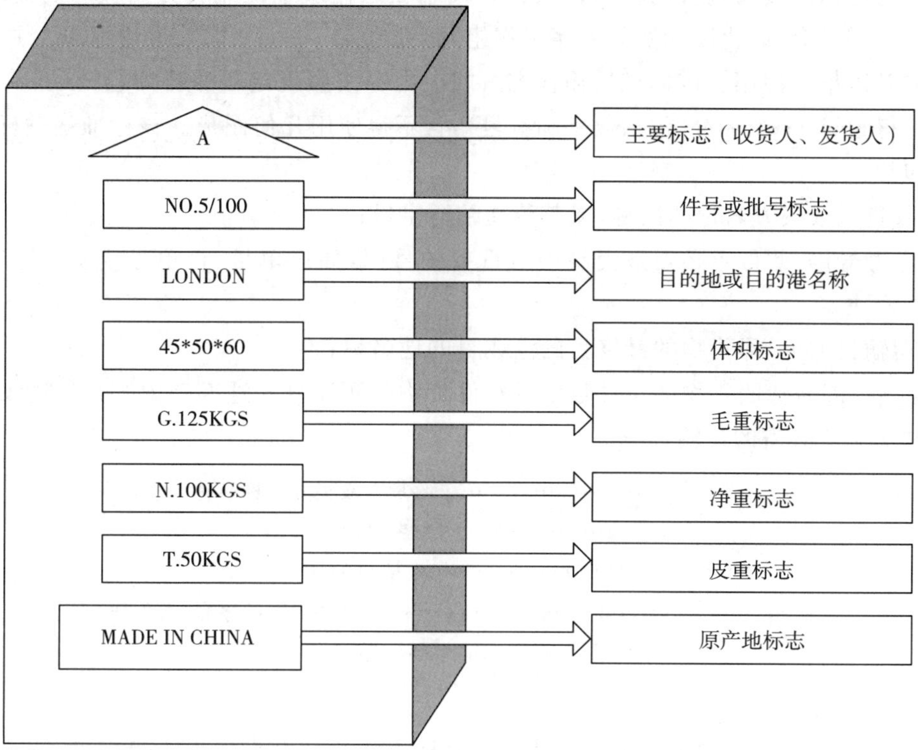

图 4－1　运输标志

(1)主要标志(收货人、发货人)。主要标志通常采用几何图形(如圆形、三角形、菱形、长方形、星形等)并辅以文字表示。图形内的英文字母通常为收货人或发货人名称的缩写或代号。

(2)件号或批号标志。件号或批号一般以“N/M”的形式表示，其中“M”表示该批货物的总件数，“N”表示该件货物在整批货物中的编号。

(3)目的地或目的港名称。目的地名称一般不宜使用简称或代号。为防止重名，除了城市名称，还应注明国家和地区名称，以避免误运。如需经由某港口或某地转运，还需标明转运港名称，并在其前面加上“VIA”一词。例如，“阿布扎比 VIA 中国香港”(表示目的地为阿布扎比，经由中国香港中转)。

(4)体积、毛重、净重、皮重标志。体积是指包装物的长×宽×高，通常以立方厘米(cm^3)或立方米(m^3)为单位；重量则包括毛重、净重和皮重等，通常以千克(kg)为单位。

(5)原产地标志。原产地是指商品的主要生产、制造或加工的国家或地区，其与国际贸易中享受普惠制待遇的关系较为密切。

除上述内容外，运输标志有时还包括合同号码、许可证号码等信息。制作运输标志时，应注意使其简明、清晰、易于辨认，并在每件货物相对应的两个侧面上刷制相同的标志。所使用的颜料应具有不易褪色和脱落的特点。同时,应避免在商品的运输包装上刷制任何形式的广告宣传文字或图案。

为了适应国际货物流量的增加以及信息技术在运输及单证流转方面应用的需求,联合国欧洲经济委员会"简化国际贸易程序工作组"研究制定了一项"标准运输标志",并于1979年正式向各国推荐使用。该标准运输标志由四项内容按照规定顺序排列组成(图4-2),每项内容不得超过17个字符(包括数字和符号),且不得使用几何图形。该标准运输标志的主要内容包括:

① 收货人或买方名称的简称,或其英文缩写字母;

② 参考号码,此号码必须是交易中最重要的号码,如运单号、订单号或发票号等,由买卖双方协商决定;

③ 运输目的地,即货物的最终目的港或目的地名称;

④ 件号,即需标明货物的总件数以及每件货物的顺序号。这四项内容是货物安全运达目的地并交货所必需的运输标志。

ABC…………………收货人或买方名称简称

1234…………………参考号码

LONDON……………运输目的地

3/100…………………件号(每件货物顺序号/总件数)

图4-2 标准运输标志示例

2. 指示性标志

指示性标志,又称安全标志或注意标志,它是依据商品自身特性来设置的,当商品具有易碎、易损、易变质等特点时,需在外包装上标注清晰、醒目的图形和文字。这些标志的作用,是提醒从事装卸、搬运以及储存工作的相关人员,在操作这类商品时,务必留意特定事项,保障商品安全。例如,"小心轻放"(Handle with Care)、"防热"(Keep from Heat)、"防潮"(Keep Dry)、"由此开启"(Open Here)等。

国际标准化组织(ISO)、国际航空运输协会(IATA)以及《国际铁路运输危险货物规则》(RID)分别制定了包装储运的指示性标志,并推荐各国采用。我国也制定了关于运输包装指示性标志的国家标准,所用图形与国际上通用的图形基本相同。

3. 警告性标志

警告性标志,又称危险货物包装标志,它主要用于易燃、易爆、有毒、具腐蚀性、有放射性这类危险物品的运输包装上。这类标志通过图形或者文字,明确展示各类危险物品的特性,目的在于警示负责装卸、运输以及保管的工作人员,依据物品特性采用恰当的操作手段,进而确保人身安全以及货物的完整,避免在各个环节上出现安全事故。一般来说,各国对危险货物包装标志的图形、颜色、位置、尺寸等都有明确的规定。

在我国出口危险物品的运输包装上,必须同时刷制我国有关部门制定的"危险品货物包装标志"以及联合国海事协商组织规定的"国际海运危险品标志",这样既符合我国的规定,又能确保货物在国外港口不会因标志不当而影响卸货。

(三)制作运输包装时需要注意的问题

在国际贸易中,因为货物运输的距离较长、中间环节较多、风险发生的概率较大,所以国际贸易商品对运输包装要求比较高。我们需要根据商品的特点、目的地的气候、装运港的设施、目的港的设施以及市场习惯等因素对运输包装的方法及材料进行系统分析及选择。具体需要注意以下问题:

(1)运输包装必须与商品的特点及性能相匹配。例如,对于瓷器、玻璃制品等易碎商品,应选择具有一定刚度及强度、不易变形且能够防震的包装材料;对于面粉、棉花等易受潮的商品,应采用防潮包装。

(2)单件运输包装的选择要与运输方式相匹配。对于棉花等重量较轻且可压缩的货物,可采用单件压缩的包装方式;对于大型机床等大型机电产品,可采用拆装分包的方式。

(3)运输包装必须与国际惯例、目的国的相关规定、消费者的消费习惯等相匹配。一些国家对进口商品的运输包装有特殊规定,若不符合其规定,可能会面临缴纳罚金、征收较高关税甚至不允许进口的困境。例如,一些欧洲国家禁止使用未经熏蒸的木材作为包装材料。

(4)运输包装必须与国际标准化趋势接轨。出口商应努力使运输包装符合国际标准。国际运输包装标准化的一般要求可概括为"七个统一",即统一包装材料、统一结构形状、统一规格尺寸、统一包装容量、统一包装标志、统一封装方法以及统一固定方法。

三、销售包装

销售包装(Selling Packing),又称小包装(Small Packing)、内包装(Inner Packing)或直接包装(Immediate Packing),是指直接接触商品并随商品进入零售市场与消费者直接见面的包装。销售包装不仅起着保护商品的作用,还能凭借精美的设计来美化商品,通过独特的展示宣传商品,吸引消费者的目光,勾起他们的购买欲望,所以在商品促销方面,销售包装的功效十分显著。

(一)销售包装的种类

根据商品的特征、形状、数量以及销售意图,销售包装可分为以下几类。

1. 便于陈列展销类

(1)挂式包装。此类包装具有吊钩、吊带、挂孔、网兜等结构设计,可将商品悬挂在货架上展示,从而充分利用货架空间进行陈列和展销。

(2)展开式包装。展开式包装采用特殊的结构设计,当包装(如盒子)展开时,其图案与商品相互衬托,能够起到良好的展销效果。这类包装常用于文具、化妆品等商品。

(3)堆叠式包装。堆叠式包装指的是包装的顶部和底部配有互相吻合的装置,使商品能够稳固地上下堆叠。这不仅增强了堆叠的稳定性,还能有效节省货架空间。此类包装常用于瓶装、盒装或罐装商品。

2. 便于识别类

(1)透明或开窗包装。透明或开窗包装是指全部或部分采用透明材料,或在包装上设计开窗结构,使消费者能够直接通过包装观察商品的外观质量、色泽及样式。这类包装多用于衣服、手帕、袜子等商品。

(2)习惯性包装。某些商品的包装采用特定的造型或标志，消费者通过包装便能辨别商品的种类、质量等。例如，火腿通常采用马蹄形包装，沙丁鱼罐头则常用椭圆形包装。这类包装与商品的品牌建设密切相关。

3. 便于使用类

(1)携带包装。携带包装是指在包装上附加提手等装置，以便于携带。如啤酒手提盒、月饼盒等。

(2)易开包装。在封口严密的包装容器上设计特定的开启位置，以便于启封。如易拉罐可乐、梅林罐头等。

(3)喷雾包装。这种包装配备喷出液体的压力装置，常用于香水、杀虫剂等商品。

(4)配套包装。配套包装是指将经常同时使用的同类商品或不同规格的商品进行组合包装。如餐具套装、绘图用品、文具组合，或化妆品中的粉饼、眼影、唇膏等。

(5)绿色包装。绿色包装又称无公害包装或环境友好包装，指对生态环境及人类健康没有危害，而且可以重复投入使用，用过之后还能回收再生，完全契合可持续发展理念的包装形式，是一种理想的包装形式。

(6)软包装。软包装指的是在完成内装物填充或取出操作后，容器形态能够发生改变的包装类别。像用纸、铝箔、纤维、塑料薄膜，以及由这些材料复合而成的各类袋子、盒子、套子、包封等，都属于软包装的范畴。

(二)销售包装的基本要求

出口商应根据出口商品的特点、包装材料的性能、销售国家或地区的文化习惯以及目标消费者的需求，综合设计销售包装的结构、装潢画面和文字说明。一般而言，出口商品的销售包装应符合以下要求：

(1)包装装潢的画面设计突出商品特点，力求造型美观大方、色彩丰富多样，便于消费者识别，并注重凸显商品品牌形象。

(2)包装具有艺术吸引力。在设计题材、造型、画面和文字等方面应注重创新，使各元素相辅相成，充分体现出口国的民族艺术风格与特色。

(3)包装便于消费者选购、携带及使用，同时便于运输、装卸、储存及陈列销售。例如，透明或开窗式包装的食品可以方便挑选，组合式包装的礼品便于携带，喷嘴开口形式的洗发水方便使用等，包装的便利性能够增强商品的吸引力。

(4)销售包装的文字说明符合进口国的相关法律法规要求。例如，《中华人民共和国产品质量法》《化妆品监督管理条例》等有关法律法规对进口化妆品的包装提出了明确要求。此外，世界其他国家的法律法规也对进口商品的销售包装提出了相应要求。例如，瑞典政府要求化纤类产品标明使用年限；加拿大政府规定，销往其法语区的商品必须同时使用英语、法语两种文字。

(5)销售包装应符合进口国或地区的消费偏好、宗教信仰及风俗习惯。每个国家或地区对商品包装的结构形式、颜色、图案、数字、文字等均有其特定的偏好及习俗。因此，设计人员在设计出口包装时，应高度重视这些偏好及习俗，以避免因销售包装问题而影响出口。

【案例3-3】

广州某出口公司向国外出口一批自行车，合同明确规定采用木箱装运，信用证也注明“Packed in Wooden Case”，然而，信用证在“Case”后面又额外添加了缩写字母“CKD”。我方按照整车装入木箱的方式准备所有单据和货物。然而，当货物运抵目的港时，海关查验时发现货物实际状态与信用证要求不符，对其处以罚款，并要求补交关税，同时进口方向我方提出索赔要求。请问我方是否存在责任？

【分析】

此案例涉及广州某出口公司向国外出口自行车的贸易纠纷。合同明确规定货物需用木箱装运，信用证亦注明“Packed in Wooden Case”，但随后添加了“CKD”缩写，导致后续问题。“CKD”(Completely Knocked Down)通常指完全拆解的货物，以便运输和节省关税。在此案例中，信用证中的“CKD”与前面的木箱装运要求产生冲突，出口公司未准确理解或忽视此缩写，按整车装入木箱准备单据和货物。当货物运抵目的港时，海关因其不符合CKD形式而罚款并要求该公司补交关税。这反映出出口公司可能未严格审查信用证条款，或未与进口商充分沟通确认货物形式。进口商因此提出索赔要求，认为出口公司未遵守合同规定。

责任归属需考虑双方对信用证条款的理解和解释。若出口公司误解或忽视“CKD”缩写，则其需承担一定责任。若信用证中“CKD”存在歧义或不明确，且进口商未明确指出其含义和要求，则进口商亦需承担部分责任。

(三)条形码

条形码由一组带有数字的黑白相间、粗细不等的平行条纹组成，表示特定的信息，是专供机器识读的一种特殊符号。目前，条形码已经成为商品在国际市场上流通的通用语言，是商品的国际统一编号。

目前国际上通用的条形码主要有两种：一种是由美国及加拿大编制使用的物品标识符称为UPC码(Universal Product Code)；另一种是由欧洲物品编码协会编制的EAN码(European Article Number，EAN)。现在，这两种条形码系统已实现相互兼容，并共同组成了EAN·UCC全球统一标识系统。目前，使用EAN·UCC物品标识系统的国家和地区已超过100个，EAN·UCC系统已经成为国际公认的物品编码标识系统。我国于1988年成立了中国物品编码中心，该中心于1991年4月代表中国正式加入国际物品编码协会(EAN)，同年7月1日起成为正式会员，统一组织、协调和管理我国的商品条形码工作。国际物品编码协会分配给我国的国别号为“690”至“699”。国家质量监督检验检疫总局(该机构于2018年3月被撤销，并整合组建为国家市场监督管理总局)于2005年5月16日公布了《商品条码管理办法》，并于同年10月1日起正式施行。

国际上广泛使用的标准EAN条形码共有13位数字：前3位为国别码，用于标识生产地，该国别码由各国专属的条形码机构向国际物品编码协会申请后确定；中间5位为制造商码，用于标识生产厂家，由厂商向当地条形码机构申请获得；后4位为产品码，用于标识商品属性、制造日期等信息，由厂商自行设定；第13位为校验码，用于检查前面的编码是否被正确读取，如图4－3(a)所示。此外，还有一种简化版本的条形码，共8位数字：前3位为国别码，中间4位为产品码，第8位为校验码，如图4－3(b)所示。

6 901234 567892

（a）标准的条形码

6901 2341

（b）缩短的条形码

图4－3　EAN条形码

四、中性包装

(一)中性包装的类型

中性包装(Neutral Packing)是指在商品的内外包装上均不标注生产国别、原产地、厂商、商标或牌号等可能识别商品来源的信息的包装形式。使用中性包装的主要目的是绕开部分进口国家所设置的关税壁垒及非关税壁垒。在进出口贸易中，中性包装主要包括无牌中性包装和定牌中性包装两种类型。

1. 无牌中性包装

无牌中性包装，俗称“白牌”，是指商品及其包装上既没有生产国别、原产地、生产厂商等相应标识，也没有进口商的商标或牌号等标识。此类包装需经买方重新包装后，才能销往最终的销售市场。无牌中性包装常见于需要进一步加工的半制成品，像用于印染工序的棉坯布，还有用来加工成批量服装的呢绒、绸缎等，都经常使用这种包装方式。

2. 定牌中性包装

定牌中性包装是指商品本体及包装上，不显示生产国别、原产地、生产厂商等可识别商品出处的信息，却印有买方特意指定的商标或牌号。在我国出口贸易活动里，选用定牌中性包装，核心目标在于借助买方强大的经营实力及其在市场中积累的信誉、品牌所享有的声誉，提升商品在国际市场中的售价，进一步拓宽销路，增加商品的销售数量，推动出口业务发展。

(二)中性包装的作用

进出口业务中中性包装的作用可以概括为以下几个方面。

(1)有助于利用国家和地区之间的优惠贸易政策。例如，根据《洛美协定》，欧盟国家对来自非洲、加勒比海沿岸和太平洋地区发展中国家的全部工业产品以及96%的农产品实行低税或免税待遇。因此，一些国家通过将中性包装的商品运往这些地区，试图在转口贸易中获得优惠关税待遇。

(2)有助于突破进口国家或地区在关税及非关税壁垒方面的限制。例如，可以利用出口配额充足国家的额度进行出口，或者规避针对特定国家的制裁。

(3)能够帮助暂无经济与外交关系、处于对峙状态的国家之间先行开展贸易关系。具体操作方法是采用中性包装，通过转口贸易的方式将商品出口到第三国，经重新包装和整理后再出口到目标市场国家。

(三)采用中性包装时需注意的问题

(1)采用定牌中性包装的出口商品，一般需标明“中国制造”(Made in China)。

(2)仔细审查买方提供的图案和文字内容，避免损害我国声誉或包含与我国对外贸易政策相抵触的内容。

(3)考虑买方指定的商标或牌号是否可能引发知识产权或工业产权的纠纷。一般情况下，有必要在合同中明确规定：若日后因此发生知识产权或工业产权的纠纷，所有责任及损失均由商标或牌号的提供方承担。

五、包装条款实例及签订时需注意的问题

(一)出口合同包装条款实例

包装条款是买卖合同的重要组成部分，主要包括包装材料、包装规格、包装标志及包装费用等内容。包装条款需由交易双方在磋商时确定，并在合同中加以明确。以下为出口合同中有关包装条款的实例。

(1)单层新麻袋包装，每袋净重 100 kg，皮重不少于 5 kg。

In new single jute bags, each containing 100 kg net, tare weight not less than 5 kg.

(2)木箱包装，每箱 50 kg。

In wooden cases of 50 kg each.

(3)布包装，每包 20 匹，每匹 42 码。

In cloth bales each containing 20 pieces, with 42 yards each piece.

以上实例具体规定了包装条款，但在实际业务中，有时仅对包装条款作出笼统的规定，如“按卖方一般出口包装”“适合海运包装”或“习惯包装”等。然而，各国法律规定不同，对此类条款缺乏统一的解释，容易引发纠纷和争议。因此，除非买卖双方事先对此明确约定，或在长期业务往来中达成共识，通常情况下不建议在合同中采用此类表述。

(二)签订包装条款时需注意的问题

(1)包装材料及包装方式的选择应与商品性质和运输方式相匹配。包装材料通常由卖方提供，但如果合同约定全部或部分包装材料由买方提供，那么应明确规定包装材料最迟到达卖方的时间及运输方式。合同还需强调，买方应承担因延迟提供包装材料所导致的所有相关损失及费用。

(2)包装费用通常包含在货价之内，买卖双方无须在合同中另行规定。然而，如果买方对出口货物的包装提出特殊要求，买方需承担因超出正常包装标准而产生的额外费用。

(3)运输标志通常由卖方设计并确定。如果买方要求指定运输标志，合同应明确买方提供运输标志的最迟时间，并规定如果买方逾期未指定标志，卖方有权自行决定运输标志的设计。

(4)应时刻关注不同进口国家对进口商品运输包装唛头及标记等方面的规定，以避免因

违规而受到处罚。例如,德国对进口商品包装的要求是禁止使用类似纳粹及军团符号的标志。

关键术语

商品名称　品质　品质公差条款　品质机动幅度条款　数量机动幅度条款　包装　运输标志　销售包装　中性包装　包装条款

项目实训

【实训情境】

模拟出口商品交易会,设计并展示出口商品的推广方案。

【实训任务】

以班级为单位组成若干个小组,每个小组选择自己熟悉的商品(至少3个系列),结合商品的国际市场需求,对商品的名称、品质、数量及包装等方面进行设计,通过模拟企业外贸业务员参加出口商品交易会进行商品展示。

章节习题

(1)表示品质的方法有哪些?

(2)为什么在国际贸易中要规定货物数量的机动幅度?具体如何规定?

(3)规定品质条款需要注意哪些事项?

(4)什么是定牌、无牌包装及中性包装?中性包装的作用有哪些?

(5)什么是运输标志?标准化的运输标志包括哪些内容?

项目四　国际贸易业务磋商

项目引例

阿根廷某公司与中国某公司就镁矿石初级产品进行了交易磋商。2022年,阿根廷公司应中国公司要求,报出镁矿石初级产品300公吨,每公吨210美元,即期装运实盘。但中方接到发盘后未还盘,而是多次要求阿方降低价格、增加数量并延长有效期。阿方公司将数量增至450公吨,价格为每公吨CIF某港口。中方公司在阿方公司延长有效期后作出还盘,但阿方未予接受,最终交易未能达成。

思考:这个案例中的交易磋商涉及哪几个关键步骤?

任务一　建立业务联系

在进行对外贸易的过程中,想要维持并扩大业务范围,必须对现有业务关系进行巩固和发展,同时不断寻找新的贸易伙伴,建立新的业务联系。那么,应该从哪里找到合适的合作公司呢?

一、建立业务联系的途径

建立贸易关系的方式有很多。通常情况下,可以通过以下渠道获取贸易伙伴的信息:

(1)Overseas Chamber of Commerce(海外商会);

(2)Commercial Counselor's Office(商务处);

(3)Your Branch Office Abroad(海外分公司);

(4)Trade Directories(行业名录);

(5)Advertisements(广告);

(6)Exhibitions and Trade Fairs(展览会和交易会);

(7)Banks(银行);

(8)Internet(互联网)。

二、写作指南

(一)建立业务关系信函的写作核心要素

(1)信息溯源说明(阐明我方获知贵公司经营动态的渠道来源,如通过行业协会公示、合作伙伴引荐或行业媒体披露等途径)。

(2)自我介绍。包括公司性质、基本业务情况、经营范围等内容。介绍公司的相对优势(如经验丰富、供货渠道稳定、销售网络广泛等)。这部分内容可能会涉及两种不同的产品介绍方式:若对方需求较为明确,应选取某类特定产品进行具体介绍;否则,通常只需概括介绍公司整体经营情况,如质量标准、价格水平、销路等。此外,建议附上商品目录、报价单,或单独寄送样品供对方参考。

(3)明确写明写作信函的目的(如希望推销或购买产品)。

(4)表达与对方合作的意愿,并希望尽早收到回复。

(二)回复建立业务关系信函的写作要点

(1)感谢贵公司对我方的关注和兴趣。

(2)表示愿意与对方建立业务关系。

(3)说明下一步将要进行的工作。

三、样函

Dear Sirs,

Your company has been kindly introduced to us by Messrs J. Smith & Co., Montreal, as prospective buyers of fancy buttons. Since this item falls within the scope of our business activities, we are writing to you to explore the possibility of establishing direct business relations. Established in 1997, our company has more than twenty years of experience in manufacturing various types of buttons, which have enjoyed great popularity in the global market. Our annual export value has reached USD 3,000,000.

To provide you with a general idea of the various kinds of fancy buttons currently available for export, we are enclosing catalogues and pamphlets for your reference. Should you find anything of interest, please do not hesitate to contact us.

We look forward to your favorable reply.

Yours faithfully,

Encl.: As stated

任务二 询 盘

一、专业知识简介

(一)询盘的定义

在国际贸易实务中,询盘(Inquiry)是指交易主体为明确商品交易条件而向对方提出的初步探询行为。作为建立贸易联系的起点,询盘方通常在首次沟通时重点关注目标商品的价格定位，因此该行为常被直接称为询盘。

在国际货物交易领域中，询盘的核心诉求呈现双重性：一方面旨在获取基础交易参数（如价格体系及附加条款），另一方面则具有建立合作意向的战略意义。通过规范化的询盘流程，交易主体可传递出明确的磋商意愿，期待对方基于询盘内容作出对应发盘（Offer），进而为实质性谈判奠定基础。这种询盘实质上构成了发盘邀请的法律属性，其核心功能在于触发对方的发盘行为，当双方对交易要素达成一致时，即可推进至签约环节。

需特别指出的是，询盘并不构成所有交易流程的必要前置程序。当交易双方已具备充分的背景认知（如长期合作客户或行业深度对接伙伴），且对交易可行性达成共识时，可直接进入发盘阶段，从而简化交易流程。这种灵活的处理方式体现了国际贸易实践中交易效率的持续优化。

（二）询盘的内容

根据询问的内容，询盘可以分为一般询盘（General Inquiry）和具体询盘（Specific Inquiry）。一般询盘是指对商品目录（Catalogue）、价格单（Price List）和样品（Sample）等的总体性询问，这类询盘通常不涉及具体交易，仅用于大致了解情况。而具体询盘则是买方在有较明确的意向后，对某种具体商品的价格、包装、交货期、付款方式等具体条件进行询问，实际上是在请求对方发盘（Request for an Offer）。

在贸易沟通实践中，依据买卖双方的历史合作情况，可将询盘行为细分为初始询盘（Initial Inquiry）与后续询盘（Follow－up Inquiry）两大类别。初始询盘特指交易双方此前未建立任何商业往来的首次沟通，其显著特征为供需双方缺乏既往合作基础；后续询盘则产生于已存在交易记录的伙伴之间，通常基于前期合作经历展开新的业务磋商。这种分类标准反映了询盘行为在不同商业关系阶段的核心差异：初始询盘侧重于建立初步联系并探询基础交易条件，后续询盘则关注深化合作维度或优化既有交易条款。需要强调的是，两类询盘在贸易流程中均可能触发发盘程序，但其沟通侧重点会因历史合作背景的不同而呈现明显差异。

（三）询盘的法律效力

在国际贸易磋商程序中，询盘函件通常表现为非确定性商业提议，其包含以下特征：表述的模糊性、核心条款的缺失性、附加条件的限制性。此类意思表示在法律属性上构成要约邀请。具体而言，该商业文件因缺乏交易条件的完整性和最终性，或明确设置生效前置条款（如“以我方最终确认为准”等保留条款），使其区别于具有法律约束力的发盘，而更接近开启交易磋商的预备性沟通，因此对双方均没有法律约束力。询盘并不是每笔交易所必需的，有时可以未经询盘直接向对方发盘，但它往往是交易的起点，因此不能被忽视。

二、询盘写作指南

（一）询盘信函的写作要点

（1）在初始询盘中，信函需规范地标注客户获知路径，具体包括：信息获取渠道（如平台名称、行业展会）、推荐方信息（含推荐人及关联机构）及原始信息载体（如广告资料、市场分析报告)。该要求旨在建立清晰的信息溯源体系,为后续商业洽谈提供背景依据。

(2)表达写信的目的。

(3)说明所需货物在市场上的需求情况。

(4)表达希望了解交易条款,包括拟购买的商品、数量、规格、报价、支付条款、包装、保险等,并索取目录、价格单和样品。

(5)请求对方报价或提供发盘。

(二)回复询盘信函的写作要点

(1)询价函已收到,信中提及已将所需商品目录及价目表附上或另行寄送。

(2)回答征询时,应诚实地回复对方关心的商品样品、价格、付款条件、优惠条件等信息。

(3)强调所报价格的竞争力,说明所要求的支付条件以及能够提供的服务。

(4)表达希望客户对所提供的信息感到满意,期待尽快收到回信。

三、样函

Dear Sirs,

We are pleased to learn from your letter of March 20th that, as exporters of Chinese Silk Piece Goods, you intend to establish direct business connections with us, which coincides with our own intentions.

At present, we are particularly interested in Crepe Georgette(乔其纱). Kindly provide us with your latest CIF C3% Lagos price, along with your terms of payment, and indicate whether you would be able to arrange delivery within one month after receiving our order.

To familiarize us with the material and workmanship of your products, we would appreciate it if you could send us your catalogues, sample books, and all necessary information regarding Crepe Georgette.

If your price proves to be competitive and the delivery schedule acceptable, we intend to place a substantial order.

Your prompt reply will be highly appreciated.

Yours faithfully,

任务三　发　盘

一、发盘的定义与分类

(一)发盘的定义

在业务交往中,发盘是非常重要的步骤。发盘,又称报价,是买方或卖方向对方提出主要交易条件并愿意按此条件达成交易的正式表示。从严格意义上讲,报价与发盘的含义有所不同。报价仅指卖方愿意以某一价格供应某种商品,而发盘不仅包括商品的价格,还需说明其他交易条款，如包装、装运、支付和保险等。因此，如果报价单中包含其他交易条款，那么该报价单可视为发盘。

在实际业务中，通常先由买方询盘后再由卖方发盘，但也可以在没有询盘的情况下主动发盘。

（一）发盘的分类

1. 实盘和虚盘

根据发盘时有无规定期限，发盘可以分为实盘（Firm Offer）和虚盘（Offer without Engagement/Non－Firm Offer）。

实盘指要约方向受约方提交的具备完整交易要素（包括标的物规格、数量、价格、支付方式、履约期限等核心条款）、内容清晰明确且包含有效承诺期限的正式要约。该类型发盘自送达受约方时起，即对要约方产生法律约束力，在既定的承诺期限内（如未明确期限则默认合理期限），要约方不得单方撤销或修改发盘内容。若受约方在有效期限内作出无条件承诺，则双方即建立具有强制执行力的合同关系。

虚盘又称意向性发盘（Non－Binding Indication），凡未完整列明交易要素、缺乏明确承诺期限或保留修改权利的要约表示，均归类为意向性发盘。此类发盘通常仅表达初步合作意向，可能采用模糊表述（如“价格视市场变动”）、省略关键条款（如未明确交货时间）或声明“仅供参考”等免责条款。由于其不具备法定要约的构成要件，受约方承诺不能自动成立合同，双方需通过后续谈判确认最终交易条件。

两类发盘的核心区别在于法律效力的确定性：实盘经有效承诺直接产生合同义务，而虚盘仅为磋商起点，需经双方进一步确认方可形成法律约束。在国际贸易实务中，区分二者的关键在于审查发盘内容是否满足“内容完整、条款明确、期限确定”三要素。

2. 主动发盘和非主动发盘

发盘可分为主动发盘和非主动发盘。主动发盘是指卖方未经买方询价，自行提出的交易愿望和条件；非主动发盘则相反，主要是应买方的询价要求所作出的回应。绝大部分的发盘都属于非主动发盘。

二、发盘效力认定

（一）有效发盘的构成条件

1. 向一个或一个以上特定的人提出

发盘必须是向特定的人发出的。这个“特定的人”可以是自然人、法人或其他组织。例如，一家公司向另一家特定公司发盘，或者向某一特定代理商发盘。如果仅在广告、商品目录、价目表等载体上向不特定公众发布的信息，通常不构成发盘。这是因为这些信息缺乏明确的交易对象，更多的是一种商业宣传或对询盘的邀请。例如，一家商店在报纸上刊登广告，介绍商品种类和大致价格，这种广告不构成发盘，因为其并未指向特定购买者。然而，如果广告明确表示“本广告构成发盘，先到先得”等指向特定对象的内容，则可能构成发盘。

2. 明确订立合同的意思表示

发盘人必须明确表示其愿意按照发盘的内容订立合同。这种意思表示应该清晰、确定，不能模糊或有歧义。例如，发盘人若在发盘中明确写出“我方愿意以以下条件出售货物，希望你方接受并订立合同”等类似表述，就清楚地表明了订立合同的意图。如果其只是简单地说“我们有货物可供，价格可以商量”，这种表述没有明确表示要订立合同，就不构成有效发盘。

3. 发盘的内容必须十分确定

发盘的内容至少应该包括货物的名称、数量、价格等主要条款。例如，发盘内容为“出售100台笔记本电脑，型号为××，单价为5000元”，这里明确了货物的名称（笔记本电脑）、数量（100台）和价格（单价5000元），内容较为确定。如果发盘内容缺少这些主要条款中的一个或几个，比如只说“出售笔记本电脑，价格可以商量”，没有明确数量，就不能构成有效发盘。

除了主要条款，对于交货时间、地点、付款方式等条款，如果发盘没有明确，在符合贸易惯例或相关法律规定的情况下，也可以认为发盘内容是确定的。例如，在某些特定商品的贸易中，如果没有提及交货时间，按照惯例可能是在收到订单后的合理时间内交货。但如果这些条款在贸易惯例和法律中也无法确定，那么发盘内容就不够确定，不能构成有效发盘。

4. 送达受盘人

发盘只有在送达受盘人时才生效。这意味着发盘人需采取合理的方式将发盘内容传递给受盘人。例如，通过电子邮件发送发盘时，当邮件进入受盘人的邮箱时，发盘即生效；若通过传真发送发盘，则当传真内容在受盘人一端完整接收并打印出来时，发盘生效。然而，如果发盘未成功送达受盘人，例如发盘信件在邮寄过程中遗失，则该发盘不生效，无法构成有效的发盘。

（二）发盘生效时间的认定

根据《联合国国际货物销售合同公约》，发盘在送达受盘人时生效。例如，发盘人通过电子邮件发送发盘内容，当邮件进入受盘人指定的电子邮箱时，发盘即生效。这一原则明确了发盘生效的时间节点，使交易双方能够清楚地确定发盘何时产生法律约束力。

1. 发盘的有效期对效力的影响

有效期是指受盘人表示接受的时间期限。尽管规定有效期不是构成发盘的必要条件，但在实际业务中，尤其是在采用函电成交时，发盘通常规定一个有效期。超过发盘规定的有效期，发盘人即不再受约束。

发盘有效期的规定方法有以下两种。

(1)规定最迟接受期限。在规定最迟接受期限时，可限定接受送达发盘人的时间，并以发盘人所在地时间为准。例如，“发盘限6月15日复到有效”。由于进出口双方所在地的时间通常存在时差，因此发盘中应明确以哪一方所在地的时间为准。一般情况下，以发盘人所在地时间为准，例如，“发盘有效至我方时间星期五”。

(2)规定一段接受期间。依据《联合国国际货物销售合同公约》规定，发盘人在电报或信件中规定的接受期间，应从电报发出时或信件信封上注明的发信日期起算(若信封上无发信日期，则以邮戳日期为准)。当发盘方通过即时通信工具(如电话、电子邮件等)设定承诺期限时，该期限应自受约方实际接收发盘信息之时开始计算。在计算承诺期限时，需将发盘方所在地区的法定休假日或非工作日纳入期限范围。但存在例外情形：若承诺期限的最后一日恰逢发盘方营业地官方休假日或非工作日，且因此导致承诺通知无法及时送达发盘方指定地址，则该承诺期限应自动延展至其后的首个正常工作日。

当发盘未明确设定承诺期限时，受约方应在适当期限内作出接受。确定该期限的合理性需结合交易具体情形进行综合评估，如需考量发盘传递所采用的信息通信方式等因素。对于口头发盘，除非发盘人另有说明，否则受盘人必须立即作出接受。

2. 实质性变更与非实质性变更对发盘效力的影响

(1)实质性变更。实质性变更是指对发盘内容的关键部分进行修改。这些关键部分通常包括合同的主要条款，如商品定价机制、支付条款设定、品质与数量标准、交货地点与时效、违约赔偿责任界定以及争议解决机制等核心交易要素。当受盘人对发盘作出实质性变更时，根据相关法律，该变更构成还盘。还盘的法律后果是原发盘失效，发盘人不再受原发盘约束。例如，A公司向B公司发盘，拟出售1000套服装，每套价格200元，交货期为30天。B公司回复称希望将价格降至每套150元，交货期缩短为20天。B公司的回复即构成实质性变更，此时A公司的原发盘失效。即便B公司后来又表示愿意按照A公司原发盘的条件接受，A公司也无义务接受，因为原发盘已因B公司的实质性变更而终止。

(2)非实质性变更。非实质性变更主要指受盘人在接受发盘时，对发盘内容作出一些次要的、非根本性的修改。这些修改通常不会影响合同的主要条款，常见情况包括对包装方式、单据份数、唛头细节等方面的调整。根据相关法律规定，当受盘方对发盘作出接受的意思表示，但附加了补充或修改条款时，若该等变更未实质性改变发盘的核心交易条件，则除非发盘方在合理时限内通过明示方式(口头或书面)明确提出反对，否则该附加条件的接受可能被视为有效，合同成立。这意味着，对于非实质性变更，在发盘人未及时提出反对的情况下，受盘人的接受依然有效，合同按变更后的条件成立。例如，发盘人发盘出售机器设备，要求附带英文操作手册，而受盘人表示接受发盘，但希望操作手册中包含中文翻译。这属于非实质性变更。如果发盘人在合理时间内未对此提出反对，那么受盘人的接受有效，合同成立，并包括提供中文翻译操作手册的条件。

三、发盘的撤回与撤销

(一)发盘的撤回与撤销的定义

1. 发盘的撤回(Withdrawal)

发盘撤回是指要约方在已提交发盘但尚未产生法律约束力之前，主动取消该发盘效力的意思表示。根据《联合国国际货物销售合同公约》的规定，一项发盘(包括注明不可撤销的发盘)，只要在其生效以前，均可以被修改或撤回。例如，发盘人通过信件或电报等通信方式发出的发盘,如果在信件或电报送达受盘人之前,发盘人可以通过更快速的通信方式(如电话、电传等)通知受盘人撤回该发盘。

2. 发盘的撤销(Revocation)

撤销发盘是指要约方在发盘已产生法律约束力的情况下,单方面解除该发盘效力的行为。当发盘完成送达并为受约方所知晓(即要约生效)后,实施撤销的程序将呈现更高的操作复杂性。《联合国国际货物销售合同公约》规定,在合同订立之前,如果撤销通知在受盘人发出接受通知之前送达受盘人,那么发盘可以撤销。然而,若发盘内容已设定明确的承诺期限,或通过其他形式明示其不可撤销属性,或受盘人有充分的理由相信该发盘具备不可撤销性,并已基于该合理信赖实施相关履约准备行为,则该发盘不可撤销。例如,发盘人在发盘中明确表示“此发盘在10天内有效,不可撤销”,那么在这10天内,发盘人不得撤销该发盘。又如,受盘人已经根据发盘的内容开始安排生产、采购原材料等活动,并且这些行为是基于对发盘不可撤销的信赖而进行的,此时发盘也不可撤销。

(二)发盘撤回与撤销的法律后果

1. 发盘撤回的法律后果

由于发盘尚未生效,撤回发盘不会产生合同关系。如果发盘成功撤回,那么发盘人将不再受发盘内容的约束,受盘人也无法通过接受已撤回的发盘来成立合同。

2. 发盘撤销的法律后果

如果发盘被合法撤销,那么发盘人同样不再受发盘内容的约束。然而,若发盘的撤销行为不合法,而受盘人在合理信赖发盘有效的情况下已经作出接受,则合同成立,发盘人需承担违约责任。例如,若发盘人在不满足撤销条件的情况下撤销发盘,而受盘人已根据发盘内容准备货物并发货,此时发盘人的撤销行为无效,合同成立,发盘人有义务接收货物并支付货款。

四、发盘写作指南

(一)写作要点

通常在以下两种情形下会拟写发盘函:一是直接向客户发盘;二是收到客户询盘后作出答复。由于场景不同,这两种发盘函的写作技巧有所不同。前者需更多地考虑发盘的完整性和吸引力;后者需注重针对性,围绕对方感兴趣或符合其要求的商品进行设计,做到有的放矢。一般而言,发盘内容必须明确,发盘提出的重要交易条件必须完备,发盘所表达的是最终态度。若涉及价格条件,通常需在完成报价核算后再进行报价。

一封规范的发盘函应包括以下几项内容:

(1)确认收到对方询盘或表达对对方来函的感谢,尤其要提到对方来函的日期和主要内容。若是主动发盘,则此步骤可省略。

(2)作出发盘,准确阐明主要交易条件。清晰陈述己方可以提供或接受的交易条件,包括商品品名、规格、价格、数量、包装、支付方式、装运安排、保险等内容。

(3)声明发盘的有效期及其他约束条件(适用于报实盘的情况)。

(4)敦促对方尽早订货。通常结合市场状况或产品宣传,强调产品的竞争力、市场欢迎程度以及供货情况,以促使对方尽快下订单。

在某些交易场景中,除回应询盘方明确关注的商品需求外,发盘方有时会主动拓展合作范围,通过推荐企业其他相关产品线并附以详细说明,借助信息增量创造更多的潜在交易机会。

(二)样函

Dear Sirs,

Re:100% Cashmere Sweater

Thank you very much for your inquiry dated April 13 regarding our 100% cashmere sweater. We are pleased to make you a firm offer, subject to your reply reaching us no later than April 23, 2023, as detailed below:

Men's Large:	USD 50.00 per piece
Men's Medium:	USD 48.00 per piece
Men's Small:	USD 45.00 per piece
Women's Large:	USD 47.00 per piece
Women's Medium:	USD 45.00 per piece
Women's Small:	USD 43.00 per piece

The above prices are based on CIF Vancouver terms, net.

Payment: By confirmed, irrevocable letter of credit payable by draft at sight.

Shipment: June/July 2023, provided the letter of credit reaches the seller at least one month prior to the shipment date.

We are pleased to inform you that our products are selling exceptionally well due to their unique design and superior quality, which are highly appreciated by discerning buyers.

Our factories are currently fully committed for months ahead, with repeat orders already received. We therefore strongly suggest you place your order at the earliest opportunity.

We look forward to your prompt reply.

Yours faithfully,

任务四 还盘和反还盘

一、还盘与反还盘的内涵

(一)还盘

在国际贸易磋商程序中,还盘是指受盘方对原发盘方提出的交易条件存在异议时,为推进谈判进程而主动提交的书面或口头修正意见。还盘行为在法律性质上构成对原发盘的实质性变更,实质上形成了新的要约。

需特别说明的是，还盘并非达成交易的强制前置步骤。但在贸易实务中，交易双方往往需要通过多轮“条件磋商”（通常涉及价格调整、数量变更、交货期优化、支付条款重构等核心要素）才能最终确立彼此认可的交易方案。这种协商过程可能涉及对商品价格、品质标准、运输方式、保险责任等多个维度的条款进行修正，其目的在于寻求双方利益的最大公约数。

还盘产生的法律后果包括：

(1)原发盘即告失效，原发盘人不再受其约束；

(2)还盘构成一项新的发盘，还盘人成为新发盘人，原发盘人成为新受盘人。还盘一经原发盘人有效接受，双方即可达成交易。

(二)反还盘

还盘可以在双方之间反复进行。当收到还盘后，如果原发盘人认为还盘人提出的建议可以接受，那么其就可能作出让步；否则，原发盘人会提出新的条款及条件，这种情况称为反还盘(Counter—Counter Offer)。

(三)还盘及反还盘的内容

还盘的内容通常仅陈述需变更、限制或增添的条件，而无须重复双方已经达成一致的交易条件。还盘并非交易磋商的必经环节，但在实际业务中经常发生。毕竟，很少有发盘内容能够被对方完全无条件接受。有时双方甚至需要经过还盘、反还盘等多轮讨价还价，才能最终达成交易。

出口商收到对方的还盘后，通常需要作出答复。答复可以是接受或拒绝对方的还盘，也可以是对对方的还盘进行再还盘。还盘的内容可能涉及降低价格、调整支付方式或修改交货期等。在一笔交易中，双方可能会进行多次还盘与反还盘。

买卖双方应本着互谅互让的原则进行讨价还价，通过协商最终达成交易。双方在讨价还价的过程中，语气应和缓而坚定，避免使用绝对化的语言，以免影响双方的合作关系。

二、写作指南

(一)还盘信函的写作要点

(1)确认收到对方的发盘并表达感谢，同时需提及对方发盘信函的日期及主要内容。

(2)明确对发盘的态度，指出不能按对方发盘交易的理由。例如，出口方可以强调自己的价格符合市场水平且产品品质优良，但由于原材料价格上涨或人工成本提升，利润已降至最低；进口方则可以强调订货量较大、付款条件优惠等。

(3)提出己方条件，说明能够接受的价格或优惠条件，并表达希望对方作出让步的意愿。

(4)希望还盘能被接受，并表达合作的愿望等。

(二)反还盘信函的写作要点

(1)对收到买方的还盘表示感谢。

(2)对因无法接受还盘表示歉意。

(3)说明无法接受还盘的原因。

(4)要求对方尽早接受原先的发盘。

三、样函

Dear Sirs,

Tin Foil Sheets

We acknowledge with gratitude your correspondence dated 20th, providing quotation for 50 long tons of subject merchandise at 135 per long ton CFR Shanghai under conventional terms.

In reply, we very much regret to state that our end－users here find your price too high and out of line with the prevailing market level. Information indicates that some parcels of Japanese make have been sold at the level of 125 per long ton.

Under these circumstances, it is impossible for us to persuade our end－users to accept your price, as material of similar quality is easily obtainable at a much lower figure. Should you be prepared to reduce your limit by, say 8%, we might come to terms.

This counter－proposal is extended in recognition of our established commercial partnership, and we kindly request your earliest possible confirmation by facsimile.

Your prompt attention to this matter is greatly appreciated.

Yours faithfully,

任务五　接　受

一、接受的基础知识

(一)接受的定义

接受(Acceptance),在法律范畴内被定义为受要约方在约定期限或合理期限内,通过法定形式(包括书面确认或履约行为)对发盘所载全部交易条件表示完全认可,且明确作出接受该条件约束、建立合同关系的法律意思表示。

(二)接受的方式

《联合国国际货物销售合同公约》(以下简称《公约》)第十八条规定:"被发盘人(受盘人)声明或做出其他行为表示同意一项发盘,即为接受。缄默或不行为本身不等于接受。"

因此,根据《公约》的规定,接受既可以采用声明(口头或书面)的方式,也可以通过其他实际行动来表示。例如,根据双方确立的习惯做法,如果受盘人接受发盘中提出的交易条件,那么可以通过与发货或付款相关的行为来表示,而无须另行通知发盘人。在国际贸易中,受盘人通常采用声明的方式表示接受。

然而,缄默或不行为本身并不等于接受。如果受盘人收到发盘后仅保持缄默,对发盘未作出任何反应,那么不能视为其接受发盘。除非双方根据已达成的协议或习惯做法,同意以缄默的方式表示接受。

(三)构成接受的条件

根据接受的定义,一项有效的接受必须满足以下几个条件。

1. 接受必须由受盘人作出

发盘是向特定的人提出的,因此,只有该特定的人才能对发盘作出接受。由第三方作出的接受,不能视为有效的接受,而应视为一项新的发盘。

2. 接受必须明确表示

根据《公约》的规定,接受必须以声明或根据双方确立的习惯做法用行为明确表示。缄默或不行为本身并不等于接受。

3. 接受必须同意发盘所提出的交易条件

一项有效的接受必须同意发盘所提出的交易条件。对发盘表示接受但包含实质性变更发盘的添加、限制或其他更改的答复,或提出有条件的接受,均不能构成接受,而只能被视为拒绝该项发盘,并构成还盘。涉及商品交易要素(包括但不限于货品价格、品质标准、数量规格、交付地点与期限、结算方式等核心条款),以及违约方责任界定、争议解决机制等关键约定,若一方对既有协议内容提出补充性条款或差异条款,则该等行为均应被认定为对合同实质要件的修改。

但是,并非任何对发盘内容的添加、限制或更改都能构成还盘。在受约方作出接受意思表示时,若其对要约内容提出非根本性条款变更,而要约方未能在合理时间内明确反对其间的差异,则该接受仍视为有效,合同关系据此成立。在此情况下,合同的条件将以发盘的条件以及接受中所提出的更改为准。

4. 接受的通知必须在规定的期限内送达发盘人

根据《公约》规定,如果表示接受的通知未在发盘规定的时间内(如未规定时间,则在一段合理的时间内)送达发盘人,则接受无效。口头发盘,除非当事人另有约定,否则必须立即接受。至于什么是"合理时间",往往存在不同理解,通常需考虑发盘人使用的通信方式等因素。为避免争议,建议在发盘中明确规定接受的具体时间。

(四)接受生效的时间

接受生效的时间对当事双方都非常重要。因为接受一经生效,合同即告成立,当事人要受彼此达成的各项交易条件的约束。与规定发盘生效时间类似,在接受生效的时间问题上,各国法律也有不同的规定,主要有两种:一是"投邮生效"的原则,即接受通知一经投邮即生效;二是"到达生效"的原则,即接受通知必须送达发盘人时才能生效。

《公约》采取的是"到达生效"的原则。按照《公约》的规定,以声明表示的接受,在送达发盘人时生效。如果根据发盘或依照当事人已确定的习惯做法或惯例,受盘人以某种行为表示接受,则接受在该行为作出时生效。

(五)接受的撤回或修改

关于书面接受的撤回问题,由于《公约》采用的是"到达生效"原则,因此接受通知发出后,受盘人可以撤回其接受。但条件是,撤回通知必须在接收通知到达发盘人之前或同时送达。如果按照“投邮生效”原则，接受一经投邮即刻生效，合同由此成立，也就不存在接受撤回的问题。

二、写作指南

(一)订单函的写作要点

(1)对卖方的报价、寄来的样品或商品目录等表示感谢，并表达订购意向。

(2)明确订购商品的名称、规格、数量、单价、货号、总值等(为使内容更清晰，这部分可采用列表的形式)。

(3)提出自己的具体要求，如强调质量标准、交货期限等。为了让卖方更加放心，很多情况下还需要表明付款方式。

(4)激励卖方迅速、认真地执行订单，或对未来合作提出良好期望。

(二)确认接受订单函的写作要点

(1)对收到买方的订单或订货函表示感谢，并确认接受买方的订货。

(2)通知对方寄送已签妥的销售确认书或合同，并希望对方尽快回签。

(3)希望买方及时支付货款或开具信用证，以便顺利安排装运。

(4)向买方保证按照其要求及时执行订单，备好货物；必要时，可强调所订货物的特点或优势。

(5)表达希望再次收到买方订单。

三、样函

Dear John,

Thank you for providing samples of the cosmetic bags. We are pleased to inform you that we have accepted your revised offer and are ready to place a trial order for the following items, on the condition that they will be supplied from stock.

Item No. AD 0011: Cosmetic Bag, Large Size — USD 4.6 per piece FOB Dalian, Quantity: 4,000 pieces

Item No. AD 0012: Cosmetic Bag, Medium Size — USD 5.6 per piece FOB Dalian, Quantity: 4,000 pieces

Packing: In cartons

Shipment: Within 20 days after receipt of the L/C

Payment: By irrevocable sight L/C

Please ensure that the quality of the goods matches the provided samples. If this initial order is executed satisfactorily, we are confident that further business opportunities can be explored in the future.

We would greatly appreciate your prompt confirmation of the above terms.

Best regards,

Mary Gao

任务六　国际贸易销售合同的订立

经过交易协商流程，交易一方的发盘或还盘获得对方有效承诺，即标志着交易关系正式确立，双方由此产生契约约束。在实务操作中，为确保权利与义务得到明晰化执行，通常需要另行签署书面协议对交易条款进行规范，此过程即为合同的订立。

一、合同成立的有效条件

交易双方达成合意仅完成合同形式成立，合同要产生法律约束力还需具备法定生效要件。缺乏法律效力的合同将无法得到法律保障。具备完整法律效力的合同具有以下核心特征：

（一）缔约双方的意思表示须绝对自主、真实

买卖合同作为平等主体间的民事法律行为，其订立必须建立在双方完全自愿的基础之上。任何一方不得实施任何形式的意志强加行为，包括但不限于采用欺诈性陈述、施加不当压力等非法手段干预对方决策自由。

《中华人民共和国民法典》（以下简称《民法典》）第四百六十四条规定："合同是民事主体之间设立、变更、终止民事法律关系的协议。"第五条规定："民事主体从事民事活动，应当遵循自愿原则，按照自己的意思设立、变更、终止民事法律关系。"第六条规定："民事主体从事民事活动，应当遵循公平原则，合理确定各方的权利和义务。"

（二）当事人应具有相应的民事行为能力

双方当事人应是法律规定的完全民事行为能力人。对其一般的要求是：自然人主体需满足法定成年年龄要求，具备完全民事行为能力及稳定的居住场所；法人实体须完成法定登记程序，其商事活动范围应符合营业执照核定内容，交易协商及签约事务应由该法人的法律代表人或其书面授权委托人执行。

（三）合同标的、内容必须合法

合同标的物作为交易双方权利和义务指向的具体对象，其性质须符合双方所属国法律法规对流通物的合法性要求，此要件构成合同有效性的法定基础。

（四）合同必须有对价

所谓对价是指当事人为了取得合同利益所付出的代价。国际货物销售合同具有典型的双务契约属性，其核心特征表现为交易双方互为对待给付义务：卖方须承担商品交付的义务，买方则需履行对应价金的支付义务，形成商品与资金的对流交换关系。

（五）合同形式必须符合法律规定

《公约》就国际货物销售合同的形式未设定强制性规范，无论合同采用书面文本载体或口头协商方式订立，均不改变其法律约束力的有效性认定。然而，我国作为《公约》的缔约国之一，在加入《公约》时对合同形式问题提出了保留声明。这意味着，在我国，进出口贸易合

同必须采用书面形式订立。

二、签订书面合同的意义

在国际贸易实务中,当交易双方通过协商达成合意,且一方要约被对方有效承诺时,交易即形成法律约束。然而根据商业惯例,即使协议已实质达成,双方通常仍需通过签署书面合同来固化权利与义务关系,这主要基于以下三重法律方面的考量:

(一)书面契约是合同成立的法定证明载体

对于通过口头磋商建立交易关系的情形,此点尤为关键。依据司法实践要求,任何合同关系的确立均需提供客观的证明文件。若双方后续产生争议需进入仲裁或司法程序,书面契约即成为裁判机构认定事实的核心依据。因此,即便某些国家承认口头协议的效力,国际贸易领域仍普遍要求订立书面合同。

(二)书面契约是履约操作的规范基准

国际贸易涉及多环节的复杂操作,仅凭口头约定或零散函电往来难以保障执行效力。将分散的协议条款整合为系统化文件,不仅能明确权利与义务边界,还可为后续履行流程提供标准化操作指引,有效避免理解歧义导致的履行障碍。

(三)书面契约是特定法域下的生效要件

虽然合同生效一般以承诺生效为判定标准,但部分国家立法明确要求书面形式作为合同有效性的法定形式要件。在此类司法管辖区,即使交易双方已达成口头合意,仍须补充书面合同方能完成法律生效程序。

三、书面合同的内容

(一)约首

约首指合同的首部,包括开头和序言、合同名称、编号、签订日期、签订地点、签约方全称及法定注册地。在拟定该部分内容时须遵循两项核心要求:第一,完整注明合同双方经法定登记的名称全称及注册地址,部分司法管辖区将此作为合同有效成立的形式要件。第二,明确规定缔约地点,因为如果合同未对适用法律做出规定,根据有些国家的法律规定和贸易习惯解释,可适用合同缔约地国家的法律。此外,合同序言部分通常写明双方签订合同的意愿和执行合同的保证。

(二)主文

作为合同的核心构成,主文条款系统规范了交易双方的权责配置。该部分通常称为交易条件条款,涵盖商品描述条款、质量规范条款、数量约定条款、价格确定条款、包装标准条款、运输安排条款、支付条款等核心交易要素,同时包含质量检验条款、违约救济条款、争议解决条款及不可抗力免责条款等法律保障条款。

(二)尾部

合同尾部需规范以下要素:文本份数、法定文本语言及其法律效力、协议签订时间与地点,以及合同生效的具体条件或时间节点。

销售合同样本

SHANGHAI GOLDEN EAGLE TRADING CO. , LTD.

No. 20 Pudong Road, Shanghai, China

Zip:200120

Tel:021－58818844 58818766

Fax:021－58818840

售货合同

SALES CONTRACT

1. 卖方:上海金雕贸易有限公司

The Sellers:Shanghai Golden Eagle Trading CO. ,Ltd.

合同编号:HY98CS004

S/CNO. :HY98CS004

2. 地址:中国上海浦东路 20 号

Address:20 PudongRoad,Shanghai,China

合同日期:MARCH 27,2008

Date:MARCH 27 2008

Tel:021－58818844;58818766

FAX:021－58818840

E-mall:golden_eagle@163. com

3. 买方:

The Buyers:Tai Hing Loong SDN,BHD,Kuala Lumpur

4. 地址:

Address: 7/F,Sailing Building,NO. 50 Aidy Street,Kuala Lumpur,NewYork

Tel: 060 - 3 - 74236211

FAX:060 - 3 - 74236212 E-mall:chila@163. com

买卖双方同意按下列条件购进、售出下列商品:

商品名称及规格 Name of commodity & specification	数量 Quantity	单价 Unit Price	总值 Total Value
Plush Toys			CIFC3 New York
Art.No.KB0677 New Design White Bear	1000 sets	USD 13.00	USD 13000.00
Art.No.KB7900 Toy Bear in T-shirts	1200 PCS.	USD 9.00	USD 10800.00
Art.No.KB2273 Charming Pig	4000 PCS.	USD 4.00	USD 16000.00
Art.No.KC2048 Long Hair Dog	3500 PCS.	USD 6.50	USD 22750.00
			USD 62550.00

5. 包装:

Packing:Packed in cartons of 10 sets(KB0677), 8 PCS. (KB7900), 60 PCS. (KP2273), 30 PCS. (KC2048).

6. 唛头:

Shipping Marks:Will be indicated in the Letter of Credit.

（续表）

7. 装船港口：

Port of Shipment:Shanghai,China

8. 目的港口：

Port of Destination:New York

9. 装船期限：

Time of Shipment:Not later than May 31,2024.

10. 付款条件：

买方须通过买卖双方共同认可的银行机构，开立以卖方为受益人的不可撤回、可转让即期信用证，该信用证应允许分批装运及转运。相关信用证文件须于预计装运日期前 30 个工作日送达卖方，且信用证有效期需覆盖至货物装运完成后 21 日，到期地点设定在中国境内。

Terms of Payment:The Buyers shall establish through a banking institution acceptable to both parties, a non-revocable negotiable letter of credit in favor of the Sellers, authorizing partial deliveries and transshipment. The documentary credit must be received by the Sellers 30 business days prior to the scheduled shipment date, with validity extending to the 21st day after completion of loading, expiring in China.

11. 保险条款：

应由买方/卖方按发票金额 110％的比例办理一切险及战争险投保。若买方需增加保险项目或提高保险金额超出本条款约定范围，须事先取得卖方书面同意，由此产生的额外保险费由买方承担。

Insurance: The insurance against All Risks and War Risks shall be effected by the Buyers/Sellers for 110％ of the invoice value. Should the Buyers require coverage for additional risks or exceed the insured amount stipulated herein, prior written consent must be obtained from the Sellers, and any additional premium incurred therefrom shall be borne by the Buyers.

12. 检验：

由中国出入境检验检疫机构签发的质量/重量认证文件将作为货物发运时的质量数量核验依据。

Inspection: The Certificate of Quality/Weight issued by the China Entry－Exit Inspection and Quarantine Bureau (CIQ) shall serve as the official basis for determining the quality and quantity of goods at the time of shipment.

13. 不可抗力：

若因不可抗力事件致使卖方未能在合同约定期限内完成交货或完全无法履行交货义务，卖方免除相应责任。但卖方须立即通过电讯方式通知买方相关情况。在买方提出书面请求时，卖方应通过挂号函件向买方提交由中国国际贸易促进委员会或法定权威机构出具的不可抗力事件证明文件。

Force Majeure: The Sellers shall be exempted from liability if delivery fails to be accomplished within the contractual period or becomes entirely unfeasible due to force majeure events. In such circumstances, the Sellers must promptly notify the Buyers through telecommunication means. Upon written request from the Buyers, the Sellers shall deliver by registered mail a certificate of force majeure issued by China Council for the Promotion of International Trade or other statutory authorities.

14. 异议索赔：

质量异议须自货物抵达目的港之日起 30 日内正式提出，数量异议应在相同期限内 15 日内书面声

（续表）

明。主张方应同时提交经双方共同指定的权威检验机构出具的检测报告作为佐证。卖方将依据实际情况对争议进行核查处理。

对于因不可抗力因素、承运人责任或保险承保范围内的损失，卖方不承担任何补偿责任。若信用证未在合同约定的时限内送达卖方，或在FOB交易条件下买方未按时派遣适航船舶至指定装运港，或开立的信用证条款与合同实质内容不符且买方未能在收到卖方通知后的规定期限内完成修改，卖方保留解除合同、延迟交货及追索损害赔偿的法定权利。

Discrepancy and Claim Settlement:

Claims regarding quality discrepancies must be officially submitted within 30 days from the date of goods' arrival at the destination port, while quantity discrepancies should be declared in writing within 15 days from the same date, both supported by inspection reports issued by the mutually agreed independent surveyor. The Sellers shall examine the claim based on verified circumstances.

Compensation claims arising from natural calamities, carrier liabilities or insurance coverage shall not be entertained.

In the event that the Letter of Credit is not received by the Sellers within the contractual time frame, or under FOB terms the Buyers fail to dispatch a seaworthy vessel to the nominated port, or the issued L/C contains terms inconsistent with the Contract which the Buyers neglect to amend within the stipulated period after receiving Sellers' notification, the Sellers reserve the legal rights to terminate the contract, postpone delivery and institute claims for damages.

15. 仲裁：

因本合同履行或与之相关的任何争议，双方应首先通过友好协商寻求解决方案。若协商未能达成和解，则应将争议提交中国国际经济贸易仲裁委员会，依据该机构现行有效的仲裁规则在中国境内进行仲裁审理。仲裁庭作出的裁决具有终局性和强制约束力，双方必须执行。除非仲裁庭另有裁决，否则仲裁程序产生的相关费用应由败诉一方全额承担。

Arbitration: Any disputes arising from or in connection with the Contract shall be initially resolved through amicable consultations between the Parties. In the event that no settlement is reached, the case shall be referred to the China International Economic and Trade Arbitration Commission for arbitration proceedings conducted in China in accordance with the Commission's currently effective arbitration rules. The arbitration award shall be final and binding upon both Parties. Unless otherwise awarded by the arbitration tribunal, all arbitration costs shall be borne by the losing Party.

The Sellers	The Buyers
Shanghai Golden Eagle Trading Co. Ltd Shanghai China	Tai Hing Loong SDN, BHD, Kuala Lumpur Kuala Lumpur, New York Jack Gree

关键术语

询盘　发盘　还盘　接受

项目实训

【实训情境】

意大利高端服装制造商A公司与美国大型服装零售商B公司展开业务往来。2024年3月1日,A公司向B公司以书面形式发盘,出售5000件新款女装,每件200欧元,CIF纽约港交货,付款方式为不可撤销即期信用证,有效期至3月15日。3月5日,发盘到达B公司。3月7日,B公司询问能否降价,A公司于3月9日回应价格难以降低。3月10日,B公司接受原价格,但要求将交货时间从收到信用证后30天提前至20天,并在领口添加专属标识,愿每件额外支付1欧元。A公司于3月12日回复,同意提前交货,但拒绝添加标识,重申其他条件不变,有效期仍至3月15日。3月13日,B公司决定接受所有条件,用传真发送接收通知,却因传真机出现故障导致交货时间提前的条款模糊不清。3月14日,A公司通过邮件询问该关键条款,但B公司负责人因外出未能及时查看邮箱并回复。3月15日发盘有效期截止,A公司未收到明确答复,遂将服装转售。3月16日,B公司负责人看到邮件后立即确认接受并致歉,但A公司以发盘已过期且货物已转售为由拒绝交易,双方就此产生争议。

【实训任务】

(1)绘制案情分析图,找出矛盾纠纷点。

(2)查找理论依据,解决上述矛盾纠纷点。

(3)联系实际,得出结论。

章节习题

(1)什么是询盘?它的法律效力是怎样的?

(2)什么是发盘?有效发盘的构成条件有哪些?

(3)如何判定发盘的法律效力?

(4)什么是实质性变更?它对发盘效力有什么影响?

(5)接受有效的构成条件有哪些?

项目五　国际货物运输与保险

项目引例

2022 年 4 月 30 日，陈某以 A 公司市场部经理的身份，委托货运公司向马士基航运公司订舱。陈某提交给货运公司的托运单是 A 公司的格式托运单，并加盖了 A 公司的公章。该托运单上载明，托运人为 A 公司，目的港为阿尔及尔，且注明了海运费用金额，发票抬头为 B 公司。此外，陈某在向货运公司办理货物运输代理业务时，出示的名片上显示其为 A 公司指定的、负责代理 B 公司业务的市场部经理。

该批货物装船后运抵目的港并交付收货人。货运公司在向马士基航运公司支付了该批货物的运费后，向 B 公司及陈某发出了催款信函，但 B 公司和陈某均拒绝支付。B 公司拒绝支付的理由是陈某并非 B 公司的员工，且 B 公司未曾委托货运公司进行运输，声明其与本案无任何关系。陈某拒绝支付的理由是其本人是 A 公司的工作人员，认为其行为的法律后果应由 A 公司承担。经查证，A 公司是一家在香港登记注册的公司，在内地并无经营权。陈某是该公司的董事，同时承认自己并非 B 公司的职员，仅为了便于 A 公司在内地经营，在名片上印制了 B 公司的名称。

思考：本案中陈某是否应承担付款责任？

任务一　国际货物海上运输

海上运输是指以船舶为工具，通过海上航道运送旅客或货物的一种运输方式。海上运输历史悠久，发展迅速，尤其是在第二次世界大战后，国际海上货运量迅速增加。目前，世界外贸海运量在国际货物运输总量中占比超过 80%。

一、海上运输的特点

（一）通过能力强

地球表面约有 70%被海洋覆盖，海上运输借助四通八达的自然水道通行。这种运输方式不受汽车和火车所依赖的道路与轨道的约束。在政治、经济或自然条件发生变化时，海上运输能够灵活调整航线，选择最合适的运输路线以完成任务。

(二)货运量大

在全球新技术革命浪潮的推动下,先进技术在造船业中得到了极为广泛的应用。在这一趋势下,船舶呈现显著的大型化发展走向。目前,超巨型油轮的装载能力已超过 80 万吨,而集装箱船的载箱能力已超过 2.4 万个标准集装箱(TEU)。

(三)投资少,运费低廉

海上运输借助天然航道开展作业,不像陆路交通那般需要投入巨额资金开辟路线。船舶本身具有装载量大、续航距离长的特性,这使得在长途运输中,分摊到单位货物上的运输成本较低,所以海运的运费相对较为便宜。

(四)对货物适应性强

海上货物运输的船舶种类繁多,能适应多种货物运输的要求。

海上运输虽然具有上述优点,但也存在一些不足。例如,船舶因自身体积庞大,在水中前行时会遭遇强大的水流阻力,这使其运输速度无法与其他一些运输方式相媲美,相对较慢。而且,海上运输全程暴露于自然环境之下,极易受多变的气候以及复杂的自然条件的影响。在恶劣天气或者特殊海况下,船舶遇险的概率显著提升。同时,因为这些不确定因素,船舶具体的航行日期很难做到精准预估,所以从总体来看,海上运输的风险系数比较高。

尽管海上运输存在速度慢、风险较大的不利因素,但由于其运输量大、运费低等优势,其在国际贸易中仍然占据重要地位,发挥着不可替代的作用。其重要性远远超过其他运输方式。

二、班轮运输

班轮运输(Liner Transportation),又称定期船运输,是指船舶按照固定的航线,以既定的港口顺序,并根据事先公布的船期表开展客货运输业务,同时按照事先公布的费率收取运费。

(一)班轮运输的特点

(1)“四固定”是班轮运输的基本特点,即航线固定、港口固定、船期固定和费率相对固定。

(2)不规定货物的装卸时间。在班轮运输中,对货物装卸时间并无明确限定。这是因为班轮必须严格依照船期表规定的时间准时抵达港口与驶离港口。并且,在其运费构成里,已经涵盖了装卸环节所产生的费用。货物的配载、装卸工作均由承运人负责。因此,承运人与托运人无须核算滞期费及速遣费。

(3)在班轮运输业务中,承运人与托运人的权利、义务、责任、豁免均以船公司按照国际公约和相关国内法规签发的提单条款为依据。

班轮运输尤其适合一般杂货以及小额贸易货物的运输。船公司派出执行运输任务的船舶,往往在技术性能方面表现出色,各类设备一应俱全,船舶本身质量上乘,而且船员具备较高的专业技术水准。此外,在班轮停靠的港口,船公司通常设有专属的码头、仓库,还配备了专业的装卸设备,因此能够提供较高质量的运输服务。班轮承运人在货物交接上,一般会选择在码头仓库进行。承运人负责货物的装卸作业，并且承担这一过程中的全部费用。这种运作模式，让货物交接手续变得十分简便，极大地方便了货方。

此外，班轮运输所具备的“四固定”特性，为买卖双方在协商运输相关条件时提供了坚实、可靠的参考依据。凭借班轮船期表，买卖双方能够提前确定货物的交货时间、安排合适的装运期，还能选定具体的装运港口。与此同时，参考班轮运费表，双方可以预先精准核算运费以及可能产生的附加费用。如此一来，在货物价格的比对以及最终定价核算上，双方能够做到更加准确。这种特点有效地促进了国际贸易的发展。

（二）班轮运费

班轮运费（Freight Charge）是班轮承运人因承运货物而收取的报酬，其计算运费的单价（或费率）称为班轮运价。班轮运价具有相对稳定性，在一定时期内（如半年、一年或更长时间）保持不变。班轮运价表（Liner Freight Tariff），又称班轮费率表，是班轮公司收取运费及货方支付运费的计算依据，通常由船公司制定。

班轮运费通常由基本运费（Basic Freight）和多种附加费（Additionals or Surcharges）两部分构成。

基本运费是按照班轮运价表规定的标准计算收取的。在班轮运价表中，运费的计收标准根据不同的商品而有所不同，通常包括以下几种。

（1）按货物毛重计收，也称重量吨（Weight Ton）。重量吨在运价表内用“W”表示。一般以 1 公吨为计算单位，公吨以下取两位小数。

（2）按货物的体积计收，也称尺码吨（Measurement Ton）。尺码吨在运价表中用“M”表示。一般以 1 立方米为计算单位，或以 40 立方英尺为 1 尺码吨计算。

（3）按货物的毛重或体积计收运费，计收时取其较高者。其在运价表中以“W/M”表示。按惯例，凡 1 重量吨货物的体积超过 1 立方米或 40 立方英尺者即按体积收费；1 重量吨货物其体积不足 1 立方米或 40 立方英尺者，则按毛重计收。

（4）按货物的价格计收运费，又称从价运费。通常按照商品 FOB 货价的一定百分比（0.1%～5%）计收运费。在运价表中用“A. V. ”或“Ad. Val. ”表示。高价值货物较多采用该标准计收运费。

（5）按货物重量、体积或价值三者中最高的一种计收。其在运价表中用“W/M or Ad. Val. ”表示。此外，还有按货物重量或体积计收后，再加收一定百分比的从价运费的情况，这在运价表中以“W/M plus Ad. Val. ”表示。

（6）按货物件数计费。例如，活牲畜按头计费，车辆按辆计费。

（7）大宗低价值货物按议价计费。如粮食、豆类、煤炭和矿砂等大宗货物，班轮费率表通常未涵盖其具体的运费标准。在办理订舱手续时，需由托运人与船公司当场商议确定运费。一般而言，经议价确定的运费低于依据等级运价所算出的费用。

（8）起码费率（Minimum Rate）。起码费率是指按每一提单上所列的重量和体积计算出的运费。如果未达到运价表中规定的最低运费额，则按最低运费计收。

需注意，倘若多种不同商品被一同装入同一个包装里，那么整批货物的运费将依据其中运费标准较高的那种商品来收取。对于同一种商品，若因包装形式不同，致使计费标准或等级产生差异，则托运人必须将不同包装下商品的毛重及体积分别详细列出，以便船方分别核算运费。否则，这批货物将统一按照较高的运费标准来计费。另外，若同一份提单里涉及两种及以上不同货物名称，托运人须分别罗列每种货物名称所对应的毛重或体积。否则，提单上的所有货物都会按照较高的运费标准进行收取。

附加费是班轮公司在特定情形下额外收取的费用。当遇到某些货物需要特殊操作处理，又或者客观环境发生改变，致使运输成本大幅攀升时，班轮公司为了弥补自身遭受的损失，便会增收此项费用。附加费的类型多种多样，并非一成不变，而是随客观实际情况的动态变化而不断调整。以下为几种常见的附加费：超重附加费（Over Weight Surcharge）、超长附加费（Over Length Surcharge）、港口附加费（Port Surcharge）、港口拥挤附加费（Port Congestion Surcharge）、绕航附加费（Deviation Surcharge）、转船附加费（Transshipment Surcharge）、直航附加费（Direct Additional）等。各类附加费的计算主要为两种呈现方式：一是以百分比形式展现，也就是在既定的基本费率之上额外增加一定比例。比如基本费率为每吨 100 元，若附加费比例是 10%，那么每吨货物的附加费就是 100×10%＝10（元）。二是通过绝对数来体现，具体表现为每吨运费额外增加特定金额，该金额可与基本费率直接相加用于计算总运费。例如基本费率每吨 80 元，附加费规定为每吨增加 15 元，那么最终每吨货物的运费就是 80＋15＝95（元）。

（三）计算步骤

（1）选择相关船公司的运价表。

（2）根据货物名称，在货物分级表中查出相应的运费计算标准和等级。

（3）在等级费率表的基本费率部分，找到相应的航线、启运港和目的港，按等级查找基本运价。

（4）从附加费部分查出所有应收（或应付）的附加费项目和数额（或百分比），以及货币种类。

（5）根据基本运价和附加费计算实际运价。

（6）总运费＝实际运价×运费吨。

根据上述步骤，班轮运费的计算公式为 $F=F_b\times(1+\sum s)\times Q$，其中，$F$ 为班轮运费；F_b 为基本运费率；$\sum s$ 为附加费率之和；Q 为总货运量。

三、租船运输

租船运输，又称租船，是海上运输的一种方式，是指租船人向船东租用船舶以达到运输货物的目的。租船运输在大宗货物运输领域应用广泛。其中涉及的航线、港口、所运输货物的品类以及航行时间等诸多关键事项，均依据承租人的需求来确定，并由船舶所有人予以认可。租船人与出租人彼此的权利和义务，完全依据双方签订的租船合同来界定。

租船指包租整船。和班轮运输相比，租船运输所需的费用更低，而且能够挑选直达航线，所以在运输大宗货物时，大多会采用租船运输的方式。目前，租船运输的方式主要包括以下几种。

(一)定期租船

定期租船，又称期租船，它是一种按照特定时间期限来租赁船舶的模式。具体而言，就是船东（船舶出租人）把船舶出租给租船人，让租船人在规定的期限内使用，在这一期限内，租船人可以对船舶进行自行调度和经营管理。租船的期限有长有短，短的可能只有几个月，长的则可能达到数年。这种租船方式并不是依据完成航次的数量来计算期限，而是以双方约定使用的某一段时间作为界限。

(二)定程租船

定程租船，又称程租船或航次租船，这是一种依据船舶完成特定航程（航次）来进行租赁的方式，它在租船市场中较为常见，并且对运费水平的波动极为敏感。一般来说，定程租船可按单航次、来回航次、连续单航次以及连续来回航次等租赁船舶。在国际现货市场上，绝大多数的货物（主要涵盖液体散货和干散货这两大类）都采用航次租船的方式来运输。程租船的“租期”是由航次运输任务是否完成来决定的。因为航次租船没有规定完成一个航次或者几个航次所需要的时间，所以船舶所有人较为关注完成一个航次的用时，他们特别期望能缩短船舶在港口的停泊时间。而承租人与船舶所有人在签订租船合同时，需要约定好船舶的装卸速度以及装卸时间的计算方法，同时要相应地明确延滞费和速遣费的标准及计算方式。

(三)光船租船

光船租船，又称船壳租船或净船期租船。这种租船方式并不具备承揽运输的性质，而是属于一种财产租赁形式。具体来讲，光船租船是指船舶所有人把船舶出租给承租人，供其在一定期限内使用，不过在出租时船舶所有人仅提供空船。在租赁期间，承租人需要自行任命船长、配备船员，并且负责船员的给养，以及承担船舶经营管理过程中所需的全部费用。也就是说，船舶所有人除按约定收取租金外，无须再承担任何其他责任和费用。正因如此，对于一些不想从事船舶运输业务，或者是自身缺乏船舶经营管理经验的船舶所有人而言，他们可以通过光船租船的方式将船舶出租。这样做虽然获得的利润不算高，却能够得到稳定的租金收入，这有助于他们回收前期在船舶上的投资。

(四)光船租购

光船租购合同是光船租赁合同的一种特殊形式，指船舶出租人为承租人提供不配备船员的船舶，在约定的期限内由承租人占有和使用船舶，在期限届满时将船舶所有权转移给承租人，承租人则需支付租购费。光船租购实际上类似于分期付款购买船舶，船东在收到全部款项前拥有船舶的所有权，承租人每期支付的租金相当于分期付款。当租期结束且船价全部付清后，船舶归承租人所有。

(五)包运租船

包运租船，又称运量合同，是一种较为特殊的租船方式。在这种方式下，船舶所有人会提供一定的运力，在明确的港口之间，按照事先约定的时间以及航次周期，以相对均等的运量来完成全部货运量的运输任务。

(六)航次期租船

航次期租船，又称日租租船，它以完成一个航次运输为目的，但租金是按照航次所需时间(以天为单位)来计算。这种租船方式不存在滞期费和速遣费，并且船舶所有人不负责货物运输的经营管理。当装货港和卸货港的条件较差，或者航线的航行条件较复杂，难以准确掌握航次所需时间时采用。航次期租船这种方式对船舶所有人较为有利。因为采用这种租船方式，能够让船舶所有人避免由于一些难以预测的情况导致航次运输时间延长而造成的船期损失。

四、集装箱

在国际物流的实际操作中，大部分海运货物是通过集装箱班轮运输完成的。本部分内容以集装箱班轮运输为主。

(一)集装箱(Container)的定义

集装箱，又称货柜或货箱。简单来说，集装箱是具有足够的强度，可长期反复使用的适于多种运输工具而且容积在1立方米以上(含1立方米)的集装单元器具。

根据国际标准化组织对集装箱的定义，作为一种货物运输工具的集装箱需要满足一系列基本条件。集装箱除了能够装载货物，还需要符合许多特殊要求。换言之，只有符合这些条件的"容器"才能被称为集装箱。这些基本条件包括：

(1)全部或部分封闭，能够构成一个装货用的舱室。

(2)具有耐久性，坚固程度足以支持反复使用。

(3)配备便于装卸和搬运的装置，特别适合从一种运输工具转移到另一种运输工具，同时便于货物的装满和卸空操作。

(4)能够适用于一种或多种运输方式运输货物，无须中途换装。

(5)容积为1立方米或更大。

使用集装箱运输货物，可直接在发货人的仓库装货，运到收货人的仓库卸货，途中无须更换车船，也无须将货物从箱内取出装箱。这种运输方式极大地提升了货物运输的效率和便利性，减少了货物在运输过程中的装卸次数，从而降低了货物受损的风险，同时缩短了运输时间，提高了物流运作的整体效率。

(二)集装箱的分类

1. 按制造材料分类

从目前集装箱使用的材料来看，集装箱通常不是由单一材料制成的，而是由钢(或不锈钢)、木材(或胶合板)、铝合金和玻璃钢这四种主要材料中的两种或多种组合制成的。集装箱的主体部件(如箱壁、箱顶等)所使用的主要材料决定了其分类名称。例如，采用钢材制造主体部件的集装箱称为钢制集装箱。按照主体部件使用的材料分类，集装箱主要包括钢制集装箱、铝制集装箱和不锈钢集装箱等。

2. 按用途分类

(1)干货集装箱。干货集装箱,又称杂货集装箱或通用集装箱,使用范围非常广泛,是最常见的集装箱类型。绝大多数干货集装箱无须进行温度控制,适合装运尺寸和重量符合集装箱运输条件的杂货。这种集装箱的结构通常为封闭式,一般在一端或侧壁设有可开启的箱门,箱门开度可达 270 度。

(2)冷藏集装箱。冷藏集装箱是用于运输冷藏、冷冻食品,能保持一定温度的保温集装箱。目前国际上使用的冷藏集装箱基本上分为以下两种:一种是机械式冷藏集装箱也称内置式冷藏集装箱,这种集装箱带有冷冻机,能够通过机械制冷系统控制箱内温度,使其保持在适合冷藏或冷冻食品的特定温度范围内。制冷效果较好且稳定,能适应不同的运输环境和温度要求。另一种是隔热式冷藏集装箱,箱内没有冷冻机,仅具有隔热结构,集装箱端壁上设有进气孔和出气孔。这种集装箱通常需要依靠外界的冷源来维持低温,例如在运输过程中通过连接船上或陆地上的制冷设备,使冷空气通过进气孔进入箱内,热空气则从出气孔排出,从而实现对箱内温度的调节。其优点是结构简单、成本较低,但对外部冷源的依赖性较强。

(3)通风集装箱。通风集装箱从外观上看与干货集装箱相似,但其侧壁、端壁和箱门上设置了若干风口。设计这些风口主要是为了运输有通风、防潮、防湿需求的货物。通过这些风口,空气能够在集装箱内流通,从而有效地降低箱内的湿度,防止货物受潮,避免新鲜物品在运输途中由于湿度不适等原因而腐烂变质,为货物提供了适宜的运输环境。

(4)罐式集装箱。罐式集装箱是一种专门用于运输油类、酒类、液体食品及化学品等液体货物的集装箱。它由罐体和框架两部分组成,其中罐体的四角通过支柱和撑杆连接成一个整体框架。顶部设有装货口,并配备水密性能良好的盖子,以防止雨水进入箱内。装货时,货物通过罐顶部的装货口进入;卸货时,货物通过罐底的排出阀流出。

(5)框架集装箱。框架集装箱,又称台架式集装箱,主要用于装载形状各异的货物。在进行装卸作业时,这种集装箱可以从前后、左右及上方灵活操作。框架集装箱的箱底较厚,其强度远高于普通集装箱,因此特别适合运输超长、超高、超宽和超重的货物,如机械设备、钢材、钢管、木材等。

(6)平台集装箱。平台集装箱,又称平板式集装箱,是在框架集装箱基础上进一步简化的一种特殊集装箱。它没有任何上部结构,仅保留底部结构。进行装卸作业时,可使用与其他集装箱相同的紧固件和起吊装置。装载货物时,多个平台集装箱可连接成一个大平台,放置在集装箱船的舱面上,特别适合运输重型、大件货物。平台集装箱已被国际标准化组织正式采纳,突破了过去认为集装箱必须具有一定容积的传统概念。

(7)开顶集装箱。开顶集装箱,也就是敞顶集装箱,其独特之处在于没有刚性箱顶,而是采用由可折叠式顶梁支撑的帆布、塑料布或涂塑布等制成的顶篷。它的其他构件与通用集装箱相似。这种集装箱在货物运输中有特定的用途,主要用于装运较高的大型货物以及重量较大的物品,如钢铁、木材等。其顶部敞开的设计方便了这些货物的装卸,货物无须通过狭窄的箱门进行吊装或搬运,这大大提高了作业效率,同时也能更好地适应一些形状不规则、尺寸较大的货物的运输需求。

(8)动物集装箱。动物集装箱是专门用于装运鸡、鸭、鹅等活家禽以及牛、马、羊、猪等活家畜的特殊集装箱。其箱顶采用胶合板遮盖,起到一定的防护和遮阳作用。侧面和端面有铝丝网制成的窗,以保证良好的通风条件,为动物提供新鲜的空气。在集装箱侧壁下方设有清扫口和排水口,并配有上下移动的拉门,便于对动物产生的粪便等垃圾进行清洁,保持箱内的卫生环境。这种集装箱在船上通常放置于甲板上,原因是甲板上空气流通性好,有利于为动物提供充足的新鲜空气,同时便于工作人员对动物进行清扫和照看,能更好地满足动物在运输过程中的生存需求,确保它们的健康和安全。同时,动物集装箱不允许多层堆叠,因此其结构强度可以低于国际标准集装箱的要求,总重量也相对较轻。

(三)集装箱的规格尺寸

国际标准集装箱的尺寸可以分为集装箱外尺寸和集装箱内尺寸。

集装箱外尺寸指的是包括永久性附件在内的集装箱外部最大的长度、宽度和高度。它是决定集装箱能否在船舶、底盘车、卡车和火车之间进行换装的主要参数,也是各运输部门必须掌握的一项重要技术资料,详见表 5-1。

表 5-1　国际标准集装箱的规格外尺寸

规格(英尺)	箱型	长		宽		高		最大总重量	
		mm	ft	mm	ft	mm	ft	kg	lb
40	IAAA	12192	40′	2438	8′	2896	9′6″	30480	67200
	IAA					2591	8′6″		
	IA					2438	8′		
	IAX					<2438	<8′		
30	IBBB	9125	29′11.25″	2438	8′	2896	9′6″	25400	56000
	IBB					2591	8′6″		
	IB					2438	8′		
	IBX					<2438	<8′		
20	ICC	6058	19′10.5″	2438	8′	2591	8′6″	24000	52900
	IC					2438	8′		
	ICX					<2438	<8′		
10	ID	2991	9′9.75″	2438	8′	2438	8′	10160	22400
	IDX					<2438	<8′		

集装箱内尺寸是指集装箱内部最大的长度、宽度和高度。为了使国际标准集装箱的内部能够适合装载托盘和一定数量的货物,国际标准集装箱也规定了内部尺寸的标准。集装箱内部长度是指从箱门内侧板面到端壁内衬板之间的距离,宽度是指两内侧板之间的距离,高度是指从箱底板面到箱顶板最下端的距离。这些尺寸决定了箱内所装货物的最大尺寸。

集装箱的内尺寸决定了集装箱装载货物的内容积。集装箱内容积是按照集装箱内尺寸计算的装货容积。同一规格的集装箱由于结构和制造材料不同,其内容积可能略有差异。集装箱内尺寸和内容积是发货人、货运站等装箱主体必须掌握的重要技术资料。

在国际集装箱运输中,目前使用最多的是 IAA 型和 ICC 型集装箱,即 40 ft 和 20 ft 两种箱型,其次是 IAAA 箱型。这三种箱型的内尺寸详见表 5-2。

表 5-2 常见集装箱的内尺寸

箱型	ICC(20 ft)	IAA(40 ft)	IAAA(40 HQ)
长(m)	5.898	12.032	12.032
宽(m)	2.352	2.352	2.352
高(m)	2.385	2.385	2.69
体积(m^3)	33.1	67.5	76.2
载重量(t)	21	26	26

以上数值为经验值,会因实际货物状况及目的港的不同而有所变化。例如,运往美国的货物需遵循美国高速公路的限重规定,其中 20 ft 集装箱的限重通常为 17 t 左右,40 ft 集装箱的限重则为 19 t 左右。此外,在实际操作中,也存在 45 ft 的集装箱。然而,45 ft 集装箱并非国际标准集装箱,许多国家和地区不接受用其运输货物。

(四)集装箱号和铅封号

1. 集装箱号的构成

集装箱号是指集装箱的唯一标识号码,通常印刷在集装箱的箱门上,有时也会印刷在集装箱的外侧及内侧壁上。集装箱号码的构成遵循 ISO 6346(1995)标准,标准集装箱号由 11 位编码组成,分为三个部分:

(1)第一部分由 4 个英文字母组成,其中前 3 位为箱主代码,代表箱主或经营者,第 4 位英文字母为设备识别号,绝大多数情况下为“U”,表示该设备为通用集装箱。例如,以“APLU”开头的集装箱号表明其箱主或经营者为船公司“美国总统轮船”。

(2)第二部分由 6 位数字组成,为箱体注册码,是该集装箱在全球范围内注册和使用的唯一代码。

(3)第三部分为校验码,由第一部分 4 位英文字母和第二部分 6 位数字经过校验规则运算得出,用于校验箱号录入时是否发生错误,即第 11 位数字。

简单来说,集装箱箱号由 4 个英文字母和 7 位数字组成。

2. 铅封号

铅封号,即俗称的封条号,是指每个铅封上面印制的独一无二的序列号。铅封只有被破坏后才能打开集装箱,且箱体上的封条号必须与提单上的一致。

铅封按施加主体可分为“厂封”(工厂自行加封的封条)、“关封”(海关加封的封条)、“船封”(船公司加封的封条)和“码头临时封”等。按材料及功能可分为高保封、数码防盗封、子弹封、铁皮封、钢丝塑封、塑料封、防盗铅封和普通封等。

(五)集装箱装箱方式

集装箱的装箱方式可分为整箱和拼箱两种。整箱(Full Container Load,FCL)是指货主自行将货物装满整箱后,以箱为单位托运的集装箱。拼箱(Less than Container Load,LCL)是指代理人承接货主委托运输的那些不足以装满一整箱的零散货物后,依据货物特性与最终送达地点予以分类梳理。发往相同目的地的货物汇聚到一定数量时,便会进行拼箱操作,将其装入集装箱内。由于一个集装箱内装有来自不同货主的货物,因此称其为拼箱。

(六)集装箱货物的交接地点与方式

1. 交接地点

(1)集装箱码头堆场(Container Yard,CY)。在集装箱码头堆场接收的货物,大多是由发货人或者集装箱货运站负责完成装货,之后再运送至集装箱码头堆场的整箱货物。

(2)集装箱货运站(Cargo Freight Station,CFS)。集装箱货运站作为船公司的代理,负责接纳拼箱货物,同时进行货物的拆装箱作业,并将相关货物运送至集装箱码头堆场。

(3)发货人 / 收货人的工厂或仓库(Door,DR)。船公司同样能够在发货人的工厂或仓库接收整箱货物,进而负责安排内陆运输的相关事宜,并将货物完整地交付到收货人的工厂或仓库。

伴随集装箱运输的不断发展,尤其是多式联运的蓬勃兴起,集装箱运输已经突破了以往仅局限于海运区段的束缚,开始向内陆地区拓展延伸,正因如此,催生了集装箱运输所特有的货物交接方式。

2. 交接方式

(1)CY—CY(集装箱码头堆场—集装箱码头堆场)。发货人承担装箱工作,把集装箱运送至装货港的集装箱码头。承运人则在装货港的集装箱码头,以整箱形式接收货物,接着负责将货物运到卸货港的集装箱码头,并在此以整箱方式完成交货。收货人于卸货港的集装箱码头,采用整箱的方法提取货物。在这种交接方式下,货物的交接形式一般均为整箱交接,而承运人并不承担内陆运输的任务。

(2)CY—CFS(集装箱码头堆场—集装箱货运站)。发货人负责装箱并运至装货港的集装箱码头进行整箱交货,承运人在装货港的集装箱码头接收整箱货物,之后负责将其运输至卸货港的集装箱货运站,并在此进行拆箱操作。收货人需在卸货港的集装箱货运站,按单件货物逐一提取。在这种交接模式下,承运人一般是整箱接收货物,然后以拼箱的形式交付货物。并且,承运人并不承担货物的内陆运输工作。

(3)CY—DR(集装箱码头堆场—收货人的工厂或仓库)。发货人负责完成货物装箱,并将货物运至装货港的集装箱码头,以整箱形式交付承运人。承运人于装货港的集装箱码头接收整箱货物后,便将这些货物运送到进口国收货人的工厂或仓库,并以整箱的方式完成交货。在这种交接方式下,货物自始至终都保持着整箱的形式来进行交接。其中,出口国范围内的内陆运输任务由发货人承担,而进口国的内陆运输工作则由承运人负责。

(4)CFS—CY(集装箱货运站—集装箱码头堆场)。发货人承担把货物运至集装箱货运站的责任,而后将货物交给承运人。承运人在装货港的集装箱货运站接收货物后,开展拼箱作业,接着把货物运到卸货港的集装箱码头。收货人需要在卸货港的集装箱码头提取整箱货物。在这种交接方式下,承运人一般以拼箱的形式接收货物,却以整箱的形式交付货物。

(5)CFS—CFS(集装箱货运站—集装箱货运站)。发货人肩负着把货物运达集装箱货运站,并向承运人完成交付的任务。承运人在装货港特定的集装箱货运站接收货物之后,进行装箱与拼箱处理,接着将货物运送至卸货港的集装箱货运站,在那里进行拆箱作业。收货人在卸货港的集装箱货运站,按照单件货物逐一提取。在这种交接方式下,货物一般都是以拼箱的形式实现交接。

(6)CFS—DR(集装箱货运站—收货人的工厂或仓库)。发货人需承担将货物运送到集装箱货运站,并按单件交付货物的职责。承运人在装货港指定的货运站接收这些单件货物后,开展装箱与拼箱工作,之后负责将货物运输至卸货港,最后在收货人的工厂或者仓库以整箱的形式完成交付。收货人则在自己的工厂或仓库接收整箱货物。在这种交接方式下,承运人一般是以拼箱的形式接收货物,却以整箱的形式交付货物。

(7)DR—CY(发货人的工厂或仓库—集装箱码头堆场)。承运人把空箱运输到出口国发货人的工厂或者仓库,发货人承担装箱工作后,将货物以整箱的形式交付给承运人。承运人接着负责把货物运送到卸货港的集装箱码头,并且同样以整箱的形式完成交货。收货人则要在卸货港的集装箱码头,采用整箱的方式提取货物。在这种交接模式下,承运人负责出口国内陆部分的运输任务,但对于进口国卸船地点到目的地工厂之间的内陆运输并不负责。在这种交接情形下,货物始终是以整箱的形式进行交接的。

(8)DR—CFS(发货人的工厂或仓库—集装箱货运站)。承运人把空集装箱运送到出口国发货人的工厂或者仓库,发货人负责装箱工作,并且施加封志,在自身的工厂或仓库完成整箱货物的交付。此后,承运人负责将这批货物运送至卸货港所指定的集装箱货运站,到达目的地后进行拆箱操作,然后向各个收货人交付相应的货物。在这种交接方式下,承运人一般会以整箱的形式接收货物,再以拼箱的形式将货物交付出去。

(9)DR—DR(发货人的工厂或仓库—收货人的工厂或仓库)。承运人先把空箱运送到出口国发货人的工厂或仓库,发货人进行装箱并施加封志后,承运人接手将货物运到集装箱码头堆场,让其在那里等候装船发运。当货物抵达目的港后,依旧是由承运人承担把货物运送到收货人工厂或仓库的任务,且以整箱的形式完成交货流程。而收货人则在自己的工厂或仓库接收整箱货物。由此可见,门到门这种方式的集装箱运输,一般属于整箱运输,并且整个运输过程都由承运人负责。

在上述几种交接方式中,CY—CY 模式的应用最为广泛,而 DR—DR 模式对货主最为方便,也最能展现集装箱运输的优势。相较而言,CY—CFS 模式很少被使用。这是由于当承运人以整箱的形式从发货人处接收货物,在抵达目的地拆箱交付给收货人时,如果发生货物损坏的情况,很难界定责任究竟在于承运人还是发货人。

五、国际海运托运订舱及排载的业务流程

（一）客户填写国际海运货运委托书，确立委托运输关系

国际海运货运委托书是用于书面确认托运关系的一种凭证。当国际货运代理企业承接客户的海运进出口委托业务时，需向客户出具本企业既定格式的国际海运货运委托书。委托方依照要求填写委托书相关内容后，需加盖公章予以确认。

（二）业务员填写海运业务交接表

国际货运代理企业一旦收到客户提交的国际海运货运委托书，在操作员着手正式订舱之前，业务员就得填写海运业务交接表。这份交接表的用途在于，操作员针对船公司、航线、价格及操作事项等信息，开展公司内部的交接工作。如此一来，可以保障企业内部各个岗位之间的工作衔接更为流畅，还能清晰界定各岗位所承担的工作职责。

（三）操作员审核并订舱

国际货运代理企业收到客户的货运委托，与客户确认好相关信息后，操作员便会依据客户货物的实际需求，选择适配的船公司，接着通过书面形式的订舱单，开展舱位预订和运输申请工作。这一操作流程被称作审核订舱。订舱单一般包括货物名称、重量及尺寸、集装箱箱型、启运港、目的港、收发货人具体信息，以及海运价格等多方面的内容。

（四）船公司接收并反馈订舱情况

操作员完成订舱操作后，船公司便会针对订舱申请（预约）涉及的舱位、路线以及价格展开仔细核对。在确认各项信息均准确无误之后，船公司会把相关内容登记在舱位登记簿上，并通过传真发送集装箱放箱通知书或装货单确认单给货运代理公司，以表明相关舱位已成功预订。此时，货运代理公司可以安排后续的提箱、装货及报关等工作。

（五）单证员制作拖车排载单据

拖车做箱排载是国际货运运输环节不可或缺的一步。拖车公司需在国际货运代理操作员的指导下完成做箱排载及内陆运输的相关环节。通常情况下，拖车公司会先到码头堆场提取空箱，并将其运送至发货人仓库，由发货人自行安排货物装箱。随后，拖车公司将装载货物的集装箱通过集装箱拖车运送至船公司指定的码头堆场，以确保后续的码头作业、报关及船公司船舱配载工作顺利进行。

（六）拖车公司提箱及装箱进港

拖车公司必须在截关日之前（通常是船期前两天）安排提取空箱，完成货物装箱，并将货物运进港。

（七）与报关行交接报关单据

报关是指进出口货物发货人或其委托的国际货运代理企业向海关办理货物、物品或运输工具进出境手续及相关海关事务的过程，包括向海关申报、交验单据及有关证件，并接受海关监管和检查后放行的过程。在此过程中，国际货运代理企业需要制作场站收据作为报关凭证（俗称关单）以供报关使用。

任务二 国际货物航空运输

一、国际货物航空运输的概念及优势

国际货物航空运输，简称国际空运，是指根据相关各方签订的合同，以航空器作为运输工具，将货物从出发地运输至目的地的过程。无论运输中是否有间断或转运，出发地、约定的经停地和目的地之一不在同一国境内。国际空运可以是有偿运输，也可以提供免费服务。

国际空运以航空器为运输工具，与其他运输方式相比具有不可比拟的优势，具体包括以下几个方面。

(一)运输速度快

国际空运主要采用飞机作为运输工具，飞机的飞行速度一般为每小时600千米以上。与其他运输工具(如汽车、火车、轮船等)相比，航空运输具有显著的速度优势。这一特点使航空货运特别适合运输易腐烂、易变质的鲜活商品，时效性或季节性较强的报刊、节令商品，以及抢险和急救物资。在国际市场竞争极为激烈的情况下，航空运输所具备的快速服务特性，能让货主快速响应国外市场千变万化的行情。货主可以借此及时推出契合市场需求的畅销产品，进而抢占市场份额，最终获取更为可观的经济效益。

(二)不受地面条件限制

航空运输借助天空作为天然通道，不会受到地理条件的束缚。对于那些地面状况糟糕、交通极不便利的内陆区域来说，航空运输有着极高的适配性，极大地助力了资源的进出口业务，对当地经济发展起到了推动作用。航空运输能将本地与全球紧密关联起来，其向外辐射的范围极为广泛。另外，相较于公路运输及铁路运输，航空运输占用土地较少。这对于那些土地资源稀缺、地域面积狭小的地区而言，在发展对外交通的过程中，显然具备突出的优势。

(三)节约包装、保险、利息等费用

选择航空运输，货物在运输途中耗费的时间短，周转速率快，企业能够相应地削减存货数量。这有利于企业加速资金回笼，降低利息支出。另外，企业的仓储开支也能够随之降低。而且，航空运输具备安全可靠、精准无误的特性，货物损坏和差错情况较少，所以保险费用相对不高。和其他运输形式相比，航空运输对货物包装的要求没那么繁杂，包装成本得以降低。这些因素综合起来，可以降低企业隐性成本，同时提升企业收益。

(四)破损率低，安全性高

航空运输由于货物本身价值较高，其操作流程比其他运输方式更加严格。因此，在整个运输环节中，货物的破损率极低。与其他运输方式相比，航空运输的安全性较高。例如，1996年至2005年的10年间，中国民航每百万飞行小时发生重大事故的次数为0.42次，而同期世界平均次数为0.7次。由此可见，航空运输的安全性远远优于铁路运输、水上运输和公路运输。

二、国际空运的运输方式

(一)班机运输(Scheduled Air Line)

班机是指按照固定时间开航、固定航线、固定始发站、固定目的站及固定途经站运行的飞机。一般情况下,航空公司使用客货混合型飞机,既搭载旅客,又运送少量货物。此外,一些规模较大的航空公司还会在部分航线上运营定期货运航班,采用全货机进行运输。班机运输具有以下特点:

(1)班机运输是当前最主要的航空货运方式。鉴于班机拥有固定的航线、固定的经停站点,且会定期启航,所以在国际空运领域,货物的流转大多选用班机运输模式。

(2)适配急需物资、贵重物品、鲜活产品以及小批量货物的运输。采用班机运输时,发货人和收货人能够精准知晓货物的起运与抵达时间。不过,班机一般属于客货混合机型,载货舱位存在一定限制。

(二)包机运输(Chartered Carrier)

包机运输方式可分为整机包机和部分包机两类。

1. 整机包机

整机包机,即对一整架飞机进行包租。航空公司会依据与租机人事先商定好的条件以及费用标准,把整架飞机出租给包机人,让其用来从一个或者多个航空港将货物装运至目的地。一般来说,包机人需要在货物实际装运的一个月之前就与航空公司取得联系,这样做是为了方便航空公司对运载事宜进行安排,同时也是为了让航空公司能够向起降机场以及相关的政府部门申请并办理货物过境或入境的一系列手续。包机的费用是通过一次一议的方式来确定的,具体的费用会根据国际市场的供求状况产生波动。从原则上来讲,包机的运费是按照每飞行千米设定的固定费率来计算的,与此同时,还会按照每飞行千米费用的 80%来收取空放费。所以,当有大批量的货物需要采用包机运输时,通常都要努力争取让飞机来回都能装载上货物,以此达到降低运输成本的目的。

2. 部分包机

部分包机指的是由若干家航空货运代理公司或发货人合作,联合包租一架飞机;或是航空公司把一架飞机的舱位拆分,分别出售给几家航空货运代理公司来装载货物。这种部分包机的运输方式,适合用来托运那些重量较大,但又无法装满整架飞机舱位的货物。

(三)航空快递(Air Courier)

航空快递是一种有别于一般航空邮寄和航空货运的运输方式,由专业经营该业务的公司与航空公司协作,通过专人以最快速度在货主、机场和用户之间传递货物或物品。采用这种运输方式的进出境货物或物品称作快件。就快件内容而言,快件业务主要分为快件文件和快件包裹两大类。快件文件主要包括商务文件、资料等无商业价值的印刷品,也包括银行单证、合同、照片、机票等。快件包裹,也被称为小包裹服务,主要运送贸易成交的小批量货物、贵重物品、小型样品以及需要返修的零配件等。

航空快递的特点是运输快捷、服务安全可靠、查询迅速,但费用较高。

三、国际空运的机型分类

(一)窄体机与宽体机

1. 窄体机

窄体机的机身宽度约为 3 m,机舱内设有两排座椅和一条走廊,其两个下货舱用于装运散货。

2. 宽体机

宽体机的机身宽度为 4.72 m 以上,设有三排座椅和两条走廊,可以在主货舱或下货舱装运集装箱货物或散货。

(二)全货机、全客机与客货混合机

全客机仅在两个下货舱装载散货。客货混合机在主货舱的后半部分装载集装箱货物,在下货舱装载散货。全货机的所有货舱均能装载集装箱货物。

四、国际空运的装载限制

(一)重量限制

鉴于飞机自身结构存在限制,飞机制造厂家明确设定了每个货舱能够承载货物的最大重量界限。在任何情况下,所装货物的重量都绝对不允许超过这个限定数值,否则,飞机结构极有可能遭受损坏,飞行安全也会面临威胁。窄体机的载货类型较为单一,仅能承载散货,无法装载集装箱货物。通常来说,单件货物的重量一般不能超过 80 kg,体积大致不能超过长 40 cm、宽 60 cm、高 100 cm 的尺寸范围。与之不同,宽体机的载货选择更为多样,可以装载散货,也可以装载集装箱货物。其中,单件货物重量一般不会超过 250 kg,体积大致不超过长 100 cm、宽 100 cm、高 140 cm 的尺寸范围。如果货物超出上述规定的重量和体积标准,则需根据具体航线情况、所使用的机型特点,以及始发站、中转站和目的站的装卸设备实际条件等因素,在征求相关航空公司意见并获得其同意后,才能决定该货物是否能够发运。

具体机型重量限制:以常见的载体机型 B 737 为例,其载重量为 5～8 t。其中,B 737－200 型与 B 737－300 型的载重量为 5731 kg(前货舱为 2269 kg,后货舱为 3462 kg),B 737－800 型的载重量为 8408 kg(前货舱为 3558 kg,后货舱为 4850 kg)。

(二)总容积限制

因为货舱能够用来装载货物的空间并不充裕,其总容积便成了运输货物时极为关键的一个限制因素。那些重量轻、体积大的轻泡货物,有可能把货舱里的全部空间都占满,可货物重量却没达到规定的重量限额;反过来,高密度货物重量也许早早达到了限额标准,然而货舱里却还留着大量的空余空间,没办法有效利用起来。所以,把轻泡货物和高密度货物搭配着混合装载,不失为一种比较节省成本、经济实用的办法。为此,承运人有时会提供一些货物的密度参数,作为混合装载的参考依据。

具体机型容积限制:以常见的窄体机型 B 737 为例,B 737－200 型与 B 737－300 型货舱

载货体积为 24.7 m^3,B 737－800 型货舱载货体积为 45 m^3。

(三)舱门限制

鉴于货物得经由舱门才能被装入货舱,货物的尺寸大小必定受到舱门规格的约束。为了方便判断货物能否顺利装入散舱,飞机制造厂商一般都会给出散舱舱门尺寸表。该尺寸表中的数据一般以 cm/in 两种计量单位标注,以便使用者参考。

具体机型舱门限制:以常见的窄体机型 B 737 为例,其舱门高度主要为 86 cm 和 88 cm;另一常见窄体机型 A 320,其舱门高度为 124 cm。

(四)地板承重限制

飞机货舱的地板,每平方米都有其特定的承重限度。一旦所承载货物重量超出这一限度,货舱地板乃至飞机整体结构,都极有可能受到损坏。所以在装载货物时,务必留意不能让货物重量突破地板的承重限额。地板承受力计算公式为:地板承受力＝货物的重量/地板接触面积。如果超过限额,应使用厚度为 2～5 cm 的垫板,以增加地面接触面积。

常见的 B 737 机型和 A 320 机型地板承受力限额为 732 kg/m^2。

【例题 5－1】

现有一件货物,毛重为 200 kg,底面积为 40 cm×50 cm,装载在窄体飞机 B 737 的散舱中。地板承受力是否超标?如果超标,至少需要增加多大的底面积的垫板?

【分析】

底面积＝0.4×0.5＝0.2 m^2

地板承受力＝200 kg/0.2 m^2＝1000 kg/m^2＞732 kg/m^2,所以已经超标。

200 kg/732 kg≈0.273 m^2。如果要让地板的承受力不超标,至少需要使用底面积大于 0.273 m^2 的底板(例如,40 cm×70 cm 的底板,其底面积为 0.28 m^2,符合要求)。

任务三　国际货物运输保险概述

一、国际货物运输保险的含义

国际货物运输保险(International Cargo Transportation Insurance),指的是在货物准备装运之前,被保险人(The Insured)或投保人(Applicant),会先向保险人(Insurer)即承保人(Underwriter)预估确定一个投保金额(保险金额),进而向保险公司投保货物运输险。被保险人按照既定的投保金额、所选择的投保险别以及对应的保险费率,向保险人缴纳保险费,而后获取保险单据。倘若被保险的货物在运输期间因遭遇保险事故而产生损失,保险人会在事先约定的险别责任范畴内,依据损失的具体程度以及保险金额,对持有保险单据的人予以赔偿。

二、国际货物运输保险的基本原则

(一)保险利益原则

1. 相关概念

保险标的(Subject Matter Insured),指的是保险所要保障的目标物。其涵盖范围广泛,既可以是各类财产以及与之相关的利益,也可以是人自身的寿命与身体状况。

保险利益(Insurable Interest),也叫作可保权益,指的是投保人(被保险人)对于保险标的所拥有的、在法律层面获得认可的利益关系。

保险利益原则,也称可保利益原则,该原则明确规定,投保人对保险标的必须具有保险利益。反之,如果投保人对保险标的不具有保险利益,那么与之相关的保险合同将不具备法律效力,属于无效合同。

2. 国际货物运输保险中的保险利益原则

和其他保险种类相同,国际货物运输保险也规定,被保险人对保险标的必须具有保险利益。但它与人身保险等险别存在差异。如人身保险这类保险,要求被保险人从投保那一刻起就得拥有保险利益;而国际货物运输保险,则只需被保险人在保险事故发生的时间节点,对保险标的具备保险利益即可。这一特殊要求与国际贸易的特点密切相关。

(二)最大诚信原则

1. 基本含义

最大诚信原则指的是,无论是投保人还是保险人,在签订保险合同之时以及合同生效的整个有效期内,都务必秉持最大限度的诚意。双方都要坚守信用,坚决不能相互欺诈或隐瞒任何关键信息。在这个过程中,保险人有责任向投保人详细阐释保险合同里各项条款的具体内容,同时有权针对保险标的的实际状况,或者被保险人的相关情况进行询问。而投保人则有义务如实作答,毫无保留地将实情告知保险人。保险合同完全建立在最大诚信的基础上,所以一旦有一方当事人违背最大诚信原则,另一方当事人就有权宣布这份保险合同不具备效力。

2. 我国关于最大诚信原则的要求

我国法律规定,保险活动的当事人在行使权利和履行义务时应当遵循诚实信用原则。对被保险人而言,最大诚信原则主要有以下两个方面的要求:

(1)如实申报。如实申报是指当投保人进行投保操作时,需将自身所知晓的,以及在正常业务流程中理应知悉的、与保险标的相关的重要事实,毫无隐瞒地告知保险人。这么做的目的,是让保险人得以依据这些信息,对是否同意承接这份保险业务,或者确定具体的承保条件作出判断。根据《中华人民共和国海商法》的规定,如果被保险人故意未将重要情况如实告知保险人,保险人有权解除合同,并且不退还保险费。合同解除前发生保险事故造成损失的,保险人不负赔偿责任。如果不是由于被保险人的故意未如实告知重要情况,保险人仍有权解除合同或要求相应增加保险费。由保险人解除合同的,对于合同解除前发生保险事故所造成的损失,保险人应承担赔偿责任;但如果未告知或错误告知的重要情况对保险事故的发生有影响，保险人不承担赔偿责任。

(2)保证。被保险人在保险合同里作出的承诺，保证会实施或不实施某些行为，保证某种情形的存在或不存在，又或者保证履行某一项条件。经由保险双方达成一致并写进保险单里的条款就是保证条款，也叫作明示保证。而默示保证，是指在保险单中虽然没有明确的规定，但依据法律规定或者行业惯例，被保险人有义务保证对某些事情采取行动或者不采取行动。对于保证条件，被保险人一定要严格遵照执行，如果出现违反的情况，从保证条件被违反的那一天起，保险人就可以不再履行自己应承担的责任。

(三)补偿原则

1. 基本概念

补偿原则(Principle of Indemnity)，也叫作损害赔偿原则，其含义是：一旦保险标的由于处于保险责任范畴内的原因而遭受损失，保险人就需依照保险合同的既定条款履行赔偿职责。除了人身保险合同，各类保险合同都具备补偿性质，而所有这类补偿性合同，均是以补偿原则为基础构建起来的。

2. 应用标准

当保险标的出现属于保险责任范围内的损失时，保险人在处理被保险人的理赔事务中，对补偿原则的把握标准主要包括以下几个方面：

(1)所赔付的金额，既不可以超出保险金额的上限，也不可以高于实际损失的数额。这里的实际损失，是按照损失发生那一刻的市场价格来精准确定的。

(2)被保险人一定要对保险标的拥有合法、有效的保险利益。与此同时，赔偿的金额是以被保险人在保险标的中所实际享有的保险利益金额为限度的，不会超出这个范围。

(3)被保险人不允许借助保险赔偿来获取额外的不当利益。保险赔偿的核心目的在于，让被保险人在遭受损失之后，能够通过获得相应的补偿，恢复到损失发生之前的经济状况和水平，而绝不是让被保险人通过补偿获得额外的收益。

(四)近因原则

1. 基本含义

近因(Proximate Cause)原则，是保险理赔工作中绝对要严格遵循的一项关键原则，同时也是在保险标的遭遇损失的情况下，用来判定这一损失能不能满足保险赔偿条件的重要参照标准。按照这一原则的规定，保险人只对那些承保风险与保险标的损失之间有直接因果关联的损失，承担相应的赔偿责任，而对于并非由保险责任范围内风险所导致的损失，保险人是不用承担赔偿责任的。

2. 国际货物运输保险中的近因原则

在国际货物运输保险业务实践中，近因原则的应用可以分为两种情况：

(1)如果导致损失的原因仅有一个，并且这个原因处于保险人的承保责任范围之内，那么该原因就可认定为损失的近因，保险人理当承担赔偿的责任；相反，如果这个原因不在承保责任范围内，保险人就无须承担赔偿责任。例如，货物在运输过程中因为被雨淋而遭受损失，如果被保险人在投保平安险或者水渍险的基础上，额外加保了淡水雨淋险，那么保险人就应该对此次损失进行赔偿；如果没有加保该险种，那么保险人就不会对此负责。

(2)如果造成保险标的损失的原因有两个或更多，那么就需要进行具体分析：

① 倘若损失是由多个原因共同引发的：若这些原因都属于保险人的承保责任范围，则确定损失的近因属于保险事故，保险人应当承担赔偿责任；若导致损失的多个原因都不在承保责任范围内，则保险人无须承担赔偿责任。

② 若损失是由多个原因造成的，其中既有在承保责任范围内的原因，也有不在承保责任范围内的原因，那么就需要根据实际情况来区别处理。如果前一个原因属于承保责任范围，而后一个原因不属于承保责任范围，不过后一个原因是前一个原因必然导致的结果，那么就应当把前一个原因视作近因，保险人需要对损失进行赔偿。例如，某包装食品投保水渍险，在运输途中遭受海水浸湿，外包装受潮后导致食品霉变而造成损失。霉变是海水浸湿外包装后水汽侵入所导致的结果，因此保险人应承担赔偿责任。反之，如果前一个原因不属于承保责任范围，而后一个原因属于承保责任范围，但后一个原因是前一个原因导致的必然后果，则近因不在承保责任范围内，保险人不承担赔偿责任。例如，在战争期间，某企业将投保“一切险”的出口商品运至码头仓库待运。此时，适逢敌机轰炸，引发仓库火灾，导致该批商品受损。当被保险人向保险公司提出赔偿要求时，保险公司予以拒绝。其理由是，导致货物损失的原因有两个——投弹和火灾，而投弹是造成货物损失的直接原因。由于造成损失的近因不属于保险公司承保责任范围，保险公司拒绝赔偿的决定是合理的。

三、国际货物海上运输风险与损失

(一)海上风险

1. 概念

海上风险(Perils of the Sea)，又称海难，通常是指船舶或货物在海上运输期间发生的，或者与海上运输相伴而生的风险，主要涵盖自然灾害和意外事故两大类。

2. 海上风险的类别

(1)自然灾害(Natural Calamity)。自然灾害是指由自然界不可抗拒的力量所引发的灾害，其发生不受人类意志的控制。恶劣气候、雷电、海啸、地震、洪水、火山爆发以及浪击落海等都属于此类。在国际货物运输保险业务中，这些灾害都有着特定的含义。

(2)意外事故(Fortuitous Accidents)。意外事故是指偶然的、难以预见的原因而导致的事故。例如船舶搁浅、触礁、沉没、焚毁、互撞，或遭遇流冰及其他固体物体(如与码头碰撞)，还有失火、爆炸等原因引发的事故。需要注意的是，海上风险并不局限于发生在海上的灾害和事故，那些与海上航行相关的，发生在陆地或海陆交界、海河交界或与驳船连接处的灾害和事故，同样属于海上风险的范畴。如地震、洪水、火灾、爆炸以及海轮与驳船或码头碰撞等，也属于海上风险的范畴。

(二)海上损失

1. 基本内涵

海上损失与费用，指的是被保险人由于其被保险的货物在运输途中碰上了海上风险，从而产生的损失以及相应的费用。一般来说，其主要呈现出两种情形：其一是货物自身出现损坏或者灭失所带来的损失；其二是为了抢救货物而支出的费用。按照各个国家保险行业的通行惯例，海上损失与费用的范畴还包括在与海运相关联的陆上或者内河运输过程中所发生的损失和费用。

2. 海上损失的类别

运输途中被保险货物本身遭到损坏或灭失的损失，根据损失程度可分为全部损失和部分损失。

(1)全部损失(Total Loss)。全部损失通常简称全损，是指整批货物或者不可分割的一批被保险货物在运输过程中遭遇了整体性的损失。全部损失主要可划分为实际全损与推定全损两种类型。

实际全损意味着一批被保险货物在运输途中彻底损毁，又或者严重受损，致使货物完全丧失原本的形态，无法再发挥其应有的效用，甚至货物不再归被保险人所有。需要注意的是，若载货船舶失踪，并且在一段特定时间过后，依然没有得到任何相关消息，这种情况也被视作实际全损。一旦被保险货物出现实际全损，被保险人能够依据自身的投保金额，向保险公司申请针对全部损失的赔偿。

推定全损是指被保险货物在运输途中遭受损害之后，实际全损已然难以避免，又或者为防止实际全损的发生而需要支付的费用，加上继续将货物运输至目的地所需的费用，两者总和超过货物本身的保险价值。简单来说，就是修复受损货物并将其运送到原定目的地的花费，要高于货物完好无损抵达目的地时的价值。当被保险货物出现推定全损的状况时，被保险人有两种选择，一种是要求保险人按照部分损失进行赔偿，另一种是要求保险人按照全部损失进行赔偿。如果被保险人选择按全部损失索赔，那么就需要向保险人发出委付通知(Notice of Abandonment)。这里所提到的委付，指的是被保险人愿意把保险标的物的所有权利和义务都转让给保险人，进而要求保险人按照全部损失进行赔偿的一种行为。委付这一行为，只有得到保险人的同意才会生效，同时保险人需要在合理的时间内，把是否接受委付的决定告知被保险人。一旦被保险人接受委付，便不能再撤回。

(2)部分损失(Partial Loss)。部分损失是指那些不属于实际全损，也不属于推定全损的损失，即损失程度尚未达到全部损失的情况。在保险业务范畴内，根据造成损失原因的不同，部分损失又可分为共同海损(General Average)和单独海损(Particular Average)两类。

共同海损是指在同一海上运输航程中，船舶、货物和其他财产遭遇共同危险，为了共同安全，有意且合理地采取措施所直接造成的特殊牺牲及支付的特殊费用。一般而言，当船舶发生意外、牺牲或者遭遇其他特殊情况而损坏时，为了确保本次航程安全完成，船舶可能驶入避难港口、避难地点，或者返回装货港口、装货地点，并进行必要的修理。在港口或其他地点停留期间所额外支付的港口费、船员工资、给养补给，以及船舶消耗的燃料、物料，为修理而卸载、储存、重装或搬移船上货物、物料及其他财产所造成的损失和支付的费用，均可列入共同海损。

构成共同海损必须具备以下条件：

① 引发共同海损的危险必须是切实存在，或者必定发生、无法规避的。

② 船方所实施的举措，必须是为了消除船舶与货物面临的共同危险，是经过审慎考量且合理、恰当的。

③ 所作出的牺牲具有特殊性质，所支出的费用属于额外开销，这些牺牲和费用是为了解除危险，并非由当下所面临的危险直接引发。

④ 牺牲和费用的付出最终一定要有成效，也就是说，在采取特定措施之后，船舶和货物的全部或者部分最终能够安全抵达航程的终点港或目的港，成功避免船舶与货物一同损毁的结果。

按照惯例，共同海损所产生的牺牲和费用，应由受益的各方，即船主、货主及承运人三方，依据最后获救价值的高低比例来进行分担。这一过程被称作共同海损分摊(General Average Contribution)。

共同海损分摊价值主要包括：

① 船舶分摊价值，按照船舶在航程终止时的完好价值，减去不属于共同海损的损失金额计算；或者按照船舶在航程终止时的实际价值，加上共同海损牺牲的金额计算。

② 货物分摊价值，按照货物在装船时的价值，加上保险费和运费，减去不属于共同海损的损失金额以及承运人承担风险的运费计算。如果货物在抵达目的港之前已售出，则按照出售所得的金额，加上共同海损牺牲的金额计算。

③ 运费分摊价值，按照承运人承担风险并在航程终止时有权收取的运费，减去为取得该项运费而在共同海损事故发生后，为完成本航程所支付的营运费用，加上共同海损牺牲的金额计算。

以上每一项分摊价值都要加上共同海损牺牲的金额，这是因为共同海损牺牲中的一部分将要从其他各受益方得到补偿，因此也有部分价值因共同海损行为而得到保全，从而应计算在共同海损分摊价值之内。

共同海损应当由受益方按照各自的分摊价值比例分摊。计算各受益方的分摊金额需要分两个步骤：第一步，计算共同海损损失率。这需要用共同海损损失的总金额去除以共同海损分摊价值的总额，从而得出共同海损损失率。第二步，拿各受益方的分摊价值金额，分别去乘以共同海损损失率，这样就能得到各受益方应当分摊的共同海损金额。

单独海损属于部分损失，它和共同海损不同。当被保险货物在海上运输时遇到风险并遭受损失时，若损失程度没达到全损，并且这种损失仅涉及某一方利益，需要由受损方独自承担，这就是单独海损。

二、外来风险及其损失

(一)外来风险

外来风险指的是由海上风险之外的其他外部因素引发的风险。它进一步划分为一般外来风险和特殊外来风险。例如，由于雨淋、短量、盗窃、玷污、渗漏、破损、受潮、受热、串味、锈损以及钩损等一般外来原因导致的风险，都属于一般外来风险；由于战争、罢工、拒绝交付货物等情况所造成的风险，则归为特殊外来风险。

(二)外来风险的损失

外来风险所造成的损失，是指由海上风险以外的其他外来风险致使的损失。依据具体成因，其可分为一般外来风险损失和特殊外来风险损失。一般外来风险损失是指货物在运输过程中，如偷窃行为、出现短量现象、被吊钩损伤、发生碰撞破损、遭受雨淋、受到玷污等原因导致的损失；特殊外来风险损失则是由军事冲突、政治局势变化、国家政策法令变动以及行政措施调整等特殊外部因素引发的损失，如战争、罢工、货物无法交付或被拒收等情况。

三、海上货物运输费用

海上货物运输保险中的额外费用是指为营救被保险货物所支出的费用，主要包括施救费用和救助费用。

(一)施救费用

施救费用是指当保险标的遭遇处于保险责任范畴内的灾害事故时，被保险人本人，或者其委托的代理人、雇用的工作人员，还有保险单的受让人，为了抢救保险标的、尽力减少或防止货物损失，而采取相关措施所支出的合理花费。保险人对于这类施救费用，负有赔偿责任。

(二)救助费用

救助费用是指当保险标的碰上处于保险责任范围内的灾害事故时，由既非保险人也不是被保险人的第三方实施救助，并且救助成功后，支付给第三方的酬金。保险人对此类费用同样承担赔偿责任。

【案例 5-1】

某轮船在装载完货物之后，于航行的过程中，不小心遭遇了搁浅状况。事发后，船方多次尝试通过反复倒车来强行让轮船起浮，然而这一操作致使轮机受损，船底也被划破，进而导致海水渗进货舱，造成了部分货物出现损失。紧接着，该轮船驶向附近的一个港口船坞进行维修，并且临时将大部分货物卸载下来。维修过程持续了 10 天，在这期间产生了诸如船员工资等额外费用支出。轮船完成修复后，重新装载原来的货物再度起航，没过多久，A 舱突发起火状况，船长随即下令向 A 舱灌水以灭火。A 舱原本装载着文具用品以及茶叶等货物。火被扑灭之后发现，有部分文具用品已被烧毁，另一部分文具用品以及所有的茶叶，因被水浇灌而受损。请逐一阐述上述各项损失分别属于何种性质。

【分析】

属于单独海损的有：轮船搁浅带来的损失，以及 A 舱中被大火焚毁的那部分文具用品。它们是风险直接引发的后果，所以被划分到单独海损类别。属于共同海损的有：船方为强行使轮船起浮，致使轮机受损、船底划破，由此产生的修理费用，还有船员工资这类额外费用支出。另外，A 舱里被水浸湿的其余文具用品，以及全部的茶叶，同样属于共同海损。这些损失源于为保障船货整体利益，人为采取对抗风险的举措，所以应归为共同海损。

任务四 《中国海洋运输货物保险条款》

我国进出口货物运输最常用的是中国人民保险公司制定的《中国海洋运输货物保险条款》(China Insurance Clause,CIC)。它根据运输方式分为海洋、陆上、航空和邮包运输保险条款;对于某些特殊商品,还专门制定了海运冷藏货物、陆运冷藏货物、海运散装桐油及活牲畜、家禽的海陆空运输保险条款。同时,这些条款还包括适用于上述各种运输方式货物保险的附加险条款。我国的货物运输保险根据能否单独投保,分为基本险和附加险两类。基本险可以单独投保,而附加险则必须在投保某一种基本险的基础上才能加保,不能单独投保。

一、我国海洋运输货物保险的基本险别与条款

按照CIC的规定,海洋运输货物保险的基本险别分为平安险、水渍险和一切险三种。此外,还包括专门适用于特定货物的险种,如海运冷藏货物保险、海运散装桐油保险以及活牲畜、家禽运输保险。这三种险别也属于基本险的范畴。

(一)平安险(Free from Particular Average,FPA)

平安险的承保责任范围如下:

(1)被保险货物在运输途中,因恶劣气候、雷电、海啸、地震、洪水等自然灾害的影响,整批货物出现全部损失或者达到推定全损的状况。当被保险人提出赔付推定全损的要求时,必须把受损货物以及与之相关的权利移交给保险公司。另外,当被保险货物借助驳船运往海轮或者从海轮运离时,每一艘驳船所装载的货物都能够当作一个完整的批次来对待。

(2)运输工具遭遇搁浅、触礁、沉没、碰撞(包括运输工具之间的互撞,或者与流冰以及其他物体发生碰撞)、失火、爆炸等意外事故,进而造成货物出现全部损失或者部分损失的情况。

(3)在运输工具已经发生搁浅、触礁、沉没、焚毁等意外事故的前提下,货物在此之前或之后因海上恶劣气候、雷电、海啸等自然灾害而导致部分损失。

(4)在货物装卸或者转运的过程中,一件、几件或者一整件货物落入海中,从而引发的全部损失或者部分损失的情况。

(5)被保险人针对遭受承保责任范围内危险的货物,采取了抢救、防止或减少货物损失的措施,由此所支付的合理费用。不过,这笔费用的上限不能超过该批被救货物的保险金额。

(6)当运输工具遭遇海难后,在避难港因卸货所造成的损失,以及在中途港或避难港,由于卸货、存储货物及运输货物而产生的特殊费用。

(7)涉及共同海损的牺牲、分摊费用及救助费用。

(8)如果运输契约中订立有“船舶互撞责任”条款,依据该条款的规定,应由货方偿还船方的损失。

(二)水渍险(With Average or With Particular Average,WA or WPA)

水渍险的承保责任范围除包括上述平安险的各项责任外,还覆盖恶劣气候、雷电、海啸、地震、洪水等自然灾害对被保险货物造成的部分损失。

(三)一切险(All Risks, AR)

一切险的责任范围,除了涵盖上述平安险和水渍险的所有责任,还承担一般外来风险致使被保险货物在运输途中遭受全部损失或部分损失的赔偿责任。投保人可以依据货物的特性、运输路线等实际情况,在平安险、水渍险和一切险中任选一种进行投保。

对于海洋运输货物保险的这三种基本险别,保险公司明确了以下除外责任(Exclusions):

(1)被保险人的故意行为或重大过失所导致的损失。

(2)发货人责任引发的损失。

(3)在保险责任开始之前,被保险货物本身就存在的品质缺陷或者数量短缺所造成的损失。

(4)因被保险货物的自然损耗、本质缺陷、自身特性,以及市场价格下降或运输延迟而产生的损失或费用。

(5)属于海洋运输货物战争险条款和货物运输罢工险条款所规定的责任范围及除外责任的情形。

和国际保险市场的通行惯例相同,CIC所规定的保险责任起讫期限,采用的是"仓至仓"条款(Warehouse to Warehouse Clause,W/W)。也就是说,保险公司的保险责任从被保险货物在保险单所注明的起运地仓库或储存地点开始运输时生效,包括正常运输过程中的海上、陆上、内河以及驳船运输阶段,一直持续到货物运抵保险单所标明的目的地收货人的最后仓库或储存地点,或者被保险人用于分配、分派货物,以及进行非正常运输的其他储存地点为止。如果货物没有到达上述仓库或储存地点,保险责任以被保险货物在最后卸载港全部卸离海轮后的60天为限。如果在这60天内,被保险货物需要转运到非保险单所注明的目的地,保险责任在货物开始转运时终止。

以上这三种基本险别的索赔时效,是从被保险货物在最后卸载港全部卸离海轮之后开始计算的,最长期限不超过两年。

(四)海洋运输货物专门保险

1. 海洋运输冷藏货物保险

根据《海洋运输冷藏货物保险条款》的规定,海洋运输冷藏货物保险分为冷藏险和冷藏一切险两种。

冷藏险的责任范畴,除了包含水渍险所承担的责任,还包括因冷藏设备连续停止运行超过24小时,致使被保险货物出现腐败或者损失的情况。

冷藏一切险的责任范围,在涵盖冷藏险各项责任的基础上,还负责对被保险货物在运输途中因一般外来因素导致的腐败或损失予以赔偿。

海洋运输冷藏货物保险的除外责任,除了包括上述海洋运输货物保险的除外责任,对于以下这些损失也不承担赔偿责任：被保险货物在运输的任何一个阶段，由于没有存放在带有冷藏设备的仓库或者运输工具内，或者因为辅助运输工具缺少隔湿设备，货物腐烂产生的损失；在保险责任开始的时候，被保险货物没有保持良好的状态（包含在整理、加工、包装以及冷冻方面存在不当之处）而引发的损失。

海洋运输冷藏货物保险的责任起讫，与海洋运输货物的三种基本险的责任起讫大致相同。但当货物抵达保险单所记载的最终目的港后，如果在30天内卸离海轮并存放于岸上的冷藏仓库，那么保险责任仍然继续有效，但从货物全部卸离海轮开始计算，期限最多为10天。在上述规定的期限内，一旦货物从冷藏仓库中被移出，保险责任随即终止。如果货物离开海轮后没有存入冷藏仓库，那么保险责任在货物卸离海轮的那一刻就会终止。

2. 海洋运输散装桐油保险

根据《海洋运输散装桐油保险条款》的规定，海洋运输散装桐油保险承保任何原因导致的被保险散装桐油玷污或变质的损失。

海洋运输散装桐油保险的责任起讫也根据"仓至仓"条款负责。然而，若被保险的散装桐油运抵目的港后未能及时卸载，则自海轮抵达目的港之日起满15天，保险责任即行终止。

3. 活牲畜、家禽运输保险

根据我国《活牲畜、家禽的海上、陆上、航空运输保险条款》的规定，活牲畜、家禽运输保险是指保险公司对活牲畜、家禽在运输途中因死亡而负责赔偿。不过，保险公司对于以下情形所导致的死亡是不承担赔偿责任的：在保险责任正式开始之前，被保险的活牲畜、家禽由于自身健康状况欠佳、处于怀孕状态、进行了防疫注射或者接种等原因造成的死亡；患上传染病、生病、被管理部门下令屠杀，又或者是缺少饲料供应而致的死亡；由于受到进口禁令或出口禁令限制，抑或是检验未达到标准要求所引起的死亡。

二、附加险

附加险是对基本险的补充与扩展。投保人只能在投保一种基本险的基础上，加保一种或数种附加险。目前，CIC中的附加险分为一般附加险和特殊附加险两类。

（一）一般附加险

一般附加险（General Additional Risks）承保一般外来风险导致的全部损失或部分损失。该险种包括以下11种。

1. 碰损、破碎险

承保被保险货物在运输过程中因震动、碰撞或受压所造成的破损和碰损损失。

2. 串味险

承保被保险的食品、中药材、化妆品原料等货物在运输过程中因其他物品影响而产生的串味损失。

3. 淡水雨淋险

承保被保险货物因直接遭受雨淋或淡水侵袭所造成的损失。

4. 偷窃、提货不着险

承保被保险货物因偷窃行为导致的损失以及整件货物无法提取的损失。

5. 短量险

承保被保险货物在运输过程中因外包装破损或散装货物发生数量减少及实际重量短缺所出现的损失，但不包括正常的损耗。

6. 渗漏险

承保被保险货物在运输过程中因容器损坏引发的渗漏损失，或储存液体货物时因液体渗漏导致货物腐败等损失。

7. 混杂、玷污险

承保被保险货物在运输过程中因混入杂质或遭受玷污所导致的损失。

8. 钩损险

承保被保险货物在装卸过程中因遭受钩损而导致的损失，并对包装的修补或更换所支付的费用负责赔偿。

9. 受潮受热险

承保被保险货物在运输过程中因气温突变或船上通风设备失灵，致使船舱内水汽凝结、发潮或发热所造成的损失。

10. 锈损险

对被保险的金属或金属制品等货物在运输过程中发生的锈损负责赔偿。

11. 包装破裂险

承保被保险货物在运输途中因搬运或装卸不慎，致使包装破裂所造成的短少、玷污等损失。此外，为继续安全运输而产生的修补或更换包装所支付的费用也由保险公司负责赔偿。

当投保险别为平安险或水渍险时，可以附加上述 11 种一般附加险中的一种或多种险别。但如果已投保一切险，就不需要再附加一般附加险，因为保险公司对承保一般附加险的责任已包含在一切险的责任范围内。

(二)特殊附加险

特殊附加险承保特殊外来风险所造成的全部损失或部分损失，共有以下 7 种。

1. 战争险(War Risks)

根据中国人民保险公司的《海洋运输货物战争险条款》，海运战争险负责赔偿直接由战争、类似战争行为、敌对行为、武装冲突或海盗行为所致的损失，以及由此引起的捕获、拘留、扣留、禁止、扣押所造成的损失；还负责赔偿各种常规武器(包括水雷、鱼雷、炸弹)所致的损失，以及由于上述责任范围而引起的共同海损的牺牲、分摊和救助费用。但对使用原子或热核武器所造成的损失和费用不负赔偿责任。战争险的保险责任起讫以水上危险(Waterborne)为限，即自货物在启运港被装上海轮或驳船时开始，直到目的港卸离海轮或驳船时为止；若不卸离海轮或驳船，则从海轮到达目的港的当天午夜起算满 15 天，保险责任自行终止；若在中途港转船，则不论货物是否在当地卸货，保险责任以海轮到达该港或卸货地点的当天午夜起算满 15 天为止，再装上续运海轮时恢复有效。

2. 罢工险(Strike Risks)

对被保险货物因罢工、工人被迫停工或参与工潮、暴动等人员的行为,或因任何人的恶意行为所造成的直接损失,以及上述行为或事件引发的共同海损的牺牲、分摊和救助费用,罢工险承担赔偿责任。然而,对于因罢工期间劳动力短缺或无法使用劳动力而导致的被保险货物的损失,包括因罢工引发动力或燃料短缺导致冷藏设备停止运行所致的冷藏货物损失,以及因缺乏劳动力搬运货物导致货物堆积在码头遭受雨淋或其他损害的情况,罢工险不承担赔偿责任。罢工险的保险责任起讫与其他海运货物保险险种一致,按照"仓至仓"条款负责。根据国际保险业惯例,若已投保战争险后另加保罢工险,不另增收保险费;若仅要求加保罢工险,则保险费率按照战争险的收费标准计算。

3. 交货不到险(Failure to Deliver Risks)

对于由任何原因导致的自被保险货物装上船舶时起,无法在预定抵达目的地的日期起6个月内交货的情况,保险公司负责按全损赔偿。

4. 舱面险(on Deck Risks)

当被保险货物存放于舱面时,保险公司除按保险单所载条款负责赔偿外,还负责赔偿货物被抛弃或被风浪冲击落水的损失。

5. 进口关税险(Import Duty Risks)

当被保险货物遭受保险责任范围内的损失,而被保险人仍需按完好货物的价值完税时,保险公司对损失部分货物的进口关税负责赔偿。

6. 拒收险(Rejection Risks)

保险公司负责赔偿被保险货物在进口港被进口国政府或有关当局拒绝进口或没收的损失,赔偿金额按货物的保险价值计算。

7. 货物出口到中国香港(包括九龙)或中国澳门存仓火险责任扩展条款

当被保险货物运抵目的地中国香港(包括九龙)或中国澳门并卸离运输工具后,如果直接存放于保单载明的过户银行所指定的仓库,本保险对存仓火险的责任延续至银行收回押款并解除货物的权益为止,或运输险责任终止后满30天为止。

不论被保险人已投保何种基本险种,均可另行加保相关特殊附加险种。

三、海洋运输货物保险条款实例

保险条款是国际货物买卖合同的重要组成部分之一,其内容因选用的贸易术语不同而有所变化。针对常用的几种贸易术语,应考虑两种情况。

(1)若以FOB、CFR或FCA、CPT术语条件成交,则保险条款可订为"保险由买方负责";若买方委托卖方代办保险,则应明确规定保险金额、投保险种、适用何种保险惯例或规则,以及保险费由买方承担、保险费的支付时间和方法等。

(2)若以CIF或CIP术语条件成交,则条款内容须明确规定由谁办理保险、投保险别、保险金额的确定方法以及适用何种保险惯例或规则,并注明该条款的生效日期。保险条款的表述如下。

Insurance:

To be covered by the Seller for 110% of CIF/CIP total invoice value against all risks and war risks, as per and subject to the relevant ocean marine cargo clauses of the China Insurance Clause dated...

保险由卖方按 CIF/CIP 发票金额的 110%投保一切险和战争险，以×年×月×日的 CIC 的有关海洋运输货物保险条款为准。

Insurance:

To be covered by the Seller for 120% of total invoice value against WPA, including shortage in weight in excess of 1%, as per and subject to the relevant ocean marine cargo clauses of the China Insurance Clause dated...

保险由卖方按发票金额的 120%投保水渍险，加保短量险，重量短少有绝对免赔率 1%，按×年×月×日的 CIC 有关海洋运输货物保险条款负责。

【案例 5-2】

某年 5 月 18 日，浙江大丰实业股份有限公司(原告)为其订购的一批胡桃木材向恒泰保险股份有限公司宁波分公司(被告)投保海上货物运输险。被告接受原告的投保，并于当日向原告签发了保险公司的标准货物运输保险单。根据保险单的约定，保险金额为 60 万美元，承保条件为中国人民保险公司 1981 年 1 月 1 日的一切险条款。该批胡桃木材由"先锋"号货轮承运至中国宁波港，途中因遭遇恶劣天气，部分货物落海。经中华人民共和国出入境检验检疫机构检验，实际交付的胡桃木材数量短少 2986 根。经计算，原告遭受损失 8 万美元。原告依据保险单要求被告支付保险赔偿金，但遭到拒绝，因此诉请法院判令被告向原告支付保险赔偿金 8 万美元及利息，并承担案件受理费。

原告认为：货物损失是由于海上风险造成的，属于其向中国人民保险公司投保的海洋运输货物"一切险"的承保范围，因此被告应当承担赔偿责任。被告则认为：原告运输的货物投保了海洋运输货物一切险，但未投保短量险和舱面货物险。原告受损的货物为舱面货，其损失是货物被风刮入大海所致，该损失不在保险责任范围之内。原审宁波海事法院认为，中国人民保险公司海洋运输货物保险一切险条款的责任范围，除包括平安险和水渍险的各项责任外，还负责被保险货物在运输途中外来原因导致的全部损失或部分损失。一切险中的"外来原因"属于非列明风险。虽然舱面货的承保需要加保特别附加险——舱面货物险，但一切险的承保范围本身就包含舱面货物遭遇海上风险的情况。因此，被告恒泰保险股份有限公司宁波分公司应当在一切险的保险责任范围内对所有货物承担保险责任。被告提出原告未购买舱面货物险，保险公司不对舱面货承担保险责任的主张，缺乏法律依据，原审法院不予支持。综上所述，原告的舱面货因大风而落海造成的损失属于被告的保险责任范围，被告恒泰保险股份有限公司宁波分公司应当依约承担赔付保险金的责任。

被告恒泰保险股份有限公司宁波分公司不服判决，提起上诉。浙江省高级人民法院就此案请示最高人民法院，最高人民法院在复函中认为，根据本案"海洋运输货物保险条款"的规定，一切险除平安险和水渍险的各项责任外，还包括被保险货物在运输途中外来原因导致的全部损失或部分损失。保险条款还明确列明了保险人不负赔偿责任的五项除外责任条款。因此,“一切险”的承保风险应当包括非列明风险。如果保险标的的损失是运输途中的外部因素所致,且无证据证明该损失属于保险条款规定的除外责任,则应当认定保险事故属于一切险的责任范围。浙江省高级人民法院据此维持原判,驳回上诉。

【分析】

该案例涉及对中国人民保险公司海洋运输货物一切险条款中“外来原因”的承保范围的理解。一切险的承保范围涵盖所有外来风险造成的货物损害,“外来原因”未明确范围,这表明“一切险”是开放式的承保范围,其理由具体如下:

(1)从文字表述来看,“一切险”表明承保的是“全部的、所有的风险”。根据文义解释,外来原因应当包括所有非除外责任范围内的风险。

(2)从保险人和被保险人之间实质公平的角度来看,作为财产险的一种,海上货物运输保险相比其他财产险(如陆运险、火险等一般财产险),最初就倾向于保护保险人的利益。早期海上货物运输中,由于交通工具不发达和科技落后,无论是被保险人还是保险人都难以控制风险的发生,保险人因此承担了较大的风险。作为弱势主体,保险人只能通过各种责任减免条款来限制自身风险。出于公平考虑,在当时的背景下,这种做法双方均能接受。然而,随着运输工具的飞速发展以及人类对海洋风险预测和防控水平的不断提升,人们已能够较好地防范海上风险。基于保险的公平原则,更多地保护处于弱势地位的被保险人已成为全球海上货物运输保险的趋势。这一趋势具体落实到“一切险是列明风险还是非列明风险”这一命题上时,出于保护被保险人的考虑,一切险应当被认定为开放式风险。

(3)从法律解释的角度来看,由于《中华人民共和国海商法》对此没有明确规定,根据《中华人民共和国保险法》第三十条的规定,对于保险合同的条款,“保险人与投保人、被保险人或者受益人对合同条款有争议的”,“人民法院或者仲裁机构应当作出有利于被保险人和受益人的解释”。因此,当保险人和被保险人由于外来原因发生争议时,应当优先支持有利于被保险人的解释。

综上所述,对于外来原因的解释应当着重保护被保险人。海洋货物运输保险的一切险应当被认定为开放式风险,其保障范围应包括除外责任以外的所有风险。

任务五 《协会货物条款》

长期以来,英国伦敦保险业协会制定的《协会货物条款》在全球保险业务中占据重要地位,对各国保险业影响深远。目前,国际上仍有许多国家和地区的保险公司在国际货物运输保险业务中直接采用该条款,或在制定本国保险条款时参考或部分借鉴该条款。在我国按CIF或CIP条件成交的出口交易中,国外商人有时会要求按伦敦保险业协会制定的《协会货物条款》投保。对此,我国出口企业和保险公司一般均可接受。

一、《协会货物条款》的保险种类

（一）《协会货物条款》的由来与发展

《协会货物条款》最早制定于1912年，后因无法满足国际贸易日益发展的保险需求，伦敦保险业协会对其进行了修订。修订工作于1982年1月1日完成，并于1983年4月1日正式实施。为适应各国法律法规以及全球经济和政治形势的变化，联合货物保险委员会自2006年起在全球范围内开展调查研究与咨询工作，并在广泛收集多方意见后，于2008年11月24日发布了新版《协会货物条款》。新版条款于2009年1月1日正式生效，在多个方面有所改进，例如扩展了保险责任的起讫期限，对保险公司适用免责条款设定了一些条件限制，对条款中容易引发争议的用词做出了更为明确的定义。此外，条款中的文字表述也更加简洁严谨。

（二）《协会货物条款》的保险种类

2009年版《协会货物条款》主要包含以下6种险别：

(1)协会货物(A)险条款[Institute Cargo Clauses A，ICC(A)]；

(2)协会货物(B)险条款[Institute Cargo Clauses B，ICC(B)]；

(3)协会货物(C)险条款[Institute Cargo Clauses C，ICC(C)]；

(4)协会战争险条款(货物)(Institute War Clauses—Cargo)；

(5)协会罢工险条款(货物)(Institute Strikes Clauses—Cargo)；

(6)恶意损害险条款(Malicious Damage Clauses)。

在上述6种险别条款中，除恶意损害险外，其余5种险别均按条文的性质统一划分为8个部分：承保范围(Risks Covered)、除外责任(Exclusions)、保险期限(Duration)、索赔(Claims)、保险利益(Benefit of Insurance)、减少损失(Minimizing Losses)、防止延迟(Avoidance of Delay)和法律惯例(Law and Practice)。各个险别条款的结构统一，体系完整。除ICC(A)、ICC(B)、ICC(C)三种险别可以单独投保外，战争险和罢工险在需要时也可作为独立的险别进行投保。

二、《协会货物条款》主要险别的承保风险与除外责任

这里重点介绍协会ICC(A)、ICC(B)、ICC(C)三种险别。ICC(A)、ICC(B)、ICC(C)三种险别的承保风险主要规定在各险别第一部分所列的风险条款(Risks Clause)、共同海损条款(General Average Clause)和船舶互有过失碰撞责任条款(Both to Blame Collision Clause)中。三种险别的区别主要反映在风险条款中。

（一）ICC(A)

ICC(A)的承保责任范围较广，不便把全部承保的风险一一列出，因此对承保风险的规定采用“一切风险减除外责任”的方式，即除了在除外责任项下所列风险所致损失不予负责外，其他风险所致损失均予负责。2009年版《协会货物条款》ICC(A)的除外责任与1982年版的不同，除外责任条款不再列有副标题，而直接用除外条款表示，分为四类。

1. 一般除外责任

这主要指被保险人故意的不法行为所造成的损失或费用；保险标的自然渗漏、重量或容量的内在缺陷或特性、自然损耗造成的损失或费用；保险标的包装不牢固、包装不当或配载不当，导致无法抵抗运输途中通常事故而产生的损失或费用，但仅适用于包装或配载由被保险人或其雇员在保险单责任开始前完成（包装包括集装箱）；由延迟引起的损失或费用；船舶所有人、经理人、承租人或经营人破产或经济困难造成的损失或费用，但仅适用于在保险标的装上船舶时，被保险人已知或在正常业务经营中应当知道此种破产或经济困难会导致航程取消；使用任何原子或核子裂变、聚变或其他类似反应或放射性物质的武器或设备直接或者间接引起的损失或费用。

2. 不适航、不适货的除外责任

这主要指被保险人在保险标的装船时已知船舶或驳船不适航，以及船舶或驳船不适合安全运输保险标的所引起的损失或费用；包括集装箱或其他运输工具不适合安全运输保险标的的情况，仅适用于保险合同生效前已开始装货，或者被保险人或其雇员在货物装船时已知悉这一情况。

3. 关于战争的除外责任

这主要指战争、敌对行为等所引起的损失和费用；捕获、拘留、扣押等（不包括海盗行为）所造成的损失；漂流水雷、鱼雷等武器引发的损失和费用。

4. 关于罢工和恐怖主义的除外责任

这主要指罢工者、被迫停工工人或参与工潮、暴动或民变的人员造成的损失或费用；罢工、被迫停工、工潮、暴动或民变引发的损失或费用；恐怖主义行为或与恐怖主义行为相关联的任何组织通过暴力直接实施的行为，旨在推翻或影响法律上承认或未被法律承认的政府，所导致的损失或费用；任何人基于政治、信仰或宗教目的实施的行为引发的损失或费用。

（二）ICC(B)

ICC(B)采用“列明风险”的方式规定承保风险，即将所承保的风险逐一列举。凡属于承保责任范围内的损失，无论是全部损失还是部分损失，保险人均按损失程度负责赔偿。

ICC(B)承保的风险灭失或损害应合理归于以下几种原因：

(1)火灾、爆炸；

(2)船舶或驳船触礁、搁浅、沉没或倾覆；

(3)陆上运输工具倾覆或出轨；

(4)船舶、驳船或运输工具与水以外的任何外界物体碰撞；

(5)在避难港卸货；

(6)地震、火山爆发、雷电；

(7)共同海损牺牲；

(8)抛货；

(9)浪击落海；

(10)海水、湖水或河水进入船舶、驳船、运输工具、集装箱、大型海运箱或储存处所；

(11)货物在装卸时落海或跌落造成整件的全损。

ICC(B)的除外责任方面,除对海盗行为和恶意损害险不承担责任外,其余与ICC(A)的除外责任相同。

(三)ICC(C)

ICC(C)的风险责任规定与ICC(B)相同,采用"列明风险"的方式,但仅对"重大意外事故"(Major Casualties)导致的损失负责,对非重大意外事故和自然灾害导致的损失均不负责。

ICC(C)承保的风险灭失或损害应合理归因于:

(1)火灾、爆炸;

(2)船舶或驳船触礁、搁浅、沉没或倾覆;

(3)陆上运输工具倾覆或出轨;

(4)船舶、驳船或运输工具与水以外的任何外界物体碰撞;

(5)在避难港卸货;

(6)共同海损牺牲;

(7)抛货。

ICC(C)的除外责任与ICC(B)完全相同。

恶意损害险是1982年版新增加的附加险种,承保被保险人以外的其他人(如船长、船员等)的故意破坏行为所致被保险货物的灭失或损坏。但恶意损害如果是出于政治动机的人的行为,则不属于恶意损害险的承保范围,而应属于罢工险的承保范围。由于恶意损害险的承保责任范围已被列入ICC(A)的承保风险,所以只有在投保ICC(B)和ICC(C)的情况下,才可以在需要时加保。

三、《协会货物条款》的保险责任期限

2009年版《协会货物条款》扩展了保险人的保险责任期限,即保险责任自保险标的进入仓库或储存处所(本保险合同载明的地点)时生效,包括正常运输过程,直至运到下列地点时终止:

(1)保险合同载明的目的地最后仓库或储存处所,从运输车辆或其他运输工具完成卸货;

(2)保险合同载明的目的地任何其他仓库或储存处所,或在中途由被保险人或者其雇员用作储存或分配货物的任何其他仓库或储存处所;

(3)被保险人或其雇员在正常运输过程之外选择任何运输车辆或其他运输工具或集装箱储存货物;

(4)自保险标的在最后卸货港卸离海轮之日起满60天为止。

关键术语

班轮运输　租船运输　航空运输　集装箱　海上风险　外来风险　实际全损　推定全损　共同海损　单独海损　平安险　水渍险　一切险　附加险　"仓至仓"条款

项目实训

【实训情境】

某货轮从浙江宁波驶往伦敦,在航行途中船舶货舱起火,大火蔓延到机舱,船长为了船、货的共同安全,下令往舱内灌水,火很快被扑灭。但由于主机受损,货轮无法继续航行,于是船长雇用拖轮将船拖至附近港口修理,修好后再驶往伦敦。这次造成的损失包括:2000箱货被火烧毁;800箱货被水浇湿;主机和部分甲板被烧坏;拖轮费用;额外增加的燃料和船上人员的工资。上述损失各属何种损失?若投平安险,是否全部赔偿?

【实训任务】

如果你是该船公司的货运代理操作员,应该如何与宁波客户沟通处理本案?

章节习题

(1)简述班轮运输的含义和特点。

(2)租船运输的种类有哪些?

(3)集装箱货物的交接方式有哪些?

(4)国际货物运输保险的原则有哪些?

(5)简述《中国海洋运输货物保险条款》的基本内容。

项目六　国际贸易商品检验与报关

项目引例

在某年的7月，湖北检验检疫局检验检疫技术中心经最终核查证实，该局武汉机场办事处旅检科从一位入境的中国籍旅客所携带的苹果中，检测出检疫性病原真菌——葡萄茎枯病菌，这在国内是首次出现。回溯到6月8日，湖北检验检疫局武汉办事处旅检科在查验来自旧金山的旅客行李物品时，发现旅客携带了苹果、酸角、橘子等禁止入境的物品。工作人员通过口岸智能检测系统中的"黑名单"得知，该旅客曾在12月从新加坡携带水果经由武汉航空口岸入境，当时被检验检疫工作人员拦截。之后，这名旅客坦言，这批水果是在旧金山购买的，他怀着侥幸心理试图携带入境，觉得那时航班密集，旅客数量庞大，检验检疫人员没准发现不了。检验检疫人员针对该旅客的违规行为，对其进行了告诫与批评教育，对那些禁止入境的物品予以截留处置，并且把它们送到湖北检验检疫局检验检疫技术中心开展分离培养工作。经过鉴定，最终确定苹果中含有葡萄茎枯病菌。经有害生物鉴定专家复核认定，这种病菌是一种寄主范围极为广泛的植物病原真菌，主要对葡萄、桃、梨、水稻、番茄、马铃薯、柑橘、苹果、小麦以及大豆等重要经济作物造成危害，能使寄主植物的根、茎、叶和果实发病，比如葡萄枯萎、松树猝倒、小麦叶斑，还有苹果、番茄、马铃薯和柑橘的腐烂等情况。当时，湖北检验检疫局针对这批水果采取了如下处理措施。

其一，认真做好现场消毒工作，防止植物危险性病害、虫害、杂草以及其他危险性有害生物传入国内。

其二，将相关信息上报给主管部门，保障疫情信息传递顺畅。

其三，切实落实后续销毁工作，实施湿热灭菌处理，严格防范植物疫情扩散。

其四，强化现场查验工作，特别是对来自旧金山的航班，做到百分百查验。

思考：我国旅客入境时应注意哪些问题？

任务一　国际贸易商品检验

一、国际贸易商品检验的概念

在国际贸易活动中，国际贸易商品检验是指商品检验检疫机构对买卖双方交易的商品开展检验操作。检验涵盖多方面内容，如商品的安全、卫生、环境保护要求，以及品质、数量、重量等项目。同时,对于涉及人的传染病、动物传染病、寄生虫病,以及植物的危险性病虫害、杂草和其他有害生物等,都要进行检疫工作。在国际贸易领域中,此项工作一般被称作商检工作。

商检工作至关重要,是保障国际贸易活动平稳推进的关键环节,也是一个国家用以维护国家安全、守护国民健康与安全、保护动植物生命和健康、保护环境所施行的技术法规及行政手段。各个国家均设立了管理进出口商品检验检疫工作的专门机构,还制定了众多与之相关的法律法规以及技术标准等。在世界贸易组织以及其他国际组织中,也存在诸多由各成员共同认可并通过的有关检验检疫的协议,如《技术性贸易壁垒协议》《装运前检验协议》《实施动植物卫生检疫措施协议》等。

(二)国际贸易商品检验检疫的产生与发展

我国商品检验检疫的产生与发展始于我国自主开展出口商品检验工作,其起点是对出口棉花的检验。1901 年,我国在上海附近设立了 38 处棉花水汽检查所;1902 年,上海棉花检查局正式成立。20 世纪 20 年代,在贸易往来日益频繁的进程中,上海、天津、汉口等口岸,陆续涌现外商设立的公证鉴定机构。与此同时,我国民间与政府也携手协办了诸多此类机构。这些机构的业务广泛覆盖棉花、生丝、火腿、植物油、蛋制品、矿产品等各类出口商品,林林总总加起来,涉及的商品种类有 200 多个。它们凭借专业的检测技术与丰富的经验,对各类商品的品质、规格、数量等进行严格核验,为国际贸易的顺利开展提供了有力保障。

随着进出口贸易规模的不断扩张,建立健全统一、规范的商检法规迫在眉睫。1984 年,国务院适时发布了《中华人民共和国进出口商品检验条例》。这一条例明确了商检工作的基本准则、流程规范以及各方责任与义务,使商检工作有了初步的法律依据,在实践中有效减少了贸易纠纷,维护了市场秩序。经过数年的实践探索与经验积累,结合国际贸易形势的新变化,1989 年,第七届全国人民代表大会常务委员会对商检法规进行了全面、深入的审议,通过并公布了《中华人民共和国进出口商品检验法》(以下简称《商检法》)。该法从立法高度进一步强化了进出口商品检验工作,对规范检验行为、保障商品质量、维护对外贸易各方的合法权益以及促进对外经济贸易关系的平稳发展,都有着极其重要的意义,为我国的国际贸易活动筑牢了坚实的法律根基。《商检法》的实施标志着商检工作进入法制管理的新阶段。

1998 年 3 月以前,我国的出入境检验检疫工作由国家进出口商品检验局、农业部动植物检疫局和卫生部卫生检疫局三个部门分工负责。1998 年 3 月,全国人大一次会议批准,由上述三个部门合并组成国家出入境检验检疫局,即通常所说的“三检合一”。2001 年 4 月,国务院决定将国家质量技术监督局与国家出入境检验检疫局合并,成立国家质量监督检验检疫总局,负责全国的出入境卫生检验、动植物检疫、商品检验、鉴定、认证和监督管理。2018 年 3 月,为进一步深化全国通关一体化,优化进出口货物检验检疫管理,促进贸易便利化,国务院机构改革方案明确撤销国家质量监督检验检疫总局,组建国家市场监督管理总局,并将出入境检验检疫管理职责和队伍划入海关总署。

二、检验时间和地点

货物检验的时间与地点,指的是在什么时间、什么地方行使对货物的检验权利。明确检验时间和地点，关系到究竟由哪一方拥有对货物的检验权，以及检验结果以哪一方出具的检验证书为准的问题。这与买卖双方的实际利益紧密相连，所以规定检验时间和地点，是交易双方在商定检验条款时的关键点。在国际贸易中，有关检验时间和地点的规定方式，主要包含以下三种。

(一)出口国检验

这种规定检验时间和地点的方法，具体可细分为产地检验，以及在装运前或装运时于装运港或装运地的检验这两种情况。

所谓产地检验，指的是在货物离开如工厂、农场、矿山等生产地点之前，由卖方本人、卖方委托的检验机构工作人员，或买方的验收人员、买方委托的检验机构人员，对货物实施检验或验收操作。在货物未离开产地时进行的检验或验收工作，其产生的责任由卖方承担。

装运前或装运时在装运港或装运地的检验，以离岸时的质量、重量(或者数量)作为判定标准。依据这一规定，当货物处于装运港或装运地，在装运前或者装运之时，由买卖双方事先约定好的检验机构，对货物的质量、重量或者数量进行检验，并且该检验机构会出具相应的检验证书，以此作为确定交货质量以及重量或数量的依据。当货物运送到目的港或目的地之后，即便买方对货物再次进行检验，并且发现了一些问题，此时买方也没有权利拒收货物，同时不能提出异议和进行索赔。

(二)进口国检验

这种情况指的是货物抵达目的港或目的地并完成卸货后，或在买方的营业场所、最终用户的所在地进行检验。

在目的港或目的地卸货后的检验，它是以到岸时的质量、重量(或者数量)作为评判的标准。按照这一规定，在货物顺利运抵目的港或目的地且卸完货后的特定时间范围内，由买卖双方预先约定好的目的港或目的地的检验机构来进行检验操作。该检验机构所出具的检验证书，就会成为判定交付货物质量、重量或者数量的重要依据。如果检验证书显示货物和合同里的规定不相符，并且责任在于卖方，那么卖方就必须承担相应的责任。

在买方营业场所或最终用户所在地进行检验，将检验的时间延长到货物运抵买方营业场所或最终用户所在地之后的一段时间内才进行检验。以双方约定的当地检验机构所出具的检验证书作为确定交货质量和数量的依据。这种检验方式主要适用于那些成套设备、机电仪表产品等需要安装、调试之后才能够开展检验的货物，以及在口岸开箱检验之后很难恢复到原包装状态的商品。

(三)出口国检验和进口国复验

这种规定检验时间和地点的做法，是把在装运港或装运地所出具的检验证书，当作收付货款的重要依据。当货物被运送到目的港或目的地之后，买方拥有复验权利。

按照这一规定，货物在装运之前，必须由买卖双方约定的装运港或装运地的检验机构进行检验。该检验机构出具的检验证书，将作为卖方要求买方支付货款，或者要求银行承兑、议付时所提交的单据之一。在货物运抵目的港或目的地并卸完货后的一段时间内，买方可以行使复验的权利。

经过双方约定的检验机构复验后，发现货物和合同中的规定不一致，并且能够证明这种不一致的情况是因为货物原本的状态就不好，也就是说这种情况属于卖方的责任，而不在承运人或保险公司的责任范围之内，那么买方就有权利在规定的时间里，凭借复验证书向卖方提出异议，并且进行索赔。

三、进出口商品报检程序

进出口商品报检，指的是从事对外贸易的相关人员向商检机构提出检验申请的行为。在报检的时候，需要填写“报检申请单”，清晰地注明所申请的检验和鉴定工作的具体项目以及相关要求。同时，还要提交对外签订的买卖合同、成交样品以及其他一些必要的资料。其具体的程序如下：

(1)抽样环节。商检机构受理报检后，会尽快安排工作人员前往货物存放地点，开展现场的检验和鉴定工作。在抽样过程中，必须依照规定的方法和相应比例，从货物的不同部位抽取一定数量的样品。这些抽取的样品要能够充分代表整批货物的质量，以便后续进行检验。

(2)商检机构在接受报验之后，要仔细研究申报的检验项目，明确具体的检验内容。同时，认真审核合同或者信用证对于品质、规格、包装等方面的规定，从而确定检验所依据的标准和具体方法。接着，按照要求依次开展抽样检验、仪器分析检验、物理检验、感官检验以及微生物检验等各项工作。

(3)签发证书。在出口环节中，如果出口商品被列入“种类表”，那么商检机构检验合格后会签发放行单，或者直接在“出口货物报关单”上加盖放行章来代替放行单。如果合同或者信用证明确规定需要由商检部门出具检验证书，或者国外有签发检验证书的要求，那么就按照规定签发相应的证书；如果不需要向国外提供证书，那么仅签发放行单即可。对于“种类表”之外的出口商品，必须经过商检机构检验合格后，才可以签发证书或者放行单，并办理货物出运手续。在进口环节中，进口商品经过检验后，商检机构会根据实际情况，分别签发“检验情况通知单”或者“检验证书”，用于对外结算或者索赔。如果进口商品是由收货单位或者使用单位自行验收且发现了问题，那么可以凭借相关文件进行索赔。对于验收合格的商品，收货单位或者使用单位需要在索赔有效期内，把验收报告提交给商检机构进行备案销案处理。

四、检验证书

商品检验检疫证书是指进出口商品经过商检机构的检验和鉴定后，所出具的证明检验检疫结果的正式书面文件。

(一)商检证书的种类

1. 品质检验证书

它是用于证明进出口商品质量和规格的文件。

2. 重量或者数量方面的检验证书

这是一类用以证实进出口商品重量、数量情况的证书。它会详细阐述货物关于如毛重计重、净重计量等具体的计重办法,或者采用吨、件等计量单位,所得到的实际重量数值或者数量多少,目的是表明商品的重量、数量是否契合买卖合同所规定的标准。

3. 包装检验证书

其主要作用是证明进出口商品包装的相关状况。在一般情况下,进出口商品的包装检验内容会被归入品质检验证书或重量(数量)检验证书。不过,如有特殊需求,也可以单独开具包装检验证书。

4. 兽医检验证书

它是用来证实出口的动物产品经过检疫后判定为合格的证书。它适用于冻畜肉、冻禽、禽畜肉制成的罐头,以及皮张、毛类、绒类、猪鬃、肠衣等众多出口商品。倘若证书里包含卫生检验的相关内容,那就会被称作兽医卫生检验证书。

5. 卫生检验证书

它也叫作健康检验证书,主要用于证明那些可供人类食用或者使用的出口动物产品等,经过卫生检验或者检疫,结果显示为合格。例如,肠衣、罐头、冻鱼、冻虾、蛋品、乳制品、蜂蜜等商品,都适用此证书。

6. 消毒检验证书

这份证书旨在证明出口的动物产品经过了消毒操作,从而确保其卫生安全。其适用范围包括猪鬃、马尾、皮张、山羊毛、人发等商品。有时候,它的证明内容也可以附加在品质检验证书里。

7. 产地证明书

当合同规定需要提供产地证明时,需出具原产地证明。这类证书由商检机构签发。

8. 价值检验证书

某些商品在出口时需要证明其价值。为确保出口商品的实际价值或发货人提供的发票金额准确无误,商检机构会出具相关证书。

9. 残损检验证书

该证书用于证明进口商品的残损情况。估定残损贬值程度,判断致损原因,供索赔使用时,由商检机构出具此证书。此外,还有验舱检验证书、衡量证书等。

如果国外商人要求提供其他证书,可建议对方采用上述其中一种证书或两种证书,不另行出具其他证书。如果国外商人坚持要求出具其他证书,可与商检机构协商,经商检机构同意后,方可按对方要求提供。在国际贸易实际业务中,买卖双方应根据成交货物的种类、性质、有关国家的法律和行政法规、政府的涉外经济贸易政策和贸易习惯等来确定卖方应提供何种检验证书,并在买卖合同中予以明确规定。

商检证书起着公证证明的作用,虽然其不能保证货物完全符合规定要求,但其可以作为买卖双方交接货物、结算货款、进行索赔和理赔的依据之一,也是通关、征收关税和优惠减免关税、结算运费等的有效凭证,以及确定有关当事人责任的依据。

(二)检验检疫证书的法律效力

1. 检验检疫证书是报关验放的有效证件

在全球经济往来中,各个国家出于维护自身政治权益与经济利益的目的,针对部分进出口商品,从质量、数量、包装、卫生状况、安全性能、环保指标等多个维度,拟定了一系列检验检疫方面的限定标准与管理举措。与此同时,交易当事人还必须出具符合既定要求的检验检疫证书,才允许办理货物进出境手续。法律规定实施强制性检验的商品和物品,当事人必须持有检验检疫证书或由检验检疫局指定的机构签发的证书,方可向海关申报放行。

2. 检验检疫证书是确定关税类别和征收关税的有效凭证

在国际贸易的关税征收体系中,海关在处理关税事务时遵循严谨且规范的流程。就重量(数量)这一关键计税因素而言,海关不会单纯依据商业发票上所列的数据来计征关税。由于商业发票可能存在误差或信息不够精准,为确保关税计征的准确性与公正性,海关会以出入境检验检疫机构出具的重量(数量)证书上所载明的数据为准。该证书由专业的检验检疫机构通过科学的检测手段与标准流程得出,数据可信度高。

当涉及进口商品时,如果货物存在残损情况,进口商是有权利申请退税的。依据相关法规,若进口商品由于残损、品质不良、规格不符等原因,由发货人、承运人或者保险公司对相应货款进行了赔偿,则纳税义务人自缴纳税款之日起 1 年内,可以向海关申请退还赔偿货款部分的相应税款。在申请退税时,纳税义务人需向海关提交一系列必要材料,其中包括原进口报关单、税款缴款书、发票,以及能够证明已获赔偿货款的相关文件。海关在受理退税申请后,会对提交材料的完整性与真实性进行细致的审核,还会进一步核实货物残损的实际状况。只有在确认各项条件均符合退税要求后,海关才会批准退税申请,将相应税款退还给纳税义务人,以此保障进口商的合法权益,同时维护国际贸易秩序的公平、公正。退税是以证明残损的检验证书所列数据为依据的。

3. 检验检疫证书是对外贸易双方进行交接结算的有效凭证

在对外贸易活动中,买卖双方在合同中均订有检验检疫条款和索赔条款。这些条款规定,凭双方指定的检验检疫机构出具的各种检验检疫证书,作为证明所提交货物的品质、数量、包装、安全、卫生、环保等是否符合合同规定或输入国要求的依据。显而易见,出入境检验检疫机构提供的这些证书是买卖双方交接货物和银行议付货款的有效凭证。

4. 检验检疫证书在托运人与承运人核算运费的环节中,起着关键的凭证作用

出入境检验检疫机构所签发的针对散装商品的重量证书,以及那些针对以吨、尺、码等作为计量单位来计算运费的商品所出具的衡量证书,具有重要意义。一方面,这些证书是托运人与承运人精确计算运费的核心依据,因为运费的核算往往与商品的重量、体积等因素紧密相关,而检验检疫证书所提供的数据精准、可靠。另一方面,这些证书在港口栈租的计算过程中,同样不可或缺,栈租的收取常常参考商品的实际重量或体积等数据,证书能为栈租计算提供公正、权威的数据。同时,在确定装卸、理货费用时,这些证书也是极为有效的凭证。装卸与理货工作量的衡量可能基于商品的重量、数量等,检验检疫证书的相关数据可以让费用确定更加合理、公平。

5. 检验检疫证书在国际贸易索赔流程里，是极为有效的证明文件

在国际贸易实务中，我国进口商在开展进口商品交易时，一般会在合同里清晰且明确地作出规定：当货物抵达目的地之后，必须经过出入境检验检疫机构的严格检验。一旦在检验过程中发现商品的品质存在瑕疵，或者重量与合同约定不符等情况，进口商就能够凭借检验检疫证书，向卖方提出退货请求，或者依法进行索赔。倘若问题的责任范畴属于保险领域，又或是运输环节，那么进口商便可以依据责任的实际归属，向对应的相关方发起索赔。由此可见，出入境检验检疫机构出具的关于进口商品品质状况、重量详情、残损程度等方面的证书，其重要性不言而喻。它不仅是买方向国外发货人、承运人、保险公司索赔时的关键证据，而且在国内保险公司向国外保险公司进行追偿，以及国内订货部门向外贸公司、保险人、承运人和港口装卸部门提出索赔时，都发挥着至关重要的依据作用，有力地保障了各方在国际贸易中的合法权益。

6. 检验检疫证书是证明履约与责任归属的有效文件

在进出口业务活动中，商品的品质、数量、残损等问题时常引发争议。这些争议不仅涉及买卖双方，还牵涉运输和保险等多个相关方的履约情况。判定责任归属通常需要有关当事人提供具备约束力的证明材料。作为与各方无直接利益关系的检验检疫机构，通过先进的设备和技术手段进行检验或鉴定，并出具结果证书，成为判定责任归属及各方履约情况的重要依据。

7. 检验检疫证书是仲裁和诉讼中的有效证据

在国际贸易中，买卖双方发生争议后，若进入仲裁或诉讼阶段，检验检疫证书是一方向仲裁庭或法院提交的重要证据。

(三)检验证书的经济效力

(1)检验检疫证书中的品质检验证书和重量检验证书是支付货款的重要凭证。在对外贸易活动中，外贸合同可能规定按等级分等定价的商品，或者对有效成分设有增减价条款的商品，或者以公量或干态计重的商品等。检验检疫证书中所载明的项目和品质等级，成为对内、对外按质计算货款的有效依据。

(2)当进口商品在检验中暴露出品质欠佳、重量短缺或数量不符，甚至出现残损等状况时，对应的检验证书就成为确定索赔对象、提出合理索赔诉求的关键依据。它清晰地呈现商品的问题所在，为受损方维护自身的合法权益提供支撑，帮助其精准定位责任方，向其追讨损失。

(3)产地证明书对于进口商而言意义重大。基于进口商所在国家实行的关税制度，凭借这份证书，进口商有资格申请减免关税，从而节省进口成本。可见其在经济方面具有显著的效用，能切实给进口商带来实惠。

(4)在进出口散装货物的运输业务中，由检验检疫机构出具的重量证书，以及涉及吨位和公估的证书，其中的数据是托运人与承运人核算运费、处理运费相关事宜的依据。这些数据精准地反映了货物实际情况，直接影响运费计算，对双方经济利益起着直接作用，保障运费核算公平、合理。

任务二 报 关

一、报关的基本概念

报关是指进出境运输工具的负责人、进出境货物的收发货人、进出境物品的所有者或者他们所委托的代理人，向海关办理运输工具、货物及物品进出境手续，以及处理与之相关的各类海关事务的整个过程。报关与运输工具、货物和物品的进出境活动紧密相连。

《中华人民共和国海关法》(以下简称《海关法》)明确规定：进出境的运输工具、货物、物品，必须通过设立海关的地点实现进境或者出境。因此，在设立海关的地点进行进出境操作，并办理好相应的海关手续，这是运输工具、货物、物品进出境所必须遵循的基本准则，同时也是进出境运输工具负责人、进出境货物收发货人以及进出境物品所有人应当履行的一项基本义务。

(一)报关的分类

按报关对象划分，报关可分为运输工具报关、进出境物品报关和进出境货物报关。

1. 运输工具报关

进出境运输工具承载着货物、人员以及他们所携带的物品。关于其报关事宜，关键在于向海关提交符合国际商业运输惯例的合法证件、清单及其他各类运输单证。这些文件资料能够清晰地体现运输工具进出境行为的合法性，同时也能详细反映其所承运货物和物品的具体状态。

相对来说，运输工具的报关手续并不复杂。这里的运输工具涵盖多种类型，包括用于载运人员、货物和物品进出境，且从事国际运营的各类境内或境外的船舶、车辆、航空器，甚至包含禽畜等特殊运输工具。需要强调的是，凡是进出我国关境的运输工具，都必须在设有海关的港口、车站、机场国界孔道、国际邮件互换局(交换站)等特定的场所进行进出境申报。

向海关申报的内容包括：

(1)运输工具所载旅客人数及旅客邮寄物品、自用物品情况，服务人员名单及其自用物品和货币情况等。

(2)进出口货物数量。

(3)装卸时间及进出境时间。

2. 进出境物品报关

因为进出境物品具有非贸易性质，并且通常以自用的合理数量为限度，所以其报关手续相对简便。

依据进出境的不同方式，将进出境物品划分为行李物品和邮递物品两大类别。其中，个人行李物品包含随身携带、办理托运以及进行分离运输的行李物品(这里所提到的“行李物品”专门是指个人随身携带的那部分行李物品)；而邮递物品涵盖的范围有邮袋、个人邮包、小包邮件、保价函件，以及非贸易性质的印刷品等。

(1)行李物品。对于进境的居民旅客而言，要是他们携带的是在境外购置的用于自己使用的物品，若这些物品的总价值在5000元人民币以内(包含5000元)，则海关会给予免税放行的处理。而非居民旅客若携带了打算留在我国境内的自用物品，当这些物品的总价值处于2000元人民币以内(包含2000元)时，海关也会对其进行免税放行。

如果旅客携带的物品数量超过合理的额度，不过仍处于规定的数额范围之内，那么海关会对超出部分的自用物品进行征税。如果所携带物品的数量超出自用范围或者超过规定的数额标准，那么海关就会按照货物的相关规定来进行征税。单一品种限自用且数量合理，但烟草制品、酒精制品以及国家规定应当征税的20种商品另按相关规定办理。

(2)邮递物品。邮递进境物品应缴进口税超过50元人民币的，海关一律按商品价值全额征税。个人寄自或寄往港、澳、台地区的物品，每次限值为800元人民币；寄自或寄往其他国家和地区的物品，每次限值为1000元人民币。个人邮寄进出境物品超出规定限值的，应办理退运手续或按照货物办理相关手续。

2. 进出境货物报关

海关监管货物涵盖多种类型。具体来说，包括从进境那一刻起，一直到办结海关手续期间的进口货物；从向海关申报起，直至出境之时的出口货物；从进境到出境这一过程中的过境、转运和通运货物等。以上这些货物都必须接受海关监管。海关根据进出口税费和海关手续是否办结、放行后是否继续监管等情况，将进出境货物分为以下几类：

(1)一般进出口货物。这类货物是指在进出境环节缴纳应征的进出口税费并办结所有必要的海关手续，且海关放行后不再进行监管的进出口货物。通过定义可以看出，它具有如下特征：

在货物进出境时，一般进出口货物的收发货人需要按照《海关法》和其他有关法律、行政法规的规定，向海关缴纳应当缴纳的税费。

如果货物进出口受到国家法律、行政法规的管制，那么进出口货物的收发货人或其代理人需要向海关提交相关的进出口许可证件。这些证件是货物合法进出口的必要条件，也是确保国家安全和利益的重要手段。

海关在履行职责的过程中，会先行依规征收足额税费，对相关进出口许可证件展开严格审核。同时，海关针对货物实际状况，或是实地查验货物，或是经评估后作出不予查验的决定。完成上述一系列工作后，海关依据既定准则进行签章，予以放行。

海关完成放行操作后，进出口货物的收发货人及其委托的代理人，才被允许办理提取进口货物的事宜，或者办理装运出口货物的手续。海关的放行标志着海关手续已办理完毕，此后海关不再对该货物实施监管，货物得以无障碍地进入生产领域用于生产活动，或者进入消费领域供大众消费，在市场中自由流转。

由此可见，一般进出口货物是指那些真实进出我国关境的货物，它们完整经历了海关监管的各个流程，合规地实现了在境内与境外间的流通。

(2)保税货物。根据《海关法》，保税货物是指："经海关批准未办理纳税手续进境，在境内储存、加工、装配后复运出境的货物。"其具有以下特征：

① 特定目的进出境。保税货物是指经海关批准未办理纳税手续进境，在境内储存、加工、装配后复运出境的货物。其主要目的是在境内储存加工、装配等。

② 在进出境时暂免纳税。保税货物在进口时未办理纳税手续，处于暂时免纳进口关税、进口环节增值税和消费税等税费的状态。这种暂免并非永久免税，而是在货物最终流向确定后，由海关根据具体情况决定是否征税或免税。

因为保税货物未按一般货物办理进出口及纳税手续，因此必须以原状或加工后产品复运出境或复运进境。从这一角度看，它并不属于实际进出关境的货物。保税货物需要在特定区域内活动，并接受海关的严格监管。保税货物在境内的储存、加工、装配等经济活动均须在海关的监管下进行。这既确保了货物的合法性和合规性，也保障了保税政策的有效实施。企业可以充分利用保税区的税收优惠政策，从而降低经营成本并提升经济效益。

(3)特定减免税货物。特定减免税货物，依据国家相关政策，经海关批准，在进口环节能够享受减税或免税优惠，这类货物有着明确的指向，仅适用于特定地区、特定企业及特定用途。它具有几个显著特点：首先，在满足特定条件时，可减免进口关税；其次，在办理进口申报手续时，必须提交对应的进口许可证件；最后，自进口之时起，在特定的海关监管期限内，需持续接受海关的监管。

(4)暂准进出境货物。暂准进出境货物，乃是为达到特定目的，经海关审核批准，得以暂时进出境的货物，且要求在既定的期限内，必须按照货物原本的状态重新进出境。这类货物具有以下特性：其一，在暂时进出境期间，可暂时不用缴纳相关税费；其二，在办理进出境手续时，无须提交进出口许可证件；其三，务必严格遵循规定的期限，将货物按原状重新运输进出境，以确保其进境与出境状态的一致性。

(5)其他监管货物。其他监管货物比较常见的类型包括过境货物、转运货物和通运货物。海关将通过某国境内的陆路运输，继续运往境外其他国家的货物称为"过境货物"；通过我国境内设立海关的地点换装至另一运输工具后，不经过我国境内的陆路运输，直接运往其他国家的货物称为"转运货物"；不经过我国境内的陆路运输，货物运进境后仍由原运输工具直接载运出境的称为"通运货物"。

（二）其他分类

依据报关行为性质的差异，报关分为自理报关与代理报关。在实际业务中，部分进出境货物的收发货人，鉴于经济、时间、地点等诸多因素，无法或者不愿亲自办理报关手续，于是选择委托代理人代为处理报关事务，由此催生了代理报关这种方式。

《海关法》对于接受进出境货物收发货人委托，代为办理货物进出境报关手续的代理人有着清晰且明确的规定。按照《海关法》的相关条款，进出口货物的收发货人以及报关企业，在办理报关手续时，必须依法完成海关登记注册流程。报关员也必须依法获取报关从业资格。未经依法在海关登记注册的企业以及未依法取得报关从业资格的人员，均不得从事报关业务。所以，依法向海关登记注册，是法人、其他组织或者个人能够成为报关单位的法定必要条件。

《海关法》将报关单位划分为两大类：一类是进出口货物的收发货人，另一类是报关企业。进出口货物的收发货人，指的是在中国境内依法能够直接进口或者出口货物的法人、其他组织或者个人。报关企业则是指依照规定，经海关批准注册、登记，接受进出口货物收发货人的委托，既可以以进出口货物收发货人的名义，也可以以自身名义向海关办理代理报关业务，从事报关服务的境内企业法人。

二、自理报关

自理报关是进出口货物的收发货人自行办理报关业务的一种方式，具体包括网上录入、申报、查询、打印报关单，以及网上查询海关回执等环节。

自理报关单位中，持有“报关单录入权操作员卡”的操作员，需要登录中国电子口岸的“报关单录入”界面。在开始录入之前，操作员要先下载本企业的征免税证明、加工贸易手册或加工区备案清单。完成下载后，操作员在脱机状态下录入报关单的数据，此时这些数据会暂时存储在本地数据库中。当操作员完成录入并提交操作后，报关单的数据信息就会被上传到数据中心，进入自理报关的审核申报业务流程。

自理报关的申报和审核业务流程如下：

自理报关单位中，持有“报关单申报确认权操作员卡”的企业管理人员，需进入中国电子口岸的“报关单申报确认”界面，对已录入的报关单进行确认申报的操作。经过“申报确认”的报关单，会通过公共数据中心传送到海关内部网。若在申报确认时发现报关单的填制存在不符合逻辑的情况，则需要把报关单数据下载到本地进行修改，修改完成后再次上传到数据中心，并重新开展申报确认的工作。

最后，自理报关单位要打印出已通过海关审核的报关单，并带上其他相关单证前往海关办理后续通关手续。

三、代理报关

代理报关又称委托报关，是指相关机构接受进出口货物收发货人的委托，代理办理报关业务的一种报关方式。

受理委托报关的单位包括以下两类：

一类是专门从事报关服务的企业，即专业报关企业。

另一类是主营对外贸易、仓储、国际运输工具服务及代理等业务，兼营报关服务业务的企业，即代理报关企业。

委托报关的网上业务流程（在开展此项操作之前，务必事先依照网上报关委托业务的流程来确立委托关系）具体如下：

(1)存在代理报关单的录入业务流程，该流程是整个委托报关业务数据录入的起始环节。

(2)代理报关审核申报业务流程。此流程对录入的报关单信息进行审核，并向海关申报。

(3)代理报关的申报确认业务流程。通过这一流程对已申报的报关单进行最终确认，确保申报信息准确无误。

(4)代理报关单位需打印出已经过海关审核通过的报关单，同时携带其他相关单证前往海关，办理后续的通关手续，并同步进行电子报关的相关操作，完成整个委托报关业务的最后步骤。

四、电子报关

(一)电子报关概述

电子报关是一种极具创新性和现代化特征的报关方式。具体而言，它是指进出口货物的收发货人或者他们所委托的代理人，借助先进的现代通信与网络技术手段，通过计算机网络或者终端设备，向海关传送符合规定格式的电子数据报关单，并且依据海关计算机系统反馈回来的审核结果以及相应处理意见，来办理海关相关手续的一种报关形式。

就目前的情况来看，法定的报关方式要求同时使用纸质报关单及电子数据报关单。然而，随着计算机技术和网络技术的不断发展，电子报关以其高效、便捷等诸多优势，被全面推行已经成为不可阻挡的趋势。

(二)电子通关系统

我国海关在进出境货物的通关作业过程中，已全面运用计算机开展信息化管理工作，并成功研发多个电子通关系统。

(1)海关 H883/EDI 通关系统，它是我国海关报关自动化系统的简称。该系统借助计算机对进出口货物实施全面的信息化管理模式，达成了海关监管、征税以及统计这三大主要业务的一体化管理，属于一套综合性很强的信息化应用系统。

(2)海关 H2000 通关系统则是在对 H883/EDI 通关系统进行全面升级之后形成的。这一系统构建起了一个以集中式数据库为基础的、全国统一的海关信息作业平台，极大地提高了海关管理的整体效率。通过这个系统，进出口企业切实体会到报关手续简化所带来的便利。企业能够在自己的办公地点，办理如加工贸易登记备案、特定减免税证明申领，以及进出境报关等一系列海关手续。

(3)海关 H2010 通关系统，又称现代海关综合管理系统，是适应并同步构建大监管体系的配套系统，是集指挥、执行、反馈、监督等功能于一体的新一代通关管理系统，可以说是 H2000 通关系统的升级版。经过多年的研究和实践，H2010 通关系统与 H2000 通关系统这两种新老系统并行运转，实现了平稳过渡。目前，H2010 通关系统已经在全国大多数海关逐步推广使用。该系统显著提高了口岸通关效率。例如，通过该系统，海关能够全面梳理和分析所有业务，并对信息化项目、数据、系统、网络、安全等方面进行全方位的优化和整合设计。该系统自 2012 年全面启用至今，已发挥重要作用。

(4)中国电子口岸系统，又称口岸电子执法系统，简称电子口岸。它运用先进的现代计算机信息技术，把原本由不同政府机关各自管理的、与进出口贸易紧密相关的业务信息电子底账数据，集中存储在公共数据中心。它不仅能为各管理部门提供跨部门、跨行业的联网数据核查服务，还能为企业提供在网上办理各类进出口业务的便利，是一个重要的国家信息系统。

电子口岸系统与海关的 H2000 通关系统(包含其升级版 H2010 通关系统)相互配合，共同构建起一张覆盖全国的进出口贸易服务与管理的信息网络系统。

对于进出口企业而言，现在可以直接在自己的办公室里，便捷地借助互联网向海关以及其他相关的国家管理机关办理各种与进出口贸易有关的手续。与此同时，海关以及其他相关的国家管理机关也能够通过相关信息网络系统，对进出口贸易活动进行高效且有力的监管，从而保障进出口贸易有序进行。

五、海关放行

海关的放行环节，是在对进出口货物申报予以受理之后，经历了一系列严谨的工作流程才得以实现的。具体而言，海关会对电子数据报关单、纸质报关单以及相关随附单证进行细致的审核，全面查验货物，依据规定征收相应税费，或者接受符合条件的担保。只有在完成这些工作之后，海关才会针对进出口货物作出结束海关进出境现场监管的决策，从而准许进出口货物离开海关的监管现场，这便是海关放行这一重要工作环节的完整过程。

当进口货物的申报人向海关提交齐全、正确且符合报关要求的基本单证和相关资料后，进口货物的收货人或其代理人需按照海关要求提交有关单证及资料供海关查验。海关收到单证和资料后，将认真审核，主要针对以下几个方面进行审查：是否属于需许可证件管理的商品；是否已申领进口许可证；是否符合海关审价原则；是否列入海关统计。

关键术语

进出口商品检验　报关　自理报关　代理报关

项目实训

【实训情境】

公司名称：深圳华贸进出口有限公司。

货物描述：一批价值 50 万元人民币的机械零部件，用于国内某汽车制造企业的生产线升级。

运输方式：海运，从德国汉堡港运至中国深圳盐田港。

【实训任务】

如果你是某国际货运代理公司的报关员张三，请为深圳华贸进出口有限公司设计货物到港前、货物到港后、货物放行后三个环节的报关方案。

章节习题

(1)简述进出口商品检验制度。

(2)简述在国际货物买卖合同中有关货物检验的时间和地点的规定方式。

(3)简述代理报关与自理报关的区别。

(4)简述海关对于进出境监管货物的分类。

(5)若使买方在目的港对所收货物无权提出异议，简述商品检验中的注意事项。

项目七　国际贸易支付

项目引例

某外贸公司A向英国B公司出口一批货物，随后B公司发来信用证，内容规定："货物从重庆运往汉堡，可多式联运单据，但不准转运。"A公司经过核查，认定信用证内容符合销售合同要求，同意重庆外运公司按信用证的要求，将重庆的货物先通过铁路运至上海港，然后转船运往汉堡。货物装船当天，重庆外运公司随后签发多式联运单据。

议付银行收到信用证后，立即向开证行提出索偿。开证行以单据不符为由，拒绝支付。原因如下：(1)装运单据上标明了"预期"，而没有注明实际装运日期或船名；(2)信用证中规定不准转运，但单据又写了"转运"字样。

思考：开证行的拒付是否合理？为什么？

任务一　支付工具

支付工具是指在国际贸易中因商品交换而产生的以支付货款为主要内容的债权债务清算方式。在国际贸易业务中，常见的支付工具包括货币、票据、信用卡和电子支付（如PayPal、支付宝）。

一、票据

（一）票据的含义

《中华人民共和国票据法》（以下简称《票据法》）明确规定：票据是一种有价证券，是由出票人签发的、约定自己或者委托付款人在见票时或指定日期向收款人或持票人无条件支付一定金额的有价证券。票据包括汇票、本票和支票三种类型。

（二）票据的特征

票据作为现代经济活动中不可或缺的支付与结算工具，其独特特征深刻影响着商业交易的效率与安全。其特征包括：

1. 票据的设权性

票据的设权性是指票据的权利与义务是由出票人依照法律规定的条件和程序，通过制作票据而设立的。

2. 票据的无因性

票据无因性是指票据关系一旦成立，就与产生或转让票据的原因关系相分离，两者各自独立。根据《票据法》第十三条规定，票据债务人不得以自己与出票人或者与持票人的前手之间的抗辩事由，对抗持票人。这意味着，只要票据是合法取得的，持票人无需证明其取得票据的原因，就可以对票据债务人行使票据权利。

然而，票据无因性并非绝对的，存在一些例外情形。根据《最高人民法院关于审理票据纠纷案件若干问题的规定》第十四条，以下五种情况下，法院应支持票据债务人的抗辩理由：

(1)与票据债务人有直接债权债务关系且不履行约定义务的；

(2)以欺诈、偷盗或者胁迫等非法手段取得票据，或者明知有前列情形，出于恶意取得票据的；

(3)明知票据债务人与出票人，或者与持票人的前手之间存在抗辩事由而取得票据的；

(4)因重大过失取得票据的；

(5)其他依法不得享有票据权利的情形。

3. 票据的文义性

票据的文义性是指票据作为确定当事人之间权利与义务关系的凭证，其票面文字记载具有法律上的最终效力。即使票据内容与事实不符，也应以票据内容为准。票据对外观有严格的要求，内容必须在票面上表达得清晰、明确。票据的格式是法定的，不允许当事人擅自进行任何修改。

4. 票据的流通性

流通性是票据最本质的特征，票据的价值在于其流通性。《票据法》的相关规定均旨在促进票据的流通。随着票据的流通，票据上签章的各方会承担连带责任。这种流通性使票据成为一种高效的支付和结算工具。

二、汇票

在各种类型的票据中，汇票(Bill of Exchange)最为典型，所包含的内容最为全面，各国《票据法》对汇票的规定也最为详细、具体。在国际结算业务中，汇票的使用最为广泛。

按照《票据法》的定义："汇票是出票人签发的，委托付款人在见票时或者在指定日期无条件支付确定的金额给收款人或者持票人的票据。"根据上述定义，我们可以分析出汇票的特征。

汇票的付款命令是无条件的。"无条件"意味着付款不能附加任何限制或条件，即不能设定先决条件。如果付款命令附加了先决条件，那么这张汇票就是无效汇票，不具备法律效力。汇票既然是无条件的付款命令，就必然涉及发出命令的一方和接受命令的一方，同时还涉及收款人和付款人。汇票的基本当事人共有三方，即出票人、付款人(受票人)和收款人(持票人)，如图 7-1 所示。

在国际贸易业务实践中，出票人通常是出口方，因为出口方在输出商品或提供劳务的同时或稍后，会向进口方发出付款命令，要求其履行付款义务。受票人一般是进口方(或进口

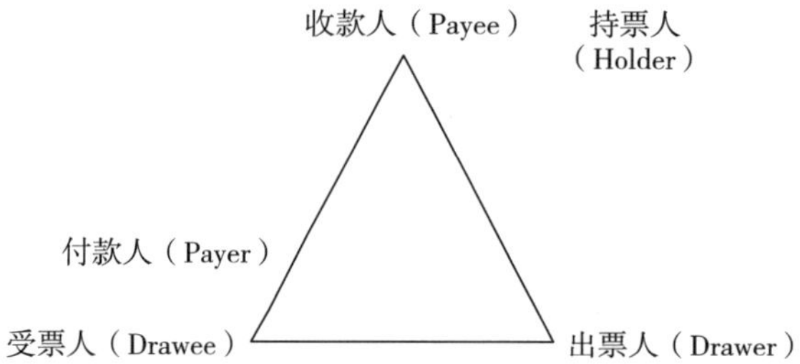

图 7-1　汇票的基本当事人

方的往来银行)，即在取得进口商品或接受劳务的同时或稍后，被要求履行付款义务的人。收款人可以是出票人本人，也可以是出口方的往来银行。

(一)基本内容

汇票的内容是指汇票上必须记载的项目，这些项目构成汇票的要式。根据其性质和重要性，汇票的内容可以分为三类，如图 7-2 所示。

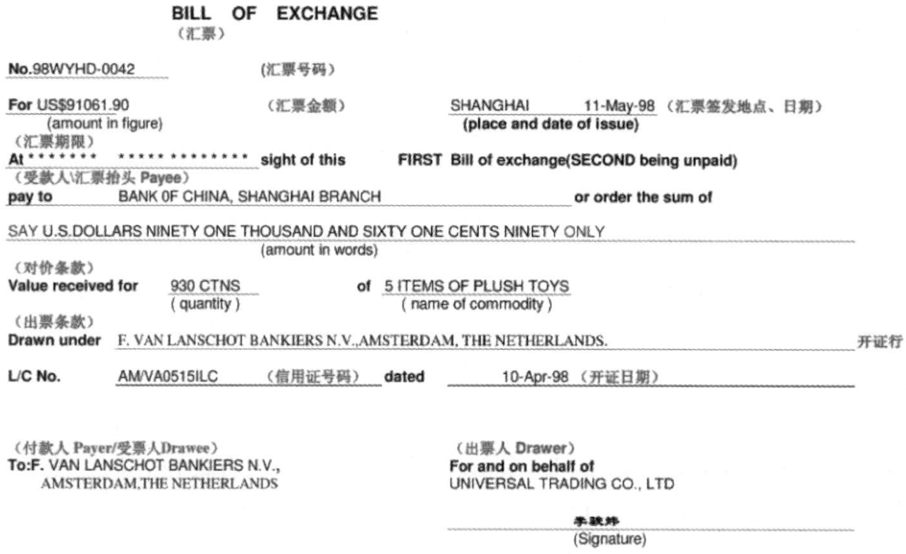
BILL OF EXCHANGE
（汇票）

No.98WYHD-0042 （汇票号码）

For US$91061.90 （汇票金额） SHANGHAI 11-May-98 （汇票签发地点、日期）
(amount in figure) (place and date of issue)

（汇票期限）
At ******* ************* sight of this FIRST Bill of exchange(SECOND being unpaid)

（受款人\汇票抬头 Payee）
pay to BANK 0F CHINA, SHANGHAI BRANCH or order the sum of

SAY U.S.DOLLARS NINETY ONE THOUSAND AND SIXTY ONE CENTS NINETY ONLY
(amount in words)

（对价条款）
Value received for 930 CTNS of 5 ITEMS OF PLUSH TOYS
(quantity) (name of commodity)

（出票条款）
Drawn under F. VAN LANSCHOT BANKIERS N.V.,AMSTERDAM, THE NETHERLANDS. 开证行

L/C No. AM/VA0515ILC （信用证号码） dated 10-Apr-98 （开证日期）

（付款人 Payer/受票人Drawee）
To:F. VAN LANSCHOT BANKIERS N.V.,
AMSTERDAM,THE NETHERLANDS

（出票人 Drawer）
For and on behalf of
UNIVERSAL TRADING CO., LTD

(Signature)

图 7-2　信用证业务中使用的汇票

1. 绝对必要记载项目

绝对必要记载项目是汇票必须记载的内容，这些内容是否齐全，直接关系到汇票的有效性。我国《票据法》规定，汇票必须记载的内容包括以下几项。

(1)“汇票”字样。根据《票据法》的规定，汇票上必须标明“汇票”字样，如“Exchange for”“Bill”或“Draft”，以明确票据的种类，使汇票区别于本票和支票。

(2)无条件支付命令。汇票是一种无条件的书面付款命令，这是汇票的本质和核心。这里所说的“无条件”并不是指毫无理由地开出一张付款命令要求对方付款，而是指汇票的行文上不能附加任何条件。例如，不能在上面写“在货物运达后才付款”或者“在商品品质达标的情况下才付款”等含有条件限制性的文字，否则汇票是无效的。

(3)确定的金额。票据上的权利必须以金钱表示，不能用货物数量等内容表示，并且金额必须是确定的，或者是任何人都可以计算出来的，不能模棱两可。实际上，为了防止涂改，票据的金额还必须同时用大小写记载。如果大小写不一致，《英国票据法》和《日内瓦统一票据法》都规定以大写为准，而我国《票据法》则认为这样的票据无效，在实际操作中通常会进行退票处理。

(4)付款人名称。付款人是指汇票命令的接受者，即受票人。但受票人不一定会付款，因为付款人可以拒绝付款。汇票上对于付款人的记载一定要明确，以便持票人能顺利找到。实际操作中，汇票上一般都注明详细的地址。

(5)收款人名称。在国际贸易实务中，汇票上关于收款人的记载一般只需写一个完整的名称，不强求写明地址。根据汇票能否转让流通及转让方式的不同，汇票上“收款人”一栏具体分为以下三种：

① 限制性抬头：这种汇票只限于付款给指定的收款人。例如：“仅付给甲公司”或“付给甲公司，不准转让”。这种汇票不能经背书转让。

② 指示性抬头：这种汇票可以通过收款人背书后进行转让。例如：“付给甲公司或其指定人”。此外，还有一种情况是，出票人在汇票上写明收款人名称后，还附加了“或其指定人”，如“Pay to the order of Bank of China”(付给中国银行的指定人)或“Pay to Bank of China or order”(付给中国银行或其指定人)。

③ 来人抬头：这是一种特殊的汇票形式，被称为“见票即付”，也就是说，无论谁持有这种汇票，只要票据到期，都可以领取票款。

(6)出票日期。出票日期是指汇票签发的具体时间。出票日期决定付款的到期日，一般情况下远期汇票的到期日是根据出票日来计算的，出票日期确定后，才能确定到期日。

(7)出票人签字。依据《票据法》的规定，票据必须经出票人签章才能成立。

2. 相对必要的记载项目

除了以上必须记载的内容，还有三个相对必要的记载项目。这些内容虽然重要，但即使未予记载，也不会影响汇票的法律效力，因为这些内容可以通过其他方式间接确定。

(1)出票地。出票地是指票据签发地点，汇票上未注明出票地，并不会影响其生效。根据我国《票据法》的规定，若汇票上未记载出票地，则视出票人的营业场所、住所或者经常居住地为出票地。

(2)付款地。付款地是指持票人提示票据请求付款的地点。根据我国《票据法》的规定，若汇票上未记载付款地，则视付款人的营业场所、住所或者经常居住地为付款地。

(3)付款日期。付款日期即付款到期日，是付款人履行付款义务的日期。

根据《票据法》的规定，汇票的付款日期主要有以下几种形式：

① 见票即付。持票人可随时将该汇票提示给付款人，付款人在见票时应立即付款。这种形式的汇票无须承兑。

② 定日付款。这种汇票在票面上明确记载了具体的到期日。到期时，持票人需向付款

人提示汇票并要求付款。

③ 出票后定期付款。这种汇票在出票时已确定一个未来的特定期间作为付款日期,但具体到期日并未在汇票上直接记载,而是在汇票签发后的规定时间内支付。

④ 见票后定期付款。这种汇票规定,在见票日之后的某一时间段为付款日期。具体到期日未在汇票上直接记载。

3. 任意记载项目

任意记载项目是指除上述两类项目以外的内容。这些项目是出票人根据实际需要记载的限制或免除责任的条款。汇票上还可以记载一些法律允许的其他事项,如利息和利率、免作退票通知、免作拒绝证书、出票条款等。这些项目一旦被接受,即产生法律约束力。

(二)汇票的使用

1. 出票

汇票出票是指出票人签发汇票并将其交付给收款人的票据行为。

2. 背书

汇票的背书是指持票人对票据权利的转让或授予他人某种票据权利的一种附加票据行为。具体而言,是指持票人于票据背面或附单上记载有关事项并签章的票据行为。

3. 提示

提示是指持票人向受票人出示汇票,要求承兑或支付汇票的行为。根据各国《票据法》的规定,持票人必须在法定期限内向受票人提出承兑或付款请求,否则,持票人即丧失对"前手"和出票人的追索权。

4. 承兑

承兑是指汇票付款人在汇票正面签章,承诺在汇票到期日支付票据金额的票据行为。

5. 付款

付款是指持票人于到期日向付款人或承兑人出示汇票,对方足额付款。支付完成后,持票人对该汇票的责任即告解除。

6. 追索

追索是指当汇票被拒绝承兑或拒绝付款时,持票人向前手背书人或出票人请求支付票款的一种行为。"前手"与"后手"是一组相对的概念,前手为出票人,后手为持票人。我国《票据法》规定,持票人可以不按汇票债务人的先后顺序,向其中任何一人、数人或者全体行使追索权。被追索人清偿债务后,可以再向其他汇票的债务人追索。

(三)汇票的种类

汇票根据内容和特征的不同,可分为以下几种类型。

1. 银行汇票与商业汇票

按照出票人的不同,汇票可分为银行汇票和商业汇票。银行汇票是由银行开出的汇票,用于银行间的结算和转账;商业汇票则是由商业主体开出的汇票,用于商业交易的结算。

2. 即期汇票与远期汇票

按照付款期限的不同,汇票可分为即期汇票和远期汇票。即期汇票是见票即付的汇票,而远期汇票则需在指定日期付款。

3. 光票与跟单汇票

按照是否附有单据的不同，汇票可分为光票和跟单汇票。光票是指不附带任何单据的汇票，而跟单汇票则是附有货运单据的汇票。

4. 商业承兑汇票与银行承兑汇票

按照承兑主体的不同，汇票可以分为商业承兑汇票和银行承兑汇票。商业承兑汇票属于商业汇票类别，其产生方式有两种：一是由收款人签发，随后由付款人承兑；二是由付款人直接签发并承兑。当汇票完成承兑流程后，承兑人（即付款人）便承担起在到期日无条件支付票款的责任。此外，汇票具备向银行贴现以及在市场上流通转让的功能。银行承兑汇票同样是商业汇票的一种，它是由在承兑银行设有存款账户的存款人所签发，并且存款人需向其开户银行提出申请，经银行审核通过后予以承兑的票据，银行承兑汇票能确保在指定日期无条件地向收款人或持票人支付确定金额。

二、本票

（一）本票的含义

关于本票的含义，没有统一的标准定义。1882 年《英国票据法》将本票定义为："本票是一项书面的无条件支付承诺，由一人做成并交给另一人，经出票人签名承诺即期或定期或在可以确定的将来时间支付一定数目的金钱给一个特定的人或其指定人或持票人。"我国《票据法》第七十三条对本票的定义为："本票是出票人签发的，承诺自己在见票时无条件支付确定的金额给收款人或者持票人的票据。本法所称本票，是指银行本票。"

（二）本票的必备内容

我国《票据法》第七十五条规定："本票必须记载下列事项：（一）表明'本票'的字样；（二）无条件支付的承诺；（三）确定的金额；（四）收款人名称；（五）出票日期；（六）出票人签章。本票上未记载前款规定事项之一的，本票无效。"第七十六条规定："本票上记载付款地、出票地等事项的，应当清楚、明确。本票上未记载付款地的，出票人的营业场所为付款地。本票上未记载出票地的，出票人的营业场所为出票地。"

（三）本票的种类

1. 即期本票与远期本票

根据付款期限的不同，本票可分为即期本票和远期本票。即期本票是见票即付的本票，远期本票是承诺于未来某一规定的或可以确定的日期支付票款的本票。银行本票大多是即期的。

2. 商业本票与银行本票

依据出票主体的不同，本票主要分为商业本票与银行本票。商业本票以商业信誉为支撑，一般由企业或个人签发，常用于国际贸易债务的清偿。银行本票则以银行信誉为支撑，出票人为银行，主要用于替代现金流通，简化结算流程。

三、支票

(一)支票的定义

支票是指由出票人签发,授权委托办理支票存款业务的银行或者其他金融机构在见票时无条件支付确定的金额给收款人或者持票人的票据。

(二)支票的必须记载事项

支票作为一种具有法律效力的支付工具,其必须记载事项非常重要,须严格遵守。支票的必须记载事项包括以下内容:表明“支票”的字样(Check,Cheque);无条件支付的委托;确定的金额;付款人名称;出票日期;出票人签章。

《票据法》规定,支票上的金额可以由出票人授权补记,未补记前的支票不得使用;支票上未记载收款人名称的,经出票人授权,可以补记;支票上未记载付款地的,付款人的营业场所为付款地;支票上未记载出票地的,出票人的营业场所、住所或经常居住地为出票地。

(三)支票的种类

《票据法》第八十三条明确规定:“支票可以支取现金,也可以转账,用于转账时,应当在支票正面注明。支票中专门用于支取现金的,可以另行制作现金支票,现金支票只能用于支取现金。支票中专门用于转账的,可以另行制作转账支票,转账支票只能用于转账,不得支取现金。”不是专供转账或专供支取现金的支票为普通支票。普通支票可以支取现金,也可以转账,用于转账时,应当在支票正面注明。在国际上,支票可按收款人的写法、是否划线和如何划线以及是否有他人保证分为若干种。

1. 记名支票和不记名支票

记名支票是在支票收款人一栏中记载收款人的具体名称,有时还会加上“或其指定人”的字样。例如:“付 ABC 公司”(Pay to ABC Co.)或者“付 ABC 公司指定人”(Pay to the order of ABC Co.)。持记名支票取款时,须由支票上载明的收款人在背面签章。这种支票可以通过背书进行转让。不记名支票,又称来人支票或空白抬头支票,是指支票上未写明具体收款人的名称,仅标注“付来人”(Pay to bearer)。持票人无须签章即可取款,仅凭交付即可将支票权利转让。

2. 普通支票、现金支票和转账支票

根据支付方式的不同,可以将支票分为普通支票、现金支票和转账支票。普通支票既可以用于支取现金,也可以用于转账。当用于转账时,应在支票正面注明相关信息。现金支票仅限于支取现金。转账支票则只能用于转账,不得支取现金。

3. 划线支票和未划线支票

划线支票是在支票上划出两条平行线,意味着持票人仅能将支票委托给银行进行收款入账操作,无权直接提取现金。相应地,未做划线处理的支票即为未划线支票,这类支票赋予持票人更灵活的选择,既可以选择从银行提取现金,也可以委托银行代为收款入账。

任务二 汇 付

汇付(Remittance)是一种重要的国际结算方式,是指汇款人委托银行将款项交付给收款人,或使用某种票据作为支付工具将款项支付给收款人的一种结算方式。这种结算方式通常用于国际货物买卖合同,以及与贸易相关的其他合同和协议的支付。

根据银行发送汇款指令所使用的手段不同,可以将汇款分为信汇(Mail Transfer, M/T)、电汇(Telegraphic Transfer, T/T)和票汇(Remittance by Banker's Demand Draft, D/D)。其中,信汇目前已基本被淘汰,因此,这里只介绍电汇和票汇。

一、电汇

(一)电汇的含义

电汇是一种汇款方式。在电汇过程中,汇出行依据汇款人的要求,借助发送加密电报或电传方式,向位于另一国家的分行或代理行(即汇入行)传达指令,要求其将指定金额支付给收款人。

(二)当事人和业务流程

1. 当事人

电汇的当事人通常包括四个方面:汇款人、汇出行、汇入行和收款人。

汇款人(Remitter):即付款人,通常是国际贸易中的买方,委托汇出行将款项汇交收款人的当事人。

汇出行(Remitting Bank):通常是进口商指定的银行,负责接受汇款人的汇款请求,并按照汇款人的指示将款项汇出。

汇入行(Paying Bank):通常是出口商指定的银行,负责接收汇出行汇入的款项,并按照收款人的指示将款项交付给收款人。

收款人(Payee or Beneficiary):通常是国际贸易中的卖方,接到汇入行通知后收取汇款金额的当事人。

2. 业务流程

以国际贸易中的电汇为例,其业务流程如图 7-3 所示。

(1)买卖双方签订进出口合同,这是贸易执行和结算的基础。

(2)汇款人填写汇款申请书,并交款给汇出行(即进口银行)。

(3)汇出行将汇款回执交付给汇款人。

(4)汇出行向汇入行发送汇款指示。

(5)汇入行将汇款通知书发给收款人。

(6)收款人向汇入行提供收款收据。

(7)汇入行向收款人付款。

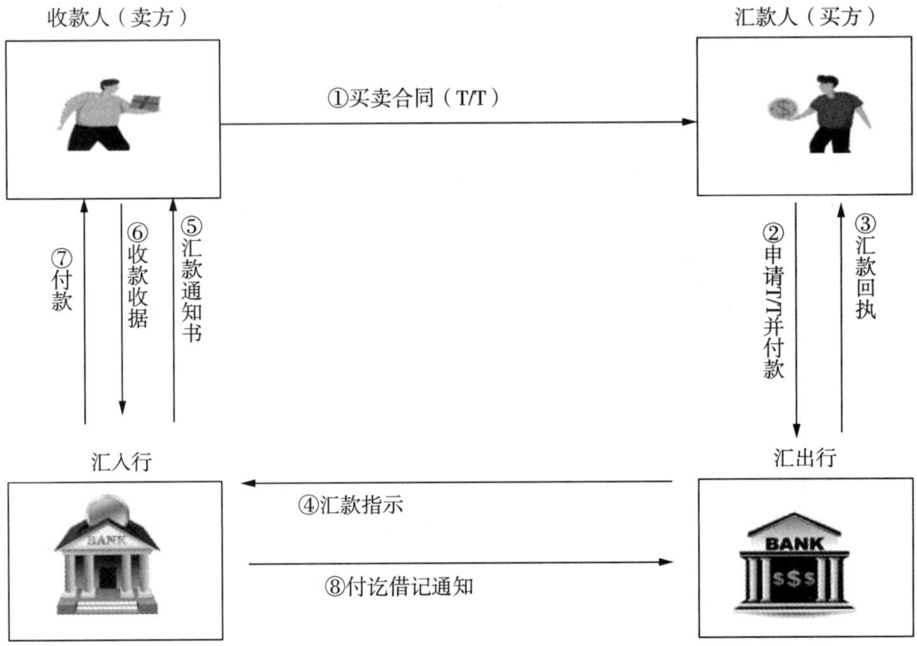

图 7－3　电汇的业务流程

(8)在收款人成功收到款项后，汇入行将付讫借记通知交予汇出行。

(三)国际贸易中电汇的应用方式

从理论上来说，国际贸易中电汇的应用方式有以下四种。

1. 预付货款(Payment in Advance)

进口商需先将货款全部通过电汇支付给出口商，出口商在收到货款后再发货。这种操作方式对出口商最为有利，但对进口商存在一定风险。

2. 货到付款(Payment after Arrival of the Goods)

出口商先发货，进口商在收到货物后或经过一段时间后再通过电汇支付货款。这种方式对进口商最为有利，但对出口商不利，出口商需要承担一定的收款风险。

3. 凭单付现(Cash against Documents)

这种电汇方式包括以下两个方面的内容。

(1)“后 T/T”(T/T after Delivery)。它是指出口商在发货后，将正本货运单据通过快递发送给进口商，进口商在收到正本单据后再通过电汇支付货款。相比于“货到付款”的方式，这种做法对出口商而言减少了资金占用时间，但仍存在寄送单据后进口商可能拒绝付款的风险。

(2)“前 T/T”(T/T in Advance)。它是指出口商在发货后将货运单据传真给进口商(即不快递正本)；进口商在收到货运单据的传真件后电汇货款给出口商；出口商收到货款后再快递正本货运单据给进口商。对于出口商来说，这种做法有利于安全收汇，但进口商需承担汇款后收不到正本货运单据的风险。

4. 凭单付汇(Remittance against Documents)

它是指进口商先将货款汇到汇入行,但指示汇入行暂时不将货款划给出口商,待出口商提交了正本货运单据后再划款给出口商。这种做法可以防止出口商收到货款后不交单或不按时交单的风险。但银行一般不愿意这么做,因为它需要承担审单等责任。

(四)电汇的特点

电汇是国际贸易中常见的支付方式之一。银行电汇可以实现即时到账,避免由于汇票邮寄或承兑过程中产生的时间延迟。在一般情况下,无论在世界何地将一笔款项汇到另一地,仅需要 1～3 个银行工作日。银行电汇的操作相对简单,买方只需向自己开立账户的银行提供卖方的银行账户和 SWIFT 代码等信息,即可完成支付。银行电汇需要支付一定的手续费,费用大小取决于转账金额、货币种类、汇率等因素。银行电汇只能控制货款是否到达指定账户,但无法控制卖方是否能够按照合同规定交付货物或服务。其对信用度要求较高,银行电汇需要买方在银行开立账户,因此对于信用度较低的买方来说,可能难以获得银行电汇服务。

二、票汇

票汇是一种较为灵活的汇款方式。汇款人通过银行购买一张即期汇票,然后将其交付给收款人,指示其持票到汇入行兑取款项。这种方式可以保证收款人在一定时间内收到款项,但需要提供汇票原件。

以下以银行即期汇票为例,票汇的业务流程如图 7－4 所示。

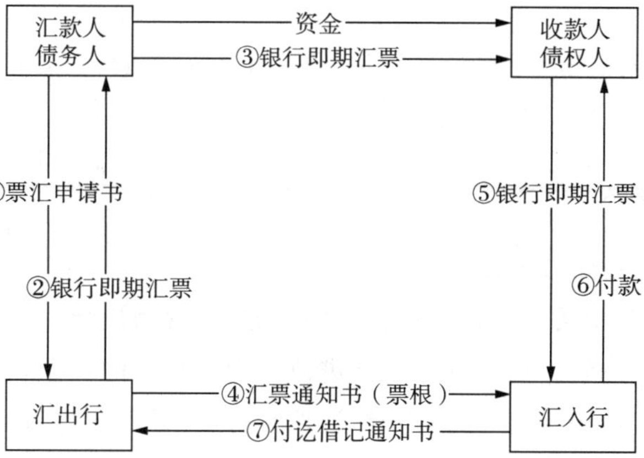

图 7－4　票汇的业务流程

(1)汇款人(进口商)向汇出行提交票汇申请书,请求汇出行开立银行即期汇票,并开具支票以转移资金。

(2)汇出行开立以汇入行(通常是汇出行在国外的分行或代理行)为付款人的银行即期汇票,并将其交给进口商。

(3)汇出行向汇入行寄送汇票通知(票根)。如今,许多银行已不再寄送票根,而是以加押电报证实书作为替代。

(4)进口商将汇票寄交或直接交给收款人(出口商)。

(5)出口商(或持票人)在收到汇票后向汇入行提示,要求付款。

(6)汇入行在核对汇票和票根后进行付款。

(7)汇入行将付讫借记通知书邮寄给汇出行。

总而言之,汇付手续简便、费用低廉,但风险较大且资金负担不平衡。货到付款时,卖方需向买方提供信用并融通资金;预付货款则由买方向卖方提供信用与资金。无论哪种形式,风险和资金负担均集中在一方,属于商业信用性质,银行仅提供汇款服务,不承担付款责任。在我国外贸中,汇付用于支付订金、货款尾款和佣金等,但非主要的结算方式。而在发达国家间,因跨国公司内部交易频繁且有可靠的贸易伙伴,汇付成为主要的结算方式。

任务三　托　收

一、托收的定义

出口方在发运货物后,开具以进口方为付款人的汇票,并将汇票连同货运单据、其他商业单据及托收申请书一并提交给当地银行,委托其向进口方收取款项。银行依据收到的指示处理单据,以实现取得付款和/或承兑、凭付款和/或承兑交付单据或者按照其他条款及条件提交单据的目标。

需要注意的是,虽然托收是通过银行进行的,但银行在这一过程中仅作为中介,因此托收属于商业信用。

二、托收的当事人

(一)委托人(Principal/Consignor)

委托人是托收业务中委托银行办理托收的一方,通常为出票人、债权人或出口商。在国际贸易中,委托人在货物发运后开立以国外进口商为付款人的汇票,并将该汇票连同货运单据、其他商业单据及托收申请书一并提交给当地银行,委托其向进口商收取款项。

(二)托收行(Remitting Bank)

托收行是指接受委托人(通常是出口商)的委托,办理托收业务的银行,一般为出口地银行。

(三)代收行(Collecting Bank)

代收行是在托收过程中,除托收行以外参与办理托收的任何银行。其通常是指托收行在付款人所在地的联行或代理行。

（四）付款人（Payer/Drawee）

付款人是根据托收指示书被提示单据的人，一般指受票人、债务人或进口商。

（五）提示行（Presenting Bank）

提示行，又称交单行，是向付款人提示单据的代收行。在一般情况下，代收行直接向付款人提示单据。如果代收行与付款人没有账户关系或者不在同一城市，那么代收行需要委托另一家银行提示单据，该银行即为提示行。提示行通常是与代收行有账户关系且与付款人有往来关系的银行，通常由代收行指定。

三、托收的种类

根据托收涉及的单据类型，托收可以分为光票托收和跟单托收。

（一）光票托收（Clean Collection）

《URC 522》(《托收统一规则》)对光票托收的定义是：光票托收是指不附带商业单据的金融单据的托收。有些光票托收虽然附带商业单据，但并非整套商业单据，仅是一些非货运单据，如发票、垫款清单等，这些情况也属于光票托收的范畴。光票托收通常用于收取货款尾款、代垫费用、佣金、样品费或其他与贸易相关的附属费用。光票托收的金额一般较小。非贸易结算中的托收必然属于光票托收。

（二）跟单托收（Documentary Collection）

在国际贸易中使用的托收方式，大多属于跟单托收。《URC 522》对跟单托收作出了定义。跟单托收包括：

(1)附有商业单据的金融单据的托收；

(2)不附有金融单据的商业单据的托收。

前者通常指商业汇票附带的发票、提单、装箱单、品质证书以及保险单等商业单据。这种跟单托收以汇票作为支付依据，其他单据则作为汇票的附件。付款人根据汇票中的无条件支付命令，向指定的收款人或持票人支付汇票金额。这一业务形式在托收中较为常见。后者则不附带金融单据。这种托收方式主要用于规避某些国家对汇票征收印花税的情况。为了减轻印花税负担，跨国公司内部或相互信任的公司之间通常采用此类托收方式。欧洲一些国家在采用即期付款托收这种方式时，通常不采用汇票，而是直接以商业单据作为收款凭证，向进口商收取货款。

四、跟单托收的交单方式及业务流程

（一）按照银行向付款人交单方式的不同，跟单托收可分为付款交单和承兑交单

1. 付款交单(Documents against Payment，D/P)

付款交单是指进口商将货款全额结清之后，才会把商业(货运)单据转交至进口方手中的一种交单方式。

(1)即期付款交单(D/P at Sight)。即期付款交单是指代收行向付款人提示跟单汇票，并要求其立即付款。付款人在见票付款后，代收行才将单据交给付款人。在这种交单方式

中，付款人在单据提示时即进行付款，因此汇票的作用并不显著，完全可以由商业发票替代。因此，在采用即期付款交单方式时，出口商可以选择开立即期汇票，也可以不开汇票。然而，在远期付款交单和承兑交单中，汇票则是不可或缺的。

(2)远期付款交单(D/P at ... Days after Sight)。远期付款交单是指代收行向付款人提示跟单汇票并要求其承兑；付款人承兑后，代收行保管全套商业单据，并于汇票到期日提示付款；付款人完成付款后，代收行才将单据交付给付款人的一种交单方式。

2. 承兑交单(Documents against Acceptance, D/A)

承兑交单是指代收行在付款人承兑远期汇票后，将货运单据交付给付款人，付款人在汇票到期日完成付款的一种交单方式。

《URC 522》明确规定："如果托收包含远期付款的汇票，则托收指示书中应明确注明商业单据是凭承兑交付还是凭付款交付。如果未作此注明，则商业单据仅能凭付款交付，代收行对因迟交单据而产生的任何后果不承担责任。"

(二)跟单托收的业务流程

跟单托收的业务流程如图 7－5 所示。

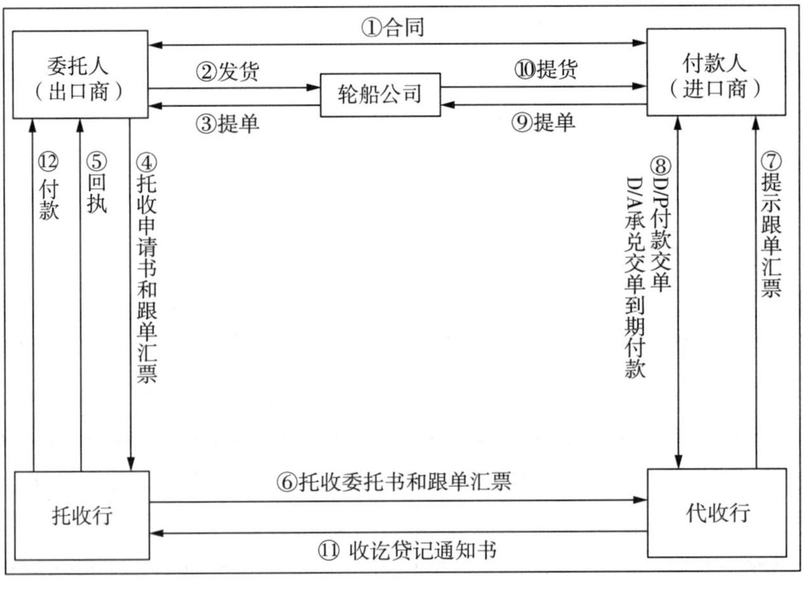

图 7－5 跟单托收的业务流程

(1)委托人和付款人(即出口商和进口商)双方订立国际货物买卖合同，其中明确规定以托收方式支付货款。

(2)出口商发货买卖合同一经签订，应立即按照合同规定备货并安排装运。

(3)轮船公司向委托人签发提单。

(4)委托人将托收申请书和跟单汇票交至托收行。委托人在制作汇票并备妥相关单据后，根据买卖合同填写托收申请书，随后将托收申请书和跟单汇票一并提交至当地银行，即托收行，委托其代为收款。

(5)托收行向出口商提供回执。

(6)托收行将托收委托书和跟单汇票寄送至代收行。

(7)代收行向付款人提示跟单汇票。

(8)付款人在付款后赎单,或承兑汇票后到期支付货款。

(9)进口商向船公司出示提单。

(10)进口商提取货物。

(11)代收行向托收行发出收讫贷记通知书。代收行将收到的货款贷记至托收行账户,并向托收行发送贷记通知。

(12)托收行向委托人付款。托收行在收到贷记通知书后,将货款存入出口商账户。

任务四 信用证

随着全球经济的发展,国际贸易日益频繁,信用证作为国际支付的重要工具,在国际贸易中发挥着越来越重要的作用。信用证业务是银行与进出口企业之间进行贸易往来的关键手段,对于保障国际贸易的顺利进行具有重要意义。

一、信用证的概念与特点

(一)信用证的概念

根据国际商会制定的《跟单信用证统一惯例》第600号出版物(Uniform Customs and Practice for Documentary Credits,2007 Revision,ICC Publication No. 600,以下简称《UCP 600》)第二条的规定:信用证是指一项安排,无论其名称或描述如何,该项安排不可撤销,并构成开证行对相符交单予以承付的确定承诺。从信用证的定义可以看出,信用证是开证行不可撤销的付款承诺。《UCP 600》第三条进一步明确指出:"信用证是不可撤销的,即使未明确表明。"开证行的付款条件是基于信用证项下提交"相符单据"。《UCP 600》第二条对"相符单据"定义为"与信用证条款、本惯例适用条款以及国际标准银行实务一致的交单"。信用证的结算方式使出口商能够在相符交单的条件下获得银行的付款保证,对进口商而言,这种付款保证是有条件的,即开证行仅在收到相符单据时才会付款。因此,信用证结算方式能够较好地保障进出口双方的权益。

简而言之,信用证是一种银行对付款的保证承诺,通常由银行根据买方(开证申请人)的要求开立,并承诺在受益人(卖方)按照信用证规定提交正确单据后,向受益人支付款项。

(二)信用证的特点

根据信用证的定义,信用证具有以下三个基本特点。

1. 信用证是一种自足文件

信用证的自足性是指信用证支付"相符单据"作为唯一判定依据,不受任何外部因素干扰。尽管信用证条款与基础贸易合同存在内在关联,但其一经开立即形成独立法律文件,与原贸易合同脱离法律上的依附关系。

2. 信用证是纯单据业务，不处理货物

单据与货物密切相关，单据是货物的象征。然而，银行仅依据表面上符合信用证条款的单据进行付款，对单据的准确性、真实性或法律效力不承担责任。同时，单据所代表货物的质量也不属于银行关注的事项。如果信用证项下的货物存在质量问题，进口商可以根据贸易合同向出口商提出索赔。只要单据与信用证条款"相符"，开证行便须履行付款义务。

3. 开证行承担第一性付款责任

不论进口商(申请人)是否具有实际偿付能力，只要出口商提交的单据与信用证条款严格相符，开证行就必须立即付款。

二、信用证的当事人

(一)开证申请人(Applicant)

开证申请人一般为国际贸易中的进口方，通常被称为开证人、付款人或委托人。其核心职责在于依据贸易合同约定，在规定期限内通过往来银行完成信用证开立申请。

(二)开证行(Opening Bank/Issuing Bank)

开证行是指应申请人委托，开立信用证并保证独立付款的银行。通常情况下，开证行在进口方所在地，一旦信用证开出，开证行即承担不可撤销的第一性付款责任。

(三)受益人(Beneficiary)

在信用证交易中，受益人通常为出口商。当开证行出现信用风险时，受益人可基于贸易合同向进口商追索。若信用证条款与合同不符或无法履行，受益人需要求申请人指示开证行修改，否则将面临无法提交"相符单据"的风险。值得注意的是，受益人获得付款后仍需依据贸易合同承担货物质量责任。

(四)通知行(Advising Bank/Notifying Bank)

通知行是指收到信用证后，负责验证信用证真实性并将审核后的信用证传给出口商。其义务仅限于证明信用证表面真实性，不涉及信用证内容的实质审查。

(五)议付行(Negotiating Bank)

议付行作为信用证项下的融资主体，发挥着在"相符交单"条件下预付或同意预付货款的核心功能。其业务范围包括购买受益人提交的跟单汇票及/或单据，具体操作根据信用证条款确定。

(六)付款行(Paying Bank/Drawee Bank)

付款行作为信用证项下的最终付款人，承担着即期或延期付款的核心责任。其通常由开证行担任，也可根据信用证条款指定其他银行。付款行付款后不得向受益人追索，仅能向开证行索偿。

(七)保兑行(Confirming Bank)

保兑行承担着与开证行同等的付款责任，保兑行通常由通知行担任，也可由开证行指定其他银行。在开证行信用风险较高或所在国政治环境与经济环境不稳定时，保兑机制能有效降低受益人交易风险。保兑行一旦加具保兑，即承担独立且确定的付款责任，付款后仅能向开证行索偿，不得向受益人追索。

(八)偿付行(Reimbursing Bank)

偿付行承担着代开证行偿还垫款的责任，其业务范围包括向议付行、承兑行或付款行清偿垫款，通常由开证行指定的第三国银行担任。

三、信用证的一般业务流程

信用证业务涉及的当事人较多，流程相较于电汇、托收等方式更为复杂，如图 7－6 所示。

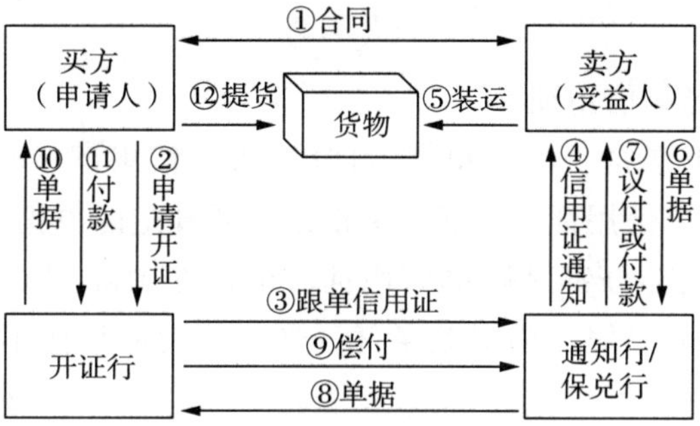

图 7－6　信用证的业务流程

(1)进出口双方签订贸易合同，在贸易合同中确定采用信用证结算方式。

(2)开证申请人(进口商)向开证行申请开证。开证申请人需填写开证申请书，要求其银行(开证行)开立以出口商为受益人的不可撤销信用证。开证申请书中必须明确规定受益人应提交的单据及信用证项下应满足的所有条件。

(3)开证行开出信用证。开证行签发以出口商为受益人的不可撤销信用证，并向受益人作出不可撤销的、独立的付款承诺，条件是受益人提交符合要求的单据(“相符单据”)。在跟单信用证项下，开证行的付款责任与进出口商品、劳务或其他行为相互独立，即使开证申请人不愿意或无能力偿付开证行，开证行的付款责任也不可撤销。

(4)通知行将信用证通知给受益人。通知行通常也是受益人向其提交单据进行议付或收款的被指定银行。有时，通知行还应开证行的要求对信用证加具保兑，从而成为保兑行，使受益人获得除开证行以外的另一个不可撤销的、独立的付款保证。

(5)受益人根据信用证的要求装运货物，并取得相关单据。

(6)受益人将信用证要求的全套单据提交至被指定银行。受益人可以向信用证中指定的银行或任何一家银行提交单据，也可以直接向开证行提交。如果信用证要求的所有单据均已提交，且信用证下的所有条件均已满足，受益人有权获得付款。

(7)被指定银行(通常为通知行或保兑行)对受益人提交的单据进行议付或付款。

(8)被指定银行将全套单据寄送至开证行。

(9)开证行在收到单据并审核无误后,对被指定银行进行偿付。开证行也可以授权另一家银行代为偿付被指定银行。

(10)开证行向开证申请人提交信用证项下的单据,并要求其付款赎单。

(11)开证申请人付款赎单。信用证业务是一种凭单据付款的交易方式。

(12)开证申请人凭单据提取货物。

由此可见,在信用证结算业务程序中,与银行关系密切的环节包括申请、开证、通知、议付、索偿和付款等。有时,信用证结算业务程序还可能涉及修改和注销两个环节。

四、信用证的种类

根据是否随附单据、开证行责任、是否保兑、交易结算方式等不同,信用证可以分为不同的种类。

(一)跟单信用证与光票信用证

依据信用证项下的汇票是否附有单据,可分为跟单信用证(Documentary L/C)与光票信用证(Clean L/C)。跟单信用证是指凭跟单汇票或凭规定的单据付款的信用证,国际贸易结算中使用的信用证绝大部分都是跟单信用证。单据在国际贸易结算中一般是不可或缺的,出口商通常提供一定的单据作为付款条件。光票信用证是凭不附单据的汇票付款的信用证。

(二)不可撤销信用证与可撤销信用证

依据开证行对所开出的信用证所负的责任不同,可分为不可撤销信用证(Irrevocable L/C)与可撤销信用证(Revocable L/C)。不可撤销信用证是指信用证一经开出,在信用证有效期内,如果未得到信用证有关当事人的同意,开证行不能单方面撤销或修改信用证条款;开证行的付款责任是第一性的、确定的。只要受益人提供的单据符合信用证条款,开证行就必须履行付款义务。根据惯例规定,适用《UCP 600》信用证必须是不可撤销信用证。可撤销信用证是指开证行有权在信用证开出之后,不征求受益人同意甚至不通知受益人随时撤销的信用证。

(三)保兑信用证与非保兑信用证

根据信用证有无开证行以外的其他银行加以保证兑付,信用证可分为保兑信用证(Confirmed L/C)与非保兑信用证(Unconfirmed L/C)。

保兑信用证是指开证银行开出的信用证经另一家银行加以保兑,该银行保证兑付受益人所开具的汇票。凡在信用证文字记载需要保兑的,愿意承担保兑的银行称保兑行(Confirming Bank),保兑行通常是由通知行担任,保兑行为另一家银行开具的信用证加保,须收取保证金和银行费用。若开证银行不提供保证金,保兑银行可要求开证银行提供对等的保兑义务作为条件,方可承担保兑的责任。

非保兑信用证是指不经过另一家银行保兑的信用证。

(四)即期付款信用证、延期付款信用证、议付信用证、假远期信用证

按照交单结算方式的不同,信用证可以分为即期付款信用证(Sight Payment L/C)、延

期付款信用证(Deferred Payment L/C)、议付信用证(Negotiation L/C)、假远期信用证(Usance Credit Payable at Sight)。

(1)即期付款信用证是指受益人(出口商)根据开证行的指示开立即期汇票,或无须汇票仅凭运输单据即可向指定银行提示请求付款的信用证。

(2)延期付款信用证是指不需要汇票,仅凭受益人交来的单据,审核相符后,指定银行承担延期付款责任并延长至到期日付款的信用证

(3)议付信用证是指信用证开立后,受益人向某一银行议付或任何银行都可议付的信用证。如果信用证不限制某银行议付,可由受益人(出口商)选择任何愿意议付的银行,提交汇票、单据给所选银行请求议付,这种信用证被称为自由议付信用证,反之则被称为限制性议付信用证。

(4)假远期信用证是受益人凭此开立远期汇票经银行承兑后进行贴现而即刻得到票款的信用证。此种信用证的出口方所开立的汇票仍然是远期汇票,只是可以通过票据贴现即刻得到票款,并由进口商承担所发生的贴现费用。出口方若愿意接受远期付款,还可以获得利息。

(五)可转让信用证与不可转让信用证

根据受益人使用信用证的权利能否转让,信用证可以分为可转让信用证(Transferable L/C)与不可转让信用证(Non-transferable L/C)

可转让信用证是开证行向中间商(受益人)提供对信用证条款权利履行转让便利的一种结算方式。如果是自由议付信用证,受益人(第一受益人)可以请求授权付款、承担延期付款责任、承兑或议付的银行(转让行),可以要求信用证特别授权的转让行将信用证的全部或部分权利一次性转让给一个或多个受益人(第二受益人)。

在国际贸易中,当中间商经营出口业务时,通常要求进口商开出可转让信用证。在使用该证时,中间商不需要动用自有资金,而是通过买卖差价取得经营利润。因此,中间商作为第一受益人通常使用自己的发票(原信用证金额)来换取供货商作为第二受益人的发票(转让证的金额),并将原证的装船期和有效期限适当提前。不可转让信用证是指受益人不能将信用证权利转让给他人的信用证。一般情况下,信用证都是不可转让的。

(六)SWIFT 信用证

SWIFT 是环球银行金融电信协会(Society for Worldwide Interbank Financial Telecommunication)的简称。它是一个国际银行间非营利合作组织,专门从事代理各国之间的非公开性金融电信业务,包括办理信用证项下的汇票业务和托收等,还建立子国际账务清算和银行间的资金调拨体系。该组织成立于 1973 年 5 月,总都位于比利时的布鲁塞尔,旨在为国际金融业务提供准确、优良的服务。凡依据国际商会所制定的电开信用证格式并利用 SWIFT 网络系统设计的特殊格式通过 SWIFT 网络系统传递的信用证的信息,即通过 SWIFT 开立或通知的信用证被称为 SWIFT 信用证,也称环银电协信用证。采用 SWIFT 信用证,必须遵守 SWIFT 使用手册的规定,使用 SWIFT 手册规定的代号,而且信用证必须遵守国际商会制定的《UCP 600》的规定,在信用证中可以省去银行的承诺条款(Undertaking Clause),但不能免除银行应承担的义务。目前,开立 SWIFT 信用证的格式代

号为 MT700 和 MT701。如对已经开出的 SWIFT 信用证进行修改,则须采用 MT707 标准格式传递信息。采用 SWIFT 信用证后,信用证具有标准化、固定化和统一格式的特性,且传递速度快捷,成本较低,从而大大提高了银行的结算效率。

五、信用证的开立与内容

(一)信用证的开立形式

1. 信开本

信开本是指开证银行采用印制的信函格式开立信用证,并通过航空邮寄的方式送达通知行的开立形式。

2. 电开本

电开本是指开证银行通过电传、传真、SWIFT 等电讯方式将信用证条款传递给通知行的开立形式。需要特别注意的是,《UCP 600》第十一条规定:经证实的电讯方式发出的信用证或信用证修改文件即被视为有效的信用证或修改文件,任何后续的邮寄确认书将不予理会。如果电讯中声明"详情后告"或使用类似表述,或声明以邮寄确认书为有效的信用证或修改文件,则该电讯不被视为有效的信用证或修改文件。

3. 简电本(Brief cable)

简电本是指开证银行仅通知信用证已开立,并将信用证的主要内容提前告知通知行,而详细条款则另行通过邮寄方式发送至通知行的开立形式。需要注意的是,简电本在法律上无效,不能作为交单议付的依据。

(二)信用证的内容

跟单信用证通常使用标准化的格式。尽管关于信用证,不同银行有各自印鉴的固定格式,但其基本内容大体一致。通过 SWIFT 系统开立的信用证采用 MT700 和 MT701 格式。当信用证内容较多时,可以使用一个 MT700 格式以及一个或多个 MT701 格式来开立。随着国际商会《跟单信用证统一惯例》的不断修订,信用证的格式也随之发生一些变化。一份 SWIFT 格式的信用证通常包含以下基本内容,详见表 7-1。

表 7-1 SWIFT 格式的信用证包含的基本内容

编码	条款名称	含文	性质
27	SEQUENCE OF TOTAL.	页次	必选项
40A	FORM OF DOC. CREDIT	跟单信用证形式	必选项
20	DOCUMENTARY CREDIT NO.	信用证号码	必选项
23	REFERENCE TO PRE-ADVICE	预通知编号	可选项
31C	DATE OF ISSUE	开证日期	可选项
40E	APPLICABLE RULES	信用证惯例	可选项
31D	DATE AND PLACE	到期日和地点	必选项

（续表）

编码	条款名称	含文	性质
51A/D	APPLICANT BANK	申请人银行	可选项
50	APPLICANT	开证申请人	必选项
59	BENEFICIARY	受益人	必选项
32B	CURRENCY CODE. AMOUNT	币种和金额	必选项
39A	PERCENTAGE CREDIT AMOUNT TOLERANCE	上下浮动允许范围	可选项
39B	MAXIMUM CREDIT AMOUNT	信用证最大允许金额	可选项，不能与39A同时出现
39C	ADDITIONAL. AMOUNTS COVERED	额外金额	可选项
41A/D	AVAILABLE WITH BY.	信用证兑付方式	必选项
42C	DRAFTS AT	汇票付款期限	可选项
42A/D	DRAWEE	汇票付款人	可选项
42M	MIXED PAYMENT DETAILS	混合付款条款	可选项
42P	DEFERRED PAYMENT DETAILS	延期付款条款	可选项
43P	PARTIAL SHIPMENTS	分批装运	可选项
43T	TRANSHIPMENT	转运	可选项
44A/E	LOADING ON BOARD	装运地点	可选项
44B/F	FOR TRANSPORTATION TO	最终目的地	可选项
44C	LATEST DATE OF SHIPMENT	最后装运期	可选项
44D	SHIPMENT PERIOD	船期	可选项，不能与44C同时出现
45A/B	DESCRIPTION OF GOODS	货物描述	可选项
46A/B	DOCUMENTS REQUIRED	单据要求	可选项
47A/B	ADDITIONAL CONDITIONS	附加条款	可选项
71B	CHARGES	费用	可选项
48	PERIOD FOR PRESENTATION	交单期	可选项
49	CONFIRMATION INSTRUCTION	保兑指示	必选项
53A/D	REIMBURSEMENT BANK	偿付行	可选项
78	INSTRUCTION TO THE PAYING / ACCEPTING NEGOTIATING BANK	开证行对被指定银行指示	可选项
57A/D	ADVISE THROUGH BANK	通知行	可选项
72	SENDER TO RECEIVER INFORMATION	附言	可选项

六、信用证支付方式的风险与防范

信用证作为一种以银行信用为基础的结算方式,能够降低交易双方的交易风险。通过引入银行信用,信用证有助于出口商顺利收汇;通过对各种单据的具体要求,进口商能够顺利购买货物。然而,这并不意味着信用证结算没有任何风险。事实上,申请人、受益人和银行在信用证结算中都在不同程度上面临各种风险。

(一)信用证支付方式的风险

1. 单据风险

信用证是一种"纯单据业务",银行仅审查单据表面是否相符,而不涉及实际货物。如果卖方提交伪造或不符合信用证条款的单据,可能导致买方遭受欺诈,无法收到符合合同要求的货物。

2. 银行信誉风险

信用证支付方式的可靠性取决于开证银行的信誉。如果开证银行信誉不佳或存在经营风险,卖方即使提交了符合要求的单据,也可能无法顺利收到货款。

3. 汇率风险

在信用证支付方式中,汇率变动是一个需要高度重视的风险因素。由于信用证支付通常涉及不同国家或地区之间的货币兑换,汇率的波动可能对交易双方的利益产生重大影响。

卖方在收到信用证并准备发货时,通常会根据当时的汇率预估预期的货款收入。然而,从发货到实际收到货款之间,通常存在一定的时间间隔。在这段时间内,汇率的波动可能带来意想不到的风险。如果汇率在发货后出现贬值,那么卖方在收到货款时,按照当时的汇率兑换成的本币金额可能低于之前的预期,这无疑会削减卖方的利润,甚至可能导致亏损。

4. 软条款风险

信用证中可能存在由买方控制的"软条款",如暂不生效条款、限制性付款条款等。这些条款可能导致信用证在实际操作中失去保障作用,从而增加卖方的风险。

(二)信用证支付方式的风险防范

1. 谨慎选择交易对象和银行

买方和卖方在交易前,应对对方及开证银行的资信状况进行深入了解,选择信誉良好的交易伙伴和银行。

2. 严格审核信用证条款

卖方在收到信用证后,应仔细审核信用证的所有条款,确保其与合同要求一致,并特别注意是否存在软条款。一旦发现无法接受或存在风险的条款,应立即要求修改或拒绝接受信用证。

3. 加强单据管理

卖方应确保提交的单据真实、准确、完整,并符合信用证条款的要求。同时,应妥善保管单据原件,避免丢失或损坏。

4. 关注汇率变动

卖方必须时刻关注汇率的变动情况，以便及时作出调整。通过密切关注国际金融市场动态，特别是与交易货币相关的汇率走势，卖方能够更准确地预测未来的汇率趋势，从而作出更加明智的交易决策。

5. 寻求专业的法律咨询

在信用证交易过程中，如遇到复杂或争议较大的问题，可以寻求专业法律咨询以维护自身权益。

综上所述，信用证支付方式虽然存在一定的风险，但通过谨慎选择交易对象和银行、严格审核信用证条款、加强单据管理、关注汇率变动以及寻求专业的法律咨询等措施，可以有效降低风险，确保国际贸易顺利进行。

关键术语

汇票　本票　支票　记名背书　空白背书　划线支票　电汇　托收　信用证　即期付款交单　远期付款交单　承兑交单　软条款　开证申请人　开证行　受益人　通知行

项目实训

【实训情境】

某企业向巴西M公司出口了一批价值10万美元的农产品，合同详细规定了支付流程："买方必须在代收行首次提示时，立即承兑卖方签发的见票后20日付款的附带货运单据的汇票，并于汇票到期日完成支付。同时，货运单据将在汇票承兑后释放。"某企业依约完成了装运，并于3月15日整理好全部文件，通过托收银行启动了为期D/A 20天的托收流程。然而，直至4月25日，买方M公司仍未收到与该批次货物相关的托收文件。某企业调查后发现，问题源于单据及托收指令中付款人地址信息的缺失。5月15日，该企业接到了代收银行的拒付通知。由于单据传递延误，M公司未能及时提取货物，导致货物遭遇雨淋损失。基于此情况，M公司作为付款方以此为由拒绝承兑并拒绝支付货款。

【实训任务】

如果你是该企业的单证操作员，应该如何与M公司协商解决问题？

章节习题

(1)什么是票据？它有哪些特征？

(2)什么是汇票？它有哪些当事人？当事人之间的关系是什么？

(3)汇票、本票、支票三者之间的区别是什么？

(4)什么是电汇？电汇的业务流程有哪些？

(5)什么是信用证？它有哪些特点？

项目八　国际贸易业务制单结汇

项目引例

某年3月，我国某工艺品公司向巴西B. C. 公司出口货物。6月5日，对方开具信用证，条款包括："350 sets of Dinner Set，Price：USD 35.00 Per set CFR KARACHI shipment from Qingdao to Karachi，shipping mark to be B. C. 381 AND 451/KARACHI only."

该工艺品公司完成装运并提交单据进行议付。然而，开证行在审单后指出以下不符点并拒付：提单及发票等单据上的运输标志与信用证要求不符。信用证要求为"B. C. 381 AND 451/KARACHI"，而单据上为"B. C. 381 & 451/KARACHI"；信用证规定价格条款为"USD 35.00per set，C&F KARACHI"，而发票上为"USD 35.00per set，CFR KARACHI"。

该工艺品公司反驳称：(1)"AND"与"&"在实质上无差异，不应视为不符。(2)根据国际商会规定，C&F 已被 CFR 替代，因此发票上的写法正确。

然而，开证行坚持认为单证不符：(1)信用证要求运输标志必须完全一致，"AND"与"&"的区别构成不符。(2)根据《UCP 600》的规定，单据审核需以单据为基础，C&F 与 CFR 在表面上即构成不符。

经与议付行共同研究，该工艺品公司承认单据存在瑕疵，最终通过让价10%达成和解。

思考：议付行提出的不符点是否合理？

任务一　制单工作概述

在国际贸易中，由于买卖双方地理位置相距遥远，货物交易无法完全在双方的直接监控下完成，因此需要一套能够替代货物交易并具有法律效力的文件。外贸制单工作是贸易合同履行过程中不可或缺的一环，涉及企业、银行、保险公司、运输公司、商检机构、海关以及相关政府部门等多个主体。通过规范化的制单工作，外贸企业可以满足各方要求，确保贸易顺利进行并降低交易风险。外贸制单工作对国际贸易合同的履行具有重要意义。

一、制单工作概念

外贸制单工作是指根据实际进出口贸易情况，提供贸易过程中所需的各种单据。这些单据包括但不限于发票、装箱单、报关单、报关委托书、核销单以及其他海关监管条件所需的单据。这些单据的缮制和签署是外贸业务中的重要环节，涉及货物运输、货款结算及贸易合法性等多个方面。

二、制单工作流程

外贸制单工作流程由贸易方式和结算方式决定。因此，在不同的贸易方式和结算方式下，外贸业务环节会有所不同，单证业务工作流程也会随之发生变化。

在信用证结算方式下，由于贸易方式的不同，在 L/C＋CIF、L/C＋FOB 和 L/C ＋CFR 等三种条件下，外贸单证业务流程也有所区别。在 L/C＋CIF 条件下，其基本涵盖外贸业务的所有环节，也涉及所有单证的制作和处理。CIF 条件下外贸单证出口操作的基本工作流程（以 L/C 为例）如图 8－1 所示。

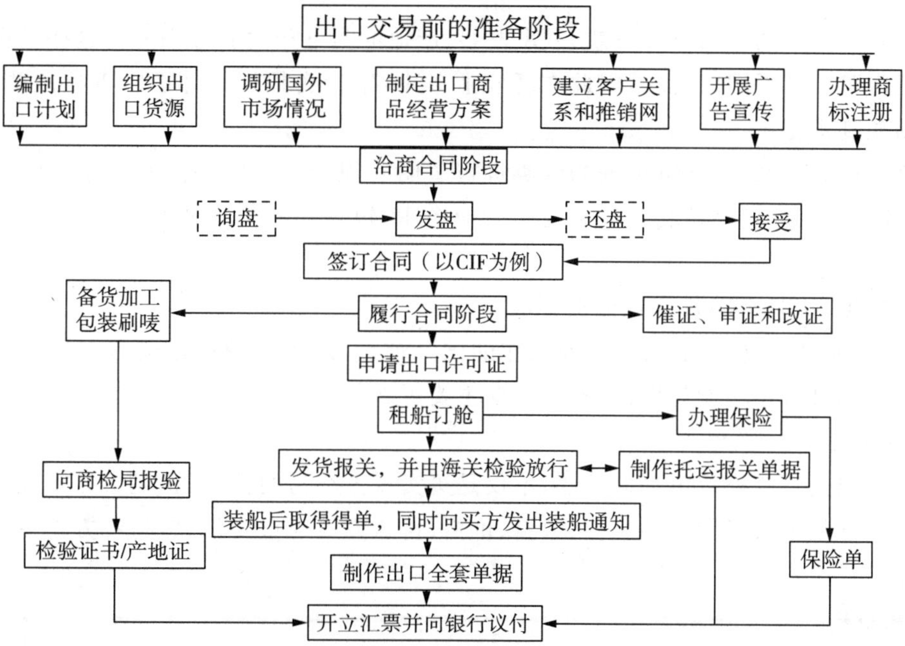

图 8－1　CIF 条件下外贸单证出口操作的基本工作流程（以 L/C 为例）

在其他结算方式和贸易方式下，某些外贸业务环节可能不再需要，因此相应的单证业务操作也会减少。例如，在 L/C＋FOB 条件下，对于出口商来说，不需要办理保险业务，因此无须制作投保单和保险单等相关单证；而对于进口商来说，则需负责这些单证业务。在电汇结算方式下，由于其不涉及信用证，也无须汇票向银行议付，因此不存在信用证申领、审核、修改等环节，也不需要制作汇票或办理相关业务。

三、外贸单据分类

外贸业务由于涉及的部门和机构众多，经过长期实践形成了不同的贸易惯例。本书主要介绍两大常用国际惯例：《URC 522》和《UCP 600》的相关规定。

(一)依据《URC 522》规定的分类标准

《URC 522》作为国际贸易中广泛遵循的惯例,对外贸单据的分类作出了明确规定。这些外贸单据主要包括金融单据、商业单据以及其他必要的单据。

金融单据主要指汇票、本票、支票等用于获取付款的凭证。这些单据在国际贸易中发挥着至关重要的作用,因为它们是确保交易双方权益的重要法律依据。金融单据的准确性和完整性对于保障交易双方的利益至关重要。因此,在托收业务中,银行会对这些单据进行严格审核,以确保交易顺利进行。

商业单据主要包括发票、运输单据、保险单据等。这些单据详细记录了交易的商品、数量、价格等信息,是国际贸易中不可或缺的一部分。商业单据的准确性和完整性对于保障交易双方的权益至关重要。因此,在托收业务中,银行会严格审核这些单据,以确保交易顺利进行。

其他必要的单据包括海关发票、领事发票、产地证明书和检验证书等。这些单据在不同国家或地区可能有不同的要求,因此在托收业务中,银行会根据具体要求审核这些单据,以确保交易顺利进行。

总之,《URC 522》对外贸单据的分类进行了明确规定。这些规定有助于保障交易双方的权益,并促进国际贸易顺利开展。在托收业务中,银行会严格审核相关单据,以确保交易顺利进行。

(二)依据《UCP 600》规定的分类标准

《UCP 600》作为规范信用证业务操作的国际惯例,对外贸单据的规范和要求进行了明确规定。根据其特定功能与用途,外贸单据主要可以分为以下几大类。

1. 商业发票

商业发票是整套外贸单据的核心,不仅是买卖双方交易的凭证,也是银行审核支付的关键依据。它详细记录了货物的名称、数量、价格、付款方式等重要信息,为各方提供全面的交易详情。

2. 装箱单

装箱单提供有关货物包装的详细数据,包括包装材料、数量、尺寸以及毛重、净重等。这份单据帮助收货人了解货物的外部包装情况,也是海关清关时的重要参考。另外,提单作为货物运输合同的证明,详细记录了货物的起运地、目的地、运输方式等信息。它是承运人或其代理人出具的货物收据,证明货物已经被收妥并准备运输。

3. 保险单

保险单是保障国际贸易中货物安全的重要文件。其由保险公司出具,确认货物已经投保并支付了相应的保险费。在货物运输过程中出现任何意外时,保险单将成为理赔的关键依据。

4. 原产地证明

原产地证明提供了货物的原产地信息,证明货物生产或制造的国家或地区。这对于一些实施进口限制的国家来说尤为重要,是决定货物能否进口的关键因素。

5. 检验证书

检验证书通常由第三方检验机构出具，用于对货物的质量、数量、规格等进行全面检验，并提供相应的证明文件。这对于确保交易公平以及维护各方利益具有重要意义。

此外，根据具体的贸易条款和要求，外贸单据中可能还包括一些附加文件，如装运通知、受益人证明等。这些单据虽然并非固定要求，但在某些特定情况下是必不可少的。

总之，《UCP 600》对外贸单据的规范要求确保了国际贸易流程顺畅进行。各类外贸单据在交易中发挥着关键作用，不仅提供了各方所需的信息，还为交易的合法性与公平性提供了保障。遵循这些规范和要求，对于降低交易风险、提高效率以及促进国际贸易稳定发展至关重要。

四、外贸结汇单据的基本要求

在国际贸易业务中，结汇单据扮演着至关重要的角色。这些单据不仅是交易的书面记录，而且是双方权益的保障，确保交易顺利进行的关键环节。因此，外贸结汇单据必须满足一系列严格的基本要求，以保证交易的真实性、规范性、合法性和及时性。

（一）正确性

单据的正确性是国际贸易顺利进行的基石。每一份发票、提单、保险单等结汇单据，都应如实反映交易的细节信息，确保商品描述、数量、价值等关键信息真实、准确、无误。

首先，外贸企业要做到“单证相符、单单相符、单货相符、单同相符”。其中，“单证相符、单单相符”是银行审单的要求，而“单货相符、单同相符”是合同履行的要求。

其次，外贸企业要确保单据与相关惯例和法律法规相符。遵循行业标准和国际惯例是外贸结汇单据的基本要求。这些标准和惯例是国际贸易长期实践的结晶，有助于确保单据的可读性和认可度。企业在制作和提交结汇单据时，务必遵循既定的规范和标准，避免因格式或文字问题引发误解或争议。这不仅有助于提高单据的质量和信誉，还能为交易双方节省大量的时间和精力。

此外，所有外贸结汇单据必须满足合法性要求。这包括但不限于进出口管制、关税、税收等方面的法律规定。任何违反法律规定的单据都可能导致严重后果，包括罚款、货物被扣留等。因此，企业在准备结汇单据时，务必确保所有信息都符合相关法律法规的要求，避免触碰法律底线。

银行和相关监管机构会对这些单据进行严格审核，以防范潜在的欺诈风险。

（二）完整性

单据完整性是外贸结汇单据的另一项关键要求。任何形式的遗漏或缺失都可能导致结汇流程的延误甚至失败。因此，企业在准备结汇单据时，务必确保所有必要的文件和信息都已齐备，并且格式正确、内容完整、种类齐全、份数充足。这不仅能提高结汇效率，也能降低因文件不齐全而产生的额外成本和风险。

（三）及时性

及时性同样是外贸单证工作的基本要求之一。延迟提交可能导致外汇结算的延误，增加额外的成本和风险。因此,企业务必合理安排时间,确保在规定的期限内完成单据的准备和提交工作。这不仅能提高结汇效率,也有助于维护企业的商业信誉,确保交易顺利进行。

各种单据的签发日期应符合逻辑性和国际惯例,通常提单日期是确定各单据日期的关键。汇票日期应晚于提单、发票等其他单据的日期,但不能晚于信用证的有效期。

(四)简洁性

简洁性是指在制作单据时应力求简明扼要,避免冗长和复杂的表述。简洁的单据能够提高效率,使相关人员更快理解其内容,减少误解和错误。同时,简洁的单据也更容易被国际合作伙伴接受,有助于建立良好的商业关系。因此,在制作外贸单据时应使用简洁的语言和表述方式,突出重点信息,避免不必要的细节和冗余内容。

(五)清晰性

清晰性是指单证表面整洁、美观、大方,以及单证内容简洁明了。主要包括以下几个方面:

(1)在设计和编写外贸单证格式时,应确保标准化与规范化,内容布局需条理清晰、层次分明,并将关键项目置于显著位置。

(2)单证上的文字需工整清晰,语言表达流畅自然,用词力求简洁精准。

(3)如需更正单证内容,宜保留原始信息,尽量减少涂改,特别是对于金额、数量、件数等关键数据,严禁随意更改。若修改幅度过大,应重新编写单证。此外,单证的整洁性也体现了一个国家的科技水平和一个企业的业务水平。单证是否整洁,不仅反映了制单人员的业务熟练程度和工作态度,还会直接影响单证的使用效果。因此,在填制外贸单证时,必须保持其整洁性和准确性。

五、外贸制单工作的程序

(一)核查

核查制单的依据,查看各种信息是否保持一致,如核查货物的出仓资料、信用证和合同等。确认单证与货物是否相符,如发现问题应及时联系相关人员解决。

(二)计算

单据中需要计算的项目应全部预先计算好,如货物的体积、毛重、净重,以及发票的总价、佣金、保险金额等。

(三)配单

根据信用证或合同的要求,为本批出口货物制作所需的各种单据,并根据需要制订配单计划,逐项落实。这不仅能够避免遗漏某一单据,还能提高制单工作的效率。

(四)制单

完成核查、计算、配单三项工作后,便可开始正式制单。制单通常从发票和装箱单着手,因为发票记载的内容较为全面,是制作其他单据的前提和基础。发票制妥后,可依据发票内容逐步缮制其他单据。

(五)审单

单据缮制完毕后，需进行仔细的审核。首先，制作人员对单据进行审核，发现差错时及时更正。其次，制作人员审核完毕后，建议由外贸业务经理或其他授权人员进行复审，以确保“单证相符、单单相符”。

任务二　结汇工作概述

一、信用证结算方式下的交单结汇

出口商(信用证受益人)在指定的交单期限内，向开证行或指定银行递交符合信用证规定的单据，这一过程即为交单。这些单据包括发票、提单、保险单等，以及原产地证书、检验证书等证明文件。

在信用证支付方式下，出口商通常采用以下两种交单方式：一种是一次性交单，即在所有单据备齐后一并送至银行。此时货物已完成发运。银行在审单过程中若发现不符点，需要退单修改，这不仅耗时，还容易导致逾期，从而影响收汇的安全性。另一种是两次交单，也称预审交单。在此方式下，出口商在运输单据签发前，先将其他已准备好的单据提交给银行预审，以便在发现问题后及时更正；待货物装运后，收到运输单据时，可于当天完成议付并寄出单据。

(一)正常交单

正常的单据交单应满足以下三个要求。

1. 内容正确

单据中的各项内容应准确无误，包括所用文字与信用证的要求一致，做到单单相符、单证一致。《UCP 600》对相符交单的定义作了进一步阐述。相符交单是指单据与信用证条款、《UCP 600》惯例的相关适用条款及国际标准银行实务一致的交单。

2. 单据完整

单据完整即单据的种类和份数都与信用证的规定相符。

3. 交单及时

交单时间必须在信用证规定的交单期和有效期内。信用证必须规定一个交单的截止日。如果交单的截止日迟于信用证的有效期截止日，则信用证的有效期截止日将被视为交单的截止日。交单应在截止日当天或之前完成。

例如，某信用证的交单截止日是 2016 年 9 月 10 日，而信用证的有效期是 2016 年 9 月 5 日，则实际交单截止日是 2016 年 9 月 5 日。

另外，《UCP 600》第六条对交单地点也作了进一步阐述。一般来说，出口商兑用信用证的银行所在地即为交单地点；可在任一银行兑用的信用证，其交单地点为任一银行所在地。除规定的交单地点外，开证行所在地也是交单地点。

《UCP 600》第十五条规定，当指定银行确定交单相符并承付或议付时，必须将单据转递给保兑行或开证行；当保兑行确定交单相符时，必须承付或者议付并将单据转递给开证行；当开证行确定交单相符时，必须承付。

根据《UCP 600》第十四条的规定，指定银行、保兑行及开证行在收到交单后，各自拥有最多五个银行工作日的时间来审查交单是否符合规定。这一审查期限不会因交单日当天或之后信用证的截止日或最迟交单日的到来而被缩减或受到影响。因此，出口商在提交单据后，可以大致确定结汇的日期。

(二)不符点交单

1. 及时修正单据

对问题单据应迅速更正，确保在信用证有效期和交单期内完成修正，避免影响收款安全性。

2. 保函交单

若部分单据因故无法按时修改，出口商可向银行出具保函，请求银行先行寄单，并承诺若买方拒收或拒付，则银行可追回已付款项。虽然银行可能接受，但此方式风险较高，出口商在出具前应先联系客户，获取其接受不符单据的确认文件。

3. 电提不符点

若议付行不愿凭保函议付，则可请其用电传或 SWIFT 将不符点通知开证行，待开证行确认接受不符点并付款后，再寄送单据并注明不符点，以保障收款安全，但需注意时间和电传费用成本。

4. 改用托收方式处理

指定银行、保兑行或开证行根据指示确认交单不符时，可以拒绝承付或议付。《UCP 600》第十六条规定，当开证行确认交单不符时，可以自行决定是否联系申请人放弃不符点。然而，这一程序并不会延长五个银行工作日的处理期限。

二、电汇结算方式下的交单收汇

在电汇结算方式下，出口商发货及交单时机的选择对能否正常收汇至关重要。在实际业务里，采用航空运输时，出口商通常要求买方先以电汇方式预付货款，之后再发货与交单。而使用海运方式时，出口商也应努力争取先收款再发货交单，或者发货后，先把海运提单复印件传真给买方，证明货物已装船。待买方确认货物装运后，支付货款，出口商收到货款后再将正本单据寄给买方。

三、托收结算方式下的交单收汇

在托收结算方式下，出口商在装运货物后，应按要求将全套结汇单据备齐，并及时交给出口地的托收银行办理托收手续。交单时，出口商还需填写汇票和托收委托书。银行在托收结算方式下仅负责核实单据在表面上是否与托收委托书所列的单据种类及份数一致。如发现单据有遗漏，银行应立即通知出口商。除此之外，银行没有审核单据内容的义务。

国外代收行收到单据和托收行的委托指示后，如果接受委托，在审查委托书和单据无误后，通知进口商验单付款或承兑，并由代收行将货款交托收行付给出口商。如果代收行不接受托收行的委托，则需立即通知托收行，以便托收行重新选择代收行。

代收行在通知进口商赎单时遭到拒绝，应立即通知托收行。如进口商提出要修改托收委托指示上的条件，代收行不可擅自接受，必须先征得托收行的同意，否则代收行将承担追索货款的责任。

关键术语

正确　完整　及时　单单相符　单证相符　不符点

项目实训

【实训情境】

某外贸公司向国外出口一批货物，采用信用证方式支付。买方按时开立信用证，证内规定："Shipment: not later than 31 May 2013. Expiration date: 15 June 2013."该证还规定："This Credit is subject to the Uniform Customs and Practice for Documentary Credit (2007 Revision) International Chamber of Commerce Publication No. 600."该外贸公司于5月14日将全部货物装船，提单签发日为5月14日。当受益人于6月7日将符合信用证规定的各项单据交议付行议付时，遭银行拒付。

【实训任务】

请思考该外贸公司单证操作员在交单时是否存在过失。

章节习题

(1)制单工作的基本要求是什么？
(2)如何做到单单相符与单证相符？
(3)不符点交单如何处理？
(4)如何办理电汇结算方式下的交单收汇？
(5)如何办理托收结算方式下的交单收汇？

项目九　出口收汇核销退税

项目引例

A 企业为小规模纳税人，2022 年 6 月采购机器设备 52000 美元验收入库，离岸价为 60000 元人民币。

思考：A 企业能否办理出口退税？

任务一　出口收汇核销

一、出口收汇核销的概念

为了防止出口商将外汇截留在境内，国家外汇管理部门通过海关对出口货物的监管，银行对出口货物收汇是否实际到账的监督，明确货、款的去向和比例是否合理，这称为出口收汇核销。

我国在外汇短缺时期，实行"宽进严出"的外汇政策，时有不法商人通过各种手段逃避外汇监管。从 1991 年起，我国开始实行出口收汇核销制度，以防止"出口少收汇"的现象。其后，该制度经历了一系列改进。例如，随着海关、外贸、外汇、银行、税务等部门电子执法系统的建成，部分环节实现了"无纸化"操作；又如，对出口企业进行分类管理，对部分出口收汇信用良好的企业以及国际收支申报率较高(如 95%以上)的企业实行事后总量核销，而对其他企业则仍实行逐笔核销等。出口收汇核销制度在防止外汇流失方面发挥了重要作用，但同时也耗费了大量人力、物力和财力。自 2001 年底我国加入世界贸易组织(WTO)以来，凭借连续多年的外贸顺差和外资流入的双顺差，我国外汇储备从 200 多亿美元迅速增长到 2006 年的 8000 多亿美元，位居世界第一。到 2011 年 3 月末，这一数字更是突破了 3 万亿美元。一段时间以来，我国陷入"外汇过多"的困境，外汇管理政策逐渐向相反方向调整。例如，2008 年前后，我国取消了强制结汇制度，并在 2011 年试行出口收汇存放境外自行收支的办法。同时，国外资金对人民币长期升值的预期使外汇管理政策进一步转向防范"热钱"流入，目标也从"防止出口少收汇"转变为"防止出口多收汇"。出口收汇核销制度的重要性逐渐减弱。国家外汇管理局相继提出贸易便利化的要求，并在 2011 年表示，将在原有部分企业实施事后总量核销的基础上，“择机启动出口收汇核销的改革”。不过，由于资本项目的自由兑换尚未完全放开，经常项目的监管措施仍不能完全撤销，以防资本项目通过经常项目绕道逃避监管，导致局势失控。

二、出口收汇核销流程

出口收汇核销的流程如图 9－1 所示，具体包括以下步骤。

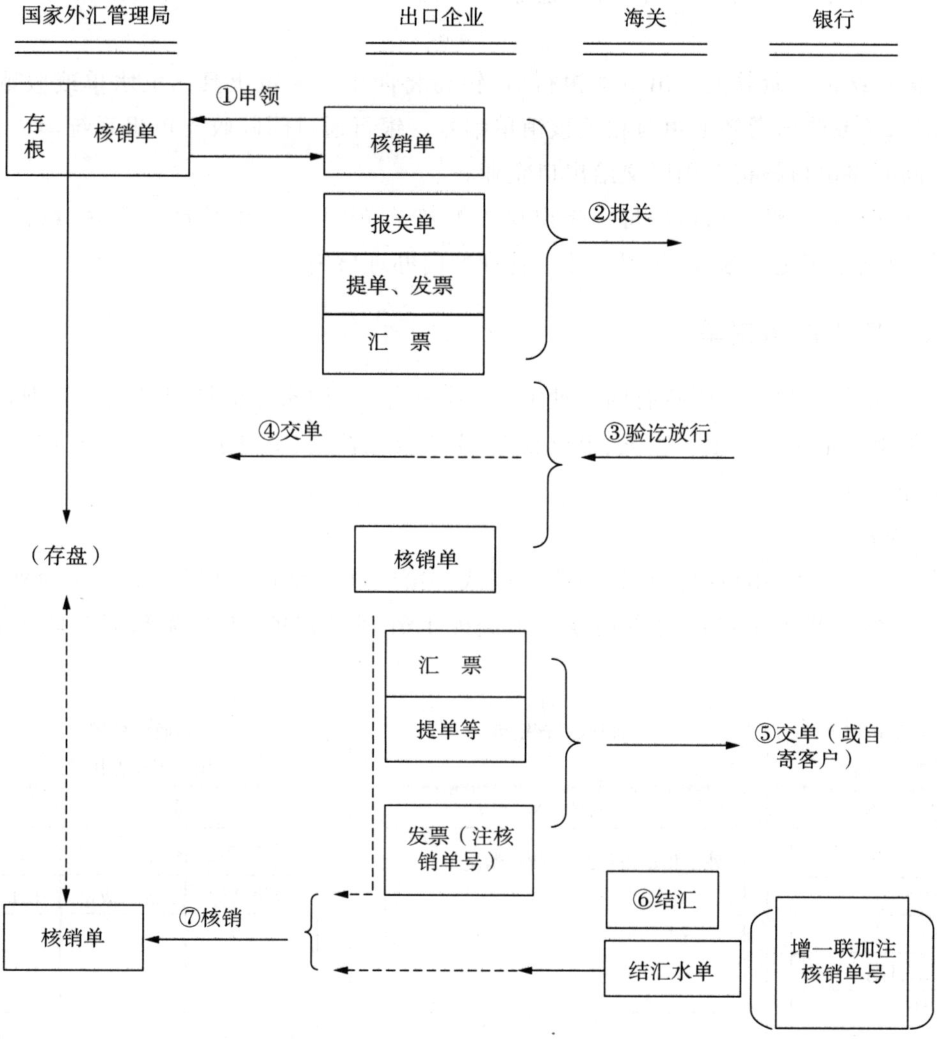

图 9－1　出口收汇核销的流程

（1）申领核销单。出口企业预先向外汇管理局申请所需核销单的份数，随后凭操作员 IC 卡前往外汇管理局领取纸质核销单。

（2）备案核销单信息。报关之前，出口企业需向海关备案核销单信息，并在 90 天内向海关提交外汇核销单，用于报关业务。

（3）海关审核与操作。海关经审核确认无误后，在核销单与报关单上加盖“验讫章”，同时对电子口岸系统中的电子底账进行已使用的核注。海关将报关电子底账及核销单的相关信息通过电子口岸传送给外汇管理部门。结关后，海关将核销单退还给报关公司，再由报关公司转交出口企业。

（4）提交备案资料。完成报关后，出口企业需在规定时间内，将出口收汇核销单存根、出口报关单和发票提交外汇管理局备案。

（5）交单收汇。货物出口后，出口企业凭核销单、报关单及相关单据向银行办理收汇手续。

（6）银行结汇。货款汇入出口地银行后，银行将向出口单位出具结汇水单或收账通知，并在结汇水单或收账通知上填写相关核销单编号。银行通过国际收支申报系统向外汇管理局申报，同时将出口核销专用联交给出口企业。

（7）办理核销手续。出口单位携带出口收汇核销单、出口收汇核销专用联、结汇水单或收账通知及其他规定单据，前往国家外汇管理部门办理核销手续。

三、出口收汇核销单

出口收汇核销单是我国特有的一种国际商务单据，由国家外汇管理局统一管理，各分支局核发，是出口单位办理出口报关、出口收汇、出口收汇核销、出口退税申报的有统一编号及使用期限的凭证。

（一）内容

如图 9－2 所示，出口收汇核销单为三联式。第一联为企业存根联，第二联为外汇管理局存根联，第三联为出口退税专用联。未经外汇管理局核销，第二联和第三联不得自行撕开。

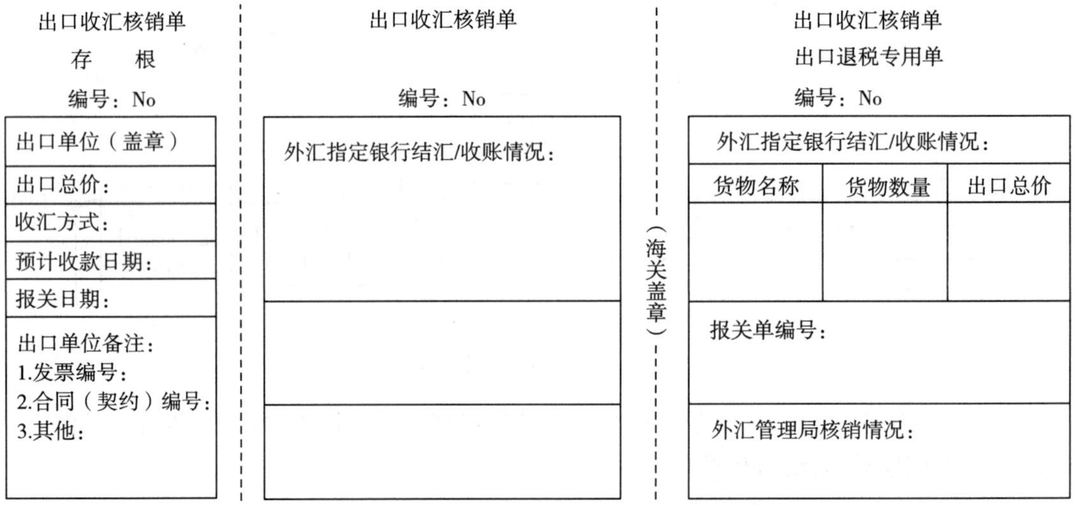

图 9－2　出口收汇核销单

(二)填制

核销单的填写应当正确、完整,并与合同、信用证及相关单据记载的内容保持一致,以确保数据的真实性和完整性。

1. 企业存根联的填写

(1)出口单位。填写出口单位的全称,并加盖公章。出口单位名称应与领取该编号核销单的申领单位、报关单位、信用证受益人、运单托运人以及保险单投保人保持一致。

(2)出口总价。根据报关单内容填写该批货物的成交条件、应收总额及币种。通常情况下,这与商业发票的总金额一致。

(3)收汇方式。按合同规定的收汇方式填写,如 L/C、D/P 或 T/T 等。

(4)预计收款日期。根据出口合同规定的收汇方式,推算可能收到款项的日期。

(5)报关日期。填写出口货物的报关日期。

(6)出口单位备注。填写商业发票号码、出口合同号码及其他需要说明的情况。

2. 外汇管理局存根联的填写

由外汇指定银行填写出口货物名称及类别号、收汇币种和金额,注明日期并加盖公章,以证明已凭核销单结汇收账。银行办理结汇或收汇时,必须在结汇水单或收账通知上填写该核销单编号。

空白栏分别为海关签注栏和外汇局签注栏。在海关签注栏,海关核对核销单与报关单内容一致后,出口货物经查验无误,在该栏加盖"验讫"章并标注盖章日期。在外汇局签注栏,由外汇管理局核销后加盖"已核销"章,并标注盖章日期。

3. 出口退税专用联的填写

(1)货物名称、数量、出口总价:按照出口报关单和商业发票的内容填写。

(2)报关单编号:按照出口报关单上的实际编号填写。

(3)外汇管理局核销情况:由外汇管理局核销后加盖"已核销"章,并标注盖章日期。

四、出口收汇核销单(出口退税专用)的遗失及补办

出口单位如果未用于报关出口的空白核销单遗失,应当在一个工作日内在"中国电子口岸出口收汇系统"进行挂失。如因未及时挂失造成经济损失或导致违规行为,责任由企业自行承担。

已用于报关出口但尚未办理核销手续的核销单遗失时,出口单位应凭核销单以外的其他核销凭证,向所在地外汇管理局申请办理核销单退税专用联的挂失及补办手续。外汇管理局在审核出口单位提供的核销凭证无误后,应通过"中国电子口岸出口收汇系统"对核销单退税专用联进行挂失处理,并在完成出口单位核销手续后,于三个工作日内签发"出口收汇核销单退税专用联补办证明"。

已办理核销手续后,如核销单退税专用联遗失,出口单位应凭税务部门签发的退税情况证明,向外汇管理局申请核销单退税专用联的挂失及补办。若税务部门证明显示未办理退税,外汇管理局应在"中国电子口岸出口收汇系统"完成挂失处理后,于三个工作日内为出口

单位签发“出口收汇核销单退税专用联补办证明”。

五、出口核销方式

外汇管理局根据实际情况，对出口单位采取不同的管理方式。现行的收汇核销管理方式包括三种：逐笔核销、批次核销和自动核销。

逐笔核销：由出口单位按核销单证逐一对应进行报告，外汇管理局按照逐一对应的原则逐笔为出口单位办理核销手续的核销方式。此方式适用于出口收汇业务量较少、收汇情况较为简单的企业，或者出口收汇高风险的企业以及差额核销和无法全额收汇的核销情况。

批次核销：出口企业集中报告，外汇管理局按批次为出口单位办理核销手续。此方式适用于来料加工项下、进料加工抵扣项下需按合同核销的出口收汇数据，以及除高风险企业外所有出口企业的全额收汇核销。外汇管理局审核批次核销数据时，按照核销单与核销专用联总量对应的原则进行。

自动核销：出口单位无须向外汇管理局报告，外汇管理局根据从“中国电子口岸出口收汇系统”采集的核销单凭证和报关信息，以及从“国际收支统计申报系统”采集的收汇信息进行总量核销。自动核销适用于国际收支申报率高，以及符合外汇管理局规定的其他条件的出口收汇荣誉企业（出口收汇核销率达到或超过95%的企业）的一般贸易项下及其他出口贸易项下的全额收汇数据核销。

任务二　办理退税

一、出口退税的含义

出口退（免）税是指在国际贸易业务中，对出口产品退还其在国内生产和流通环节实际缴纳的增值税和消费税。退还出口产品的国内已纳税款，使本国产品以不含税成本进入国际市场，与国外产品在同等条件下进行竞争，从而增强市场竞争力，扩大出口创汇。

出口退（免）税是国际贸易中普遍采用并为世界各国广泛接受的税收制度。对出口货物实行退税是由商品税的本质决定的。商品税属于间接税，其税负通常由最终消费者承担。由于出口货物并不在国内消费，而是在国外消费，其税负自然由国外消费者承担。因此，在跨国商品流通中征收商品税时，国际上普遍实行消费地原则，即由商品实际消费国或进口国行使商品税的征税权，而出口国对所出口商品不征收商品税；对于已征商品税的出口商品，出口国则退还相应税款。这正是“出口退税，进口征税”的内在逻辑。

出口退（免）税反映了商品税税收利益在国家间的分配问题。对出口国而言，这一制度使出口商品以不含税成本进入国外市场，有助于增强出口产品的竞争力；对进口国而言，它确保进口商品在进口环节缴纳商品税后，与国内商品在同等条件下竞争，避免跨国商品流通中的重复征税，这对推动全球范围内商品的自由流通以及促进资源的优化配置意义重大。

在实践中，各国或地区根据自身政策目标，对出口退（免）税政策的适用范围、退税率等进行了明确规定。例如，对鼓励出口的商品适用与征税率相同的退税率，以实现全额退税；对限制出口的商品规定较低的退税率，实行部分退税；而对禁止出口的商品则不实行出口退税政策。

二、出口退税的特点

中国的出口货物退（免）税制度参考了国际上的通行做法，并在多年实践的基础上逐步形成了一套自成体系的专项税收制度。与其他税收制度相比，这项制度具有以下几个主要特点。

（一）税收返还性

出口货物退（免）税是对出口货物在国内生产和流通环节已缴纳的增值税、消费税等间接税的退还，本质上是一种税收返还政策。这种退还或减免行为，显然不同于其他以筹集财政资金为主要目的的税收制度。

（二）调节性

对出口货物实施退（免）税政策，旨在使企业的出口货物以不含税的价格参与国际市场竞争，从而提升企业产品的国际竞争力。这是一项具有政策性导向的激励措施。国家可以通过调整出口退税率等政策手段，对不同产业、不同产品的出口进行宏观调控。例如，对于国家鼓励出口的产业和产品，给予较高的退税率，以促进其发展和扩大出口；对于限制出口的产品，则降低退税率或取消退税，从而引导资源优化配置，推动产业结构调整和升级。

（三）属地管理性

出口退税是由各国政府根据本国的税收法规和政策进行管理与操作的。世界上有许多国家实行出口退税制度，虽然具体的政策各不相同，有些国家实行免税制度，有些国家实行退税制度，还有一些国家同时实行退税制度和免税制度。但在对出口货物实行“零税率”的原则上，各国是一致的，其目的都是对出口货物退还或免征间接税，从而使企业的出口产品能够以不含间接税的价格参与国际市场竞争。

三、出口退税的范围

出口退（免）税仅适用于增值税、消费税征收范围内的货物。这包括除直接向农业生产者收购的免税农产品以外的全部增值税应税货物，以及烟、酒、化妆品等 11 类列举征收消费税的消费品。对于未征收增值税、消费税的货物（包括国家规定免税的货物），不适用退税政策，这一规定体现“未征不退”的原则。

此外，出口退税的对象必须是报关离境出口的货物。所谓出口，即货物从关口运送出境，具体包括自营出口和委托代理出口两种形式。判断货物是否报关离境出口，是判断其是否属于退（免）税范围的主要依据之一。只要是在国内销售、未报关离境的货物，除非另有规定，否则无论出口企业以何种货币结算，也无论其在财务上如何处理，均不得视为出口货物而予以退税。

(一)增值税出口退税

增值税出口退税是指对出口货物在国内生产和流通环节实际缴纳的增值税予以退还的政策措施。按照《中华人民共和国增值税暂行条例》规定，纳税人出口货物税率为零。纳税人出口适用税率为零的货物，向海关办理出口手续后，凭出口报关单等有关凭证，可以按月向税务机关申报办理该项出口货物的退税。

1. 出口货物的税收政策

我国针对出口货物制定的税收政策主要包括三种类型，分别是出口免税并退税、出口免税但不退税、出口既不免税也不退税。

出口免税并退税，其中出口免税意味着在货物出口环节不征收增值税和消费税，将出口环节与出口前的销售环节视为同一个征税环节；出口退税则是依据既定的退税率，对货物在出口前实际承担的税收负担予以退还。这类政策主要适用于生产企业自营出口或委托外贸企业代理出口的自产货物。

出口免税但不退税，即在出口环节免征增值税、消费税，但对出口货物在国内生产、流通环节已缴纳的增值税、消费税不予退还。这项政策适用于来料加工复出口的货物、古旧图书、免税农产品等。由于这些货物在国内生产、流通环节本身就享受免税政策，没有缴纳过增值税、消费税，所以出口时仅实施免税，而不涉及退税。

出口既不免税也不退税，是指对国家限制或禁止出口的某些货物，在出口环节不给予免税待遇，同时也不退还其在国内生产、流通环节已缴纳的增值税、消费税。该政策适用于国家明确规定不予退(免)税的货物，如天然牛黄、麝香、白银等。此外，出口企业若未按规定进行申报，或未补齐退(免)税凭证的货物，同样适用出口既不免税也不退税政策。

需要注意的是，出口不退税与出口退税率为零并非同一概念。出口退税率为零的产品，只要完成报关出口，仍需办理退税手续。虽然无法实际获得退税，但也无须缴纳增值税。而不能退税的产品则需视同内销处理，必须缴纳增值税。

2. 出口退税

增值税的出口退税方法主要分为两种："免、抵、退"税和"免、退"税。

(1)"免、抵、退"税。"免"指出口免征增值税；"抵"指将出口销售额对应的进项税额抵减应纳增值税税额；"退"指将未抵减完的部分予以退还。"免、抵、退"税方法主要适用于生产企业自营或委托出口自产货物的情况。应退税额需先抵减内销应交的销项税，若不足以抵减，则可办理退税。

(2)"免、退"税。"免"是指出口免征增值税；"退"是指将相应的进项税额予以退还。"免、退"税方法适用于外贸企业，通常是针对购进的货物出口，不需要抵减内销部分，直接按照购进货物取得的专用发票上的金额乘以适用税率进行退税。

3. 退(免)税依据

增值税退(免)税的计税依据包括票据依据和金额依据。

出口货物、劳务的增值税退(免)税的计税依据，通过出口货物和劳务所对应的出口发票、其他普通发票或购进出口货物、劳务时取得的增值税专用发票、海关进口增值税专用缴款书等予以确定。

对于生产企业出口自产货物而言，通常按扣减所含耗用的保税和免税金额之后的离岸价计税。

对于外贸企业出口外购货物而言，一般按照购进货物增值税专用发票上注明的金额，或按照海关进口增值税专用缴款书上注明的完税价格计税。

(二)消费税的出口退税

企业在出口应税消费品时，除了涉及增值税的出口退税，还涉及消费税的出口退税。增值税与消费税出口退税的比较详见表 9-1。

表 9-1　增值税与消费税出口退税的比较

项目	增值税出口退税	消费税出口退税
退税比率	退税率、征税率、征收率	征税率
生产企业自营或委托出口	适用“免、抵、退”税收政策 运用“免、抵、退”的公式计算，按规定退税	适用免退税但不退税政策，不计算退税额
外贸企业收购货物出口	适用“免、退”税收政策 按照退税计税依据和规定的退税率计算退税额	免税并退上一环节已征消费税 按照退税计税依据和规定征税率计算退税额

消费税出口退税的相关规定如下：

1. 出口免税并退税

出口免税并退税适用于具有出口经营权的外贸企业购进应税消费品直接出口，或外贸企业接受委托代理出口应税消费品的情形。值得注意的是，外贸企业只有在受其他外贸企业委托代理出口应税消费品时，才可办理出口退税；如果外贸企业受非生产性商贸企业委托代理出口应税消费品，则不予退(免)税。

2. 出口免税但不退税

具有出口经营权的生产性企业自营出口，或生产企业委托外贸企业代理出口自产的应税消费品，依据其实际出口数量免征消费税，不予办理退还消费税。这是因为免征了生产环节的消费税，该应税消费品出口时已不含消费税，所以无须办理退还消费税。

3. 出口不免税也不退税

除生产企业和外贸企业之外的其他企业在委托外贸企业代理出口应税消费品时，一律不予退税和免税。

四、企业出口退税需附送的材料

(一)报关单

报关单由进出口企业在货物进出口环节向海关办理申报手续时提交。海关依据报关单对进出口货物进行查验和验放。

(二)出口销售发票

出口销售发票是出口企业按照国际货物销售合同开具的单据。该发票不仅是外商购货的主要凭证,也是出口企业财务部门用于记账和确认出口产品销售收入的重要依据。

(三)进货发票

提供进货发票的主要目的是确定出口产品的供货单位、产品名称、计量单位和数量等信息。需要注意的是,进货发票并非生产企业的销售价格凭证,而是用于划分和计算其进货费用等相关内容。

(四)出口货物运单和保险单

对于生产企业直接出口或委托出口自制产品的情况,凡以到岸价(CIF)结算的,需随附出口货物运单和出口货物保险单,作为结算和运输保险的依据。

(五)产品征税证明

产品征税证明是一种官方文件,用于证明特定商品在生产和流通过程中已经按照国家规定缴纳了相应的税款。该证明通常由税务机关或相关政府部门出具,是商品合法交易和进出口活动中的重要凭证。

(六)其他材料

对于从事进料加工复出口业务的企业,需向税务机关报送以下材料:进口料件的合同编号、日期、进口料件名称、数量、复出口产品名称、进料成本金额,以及实际缴纳的各种税款金额等信息。

关键术语

收汇核销　退税核销　出口退税

项目实训

【实训情境】

10 月 30 日,A 公司收到报关行转交的报关单(退税联)和场站收据(副本)后,业务员小王当日即制作并整理相关退税单据,并及时交由公司财务税管员签收。

【实训任务】

如果你是小王,应提交什么单据?

章节习题

(1)简述出口收汇核销的流程。

(2)简述出口退税的含义与特点。

(3)简述出口退税的范围。

(4)简述出口货物退税的认定程序。

(5)企业出口退税时应该准备哪些单据?

项目十　国际贸易业务争端处理

项目引例

中国的A公司与美国的B公司签订了一份关于电子设备的国际贸易合同。合同规定A公司需在3个月内交付1000台特定型号的电子设备，B公司在收到货物后的15个工作日内支付全部货款。合同明确了产品的质量标准，并约定若出现质量问题，A公司应在接到通知后的30天内予以解决。

A公司按时将货物发出，B公司在收到货物后进行检验，发现其中有200台设备存在外观瑕疵，且部分核心部件的性能未达到合同约定标准。B公司随即向A公司发出通知，要求按照合同约定解决质量问题。A公司回复称，外观瑕疵不影响设备的正常使用，且核心部件性能问题可能是运输过程中造成的，拒绝承担全部责任。

双方就责任归属和解决方案产生了严重分歧。B公司认为A公司交付的货物不符合合同标准，要求A公司换货并承担由此产生的运输等费用，同时延迟支付货款。A公司则坚持认为自身产品发货时无问题，不同意换货，只愿意对有问题的设备进行维修，但维修时间可能较长，无法满足B公司的紧急使用需求。

思考：在这种情况下，如果双方无法协商解决争端，A公司和B公司分别可以采取哪些合理的争端处理方式，各自的优缺点是什么？

任务一　索　赔

一、违约

（一）违约的含义

违约是指买卖双方中的一方违反合同义务的行为，引起买卖双方之间的争议，并可能对对方造成经济损失。因此，当事人违约就应承担相应的法律责任，这是国际贸易中普遍遵循的原则。

不同的违约行为应承担不同的法律责任。各国法律对此都有规定。例如，《英国货物买卖法》从是否违反合同条款的角度将违约分为违反要件（Breach of Condition）和违反担保（Breach of Warranty）两种情况。所谓违反要件，指的是对合同主要条款的违背。一旦出现这种情况，受害的一方就拥有解除合同的权利，同时还有权要求获得损害赔偿。而违反担保，一般是指对合同次要条款的违反。在这种情形下，受害方虽然不能解除合同，但是有权要求违约方给予损害赔偿。而《联合国国际货物销售合同公约》（以下简称《公约》）则从违约的后果和严重程度将违约分为根本违约与非根本违约。依据《公约》相关规定，倘若一方当事人的行为构成根本违反合同，那么另一方当事人便有权宣告解除合同，同时还能够要求违约方进行损害赔偿。反之，若违约行为属于非根本违约，则另一方当事人不具备解除合同的权利，仅能够向违约方提出损害赔偿的诉求。

(二)违约的性质

违约的性质根据违约方的违约动因及其所造成的损害程度来判定。如果违约方的违约不是有意为之，而是被动发生的，并且对对方造成的损害较小，不足以剥夺对方的期待利益，那么这种违约可视为轻微违约或非根本违约；如果违约方的违约是有意为之，并对另一方造成较大损害，则可视为重大违约或根本违约。无论是有意还是无意，只要造成另一方巨大的损害且无法救济和修补，均可视为重大违约。此外，由一方故意造成的违约，即便未构成巨大损害，也可能因其性质恶劣而被视为重大违约。

(三)违约的情形

(1)买方违约情形，包括但不限于以下情况：未按时开立信用证、未按时付款赎单、无理拒收货物、在买方负责运输的情况下未按时派船接货、未按时签订运输契约或未按时指定交货地点等。

(2)卖方违约：如未按时交货，或货物的品质、数量（或重量）、包装等不符合合同规定，未提供合同要求的文件，或未提供符合信用证规定的相关单证等。

(3)在贸易活动中，可能会出现买卖双方均涉及违约的情况。一方面，当合同条款表述模糊、界定不清时，买卖双方对条款的理解易产生偏差，进而引发纠纷，在后续处理纠纷的过程中，就有可能出现双方都违背约定行事的状况；另一方面，在履行合同的实际进程里，买卖双方由于各自不同的原因，也可能同时出现未按合同要求履行义务的违约行为。

(四)违约责任

1. 英国法律的规定

在英国法律体系下，违约具体划分为违反要件和违反担保两种情形。其中，违反要件是指对合同中主要条款的违背。一旦出现这种违反要件的情况，受害的一方不仅有权解除合同，还能够依法要求违约方给予损害赔偿。而违反担保，通常情况下指的是对合同次要条款的违反。在违反担保的情形下，受害方仅仅拥有要求损害赔偿的权利，却没有解除合同的权利。一般而言，那些与商品紧密相关的品质、数量以及交货期等合同条件，往往被认定为要件；相对地，那些和商品没有直接关联的合同条款，则通常被视作担保。值得注意的是，依据《英国货物买卖法》的明确规定，在卖方出现违反要件的状况时，受害方享有自主选择权，既可以将其按照违反要件来处理，行使解除合同等权利，也有权选择将卖方的这种违反要件行为当作违反担保来对待，而不以此作为解除合同的依据。

2.《公约》的规定

1980 年的《公约》将违约分为根本违约与非根本违约两类。根本违约指的是一方当事人违反合同的行为所带来的后果，让另一方当事人遭受损失，实际上致使其丧失了依据合同理应能够期待获得的权益，这样的情况便属于根本违约。根本违约通常由当事人的主观行为引发，进而对对方造成实质性损害，比如卖方完全不交付货物，或者买方毫无理由地拒收货物、拒绝支付货款。不过，如果当事人难以预见，并且处于同样情形下的其他理性之人也无法预见会产生这种结果，那么就不构成根本违约。按照《公约》的规定，一旦出现根本违约，遭受损失的一方有权宣布合同无效，同时可以要求违约方给予损害赔偿；但若是非根本违约，则受损方不能解除合同，仅能提出损害赔偿的要求。

3. 我国的法律规定

《中华人民共和国民法典》(以下简称《民法典》)第五百七十七条中规定，当事人一方不履行合同义务或者履行合同义务不符合约定的，应当承担继续履行、采取补救措施或者赔偿损失等违约责任。第五百八十条规定，当事人一方不履行非金钱债务或者履行非金钱债务不符合约定的，对方可以请求履行，但是有下列情形之一的除外：第一，法律上或者事实上不能履行；第二，债务的标的不适于强制履行或者履行费用过高；第三，债权人在合理期限内未请求履行。有前款规定的除外情形之一，致使不能实现合同目的的，人民法院或者仲裁机构可以根据当事人的请求终止合同权利义务关系，但是不影响违约责任的承担。第五百八十五条规定，当事人可以约定一方违约时应当根据违约情况向对方支付一定数额的违约金，也可以约定因违约产生的损失赔偿额的计算方法。

【案例 10－1】

2021 年 5 月，我国一家外贸公司与加拿大进口商签订了一份茶叶出口合同，合同明确要求采用适当包装运输货物。此次交易采用 CIF 渥太华成交术语，货物已向中国人民保险公司投保一切险。生产厂家在完成茶叶生产的最后一道工序时，将茶叶湿度严格控制在合同规定范围内，并使用硬纸筒盒作为内包装，再装入双层纸箱。随后，货物被装入集装箱启运，于 2021 年 5 月运抵渥太华。经检验发现，所有茶叶都出现变质、受潮发霉的情况，损失总计达 36 万美元。值得注意的是，无论是出口地还是进口地，当时的温度与湿度都处于适宜范围，在整个运输途中也未出现任何意外状况，运输全程平稳正常。在此情况下，思考该批货物的损失应由哪一方承担赔偿责任？原因是什么？

【分析】

货物损失应由外贸公司承担。因为在 CIF 术语下，卖方有义务提供符合合同规定的货物和适当包装。虽然运输途中无异常，但茶叶变质、受潮发霉，很可能是因为包装存在缺陷，未能有效防潮。生产厂家作为外贸公司的供货方，其包装不符合要求的责任应由外贸公司承担，所以外贸公司需对货物损失负责。

二、索赔

(一)索赔的定义

索赔(Claim)是指合同的一方违反合同规定，直接或间接地对另一方造成损害，受损方向违约方提出损害赔偿要求。导致索赔的原因主要包括：买方违约、卖方违约、承运人违约以及发生保险范围内的货损货差。

(二)索赔的对象

索赔的对象是指需要对索赔方承担损失赔偿责任的当事人。在实际业务中，常见的有保险索赔、运输索赔和买卖索赔等情况。

1. 保险索赔

在运输过程中，如发生保险项下的事故，例如货物在海运途中遭遇自然灾害或意外事故，或者运输工具搁浅等，导致被保险货物全部损失或部分损失，以及产生合理的施救费用，可以按规定向保险公司进行索赔。保险索赔可分为以下两种情况：

一方面，当出口货物遭受损失时，进口方可以向保险单上载明的国外理赔代理人提出索赔申请。中国人民保险公司在世界各主要港口和城市均设有委托的国外检验代理人与理赔代理人两类机构。检验代理人负责检验货物损失。收货人取得检验报告后，附上其他单证，自行向出单公司索赔。理赔代理人在授权金额范围内，直接处理赔案，并就地给付赔款。

进口方向我国理赔代理人发起索赔时，需一并提交下列单证：保险单或保险凭证的正本，这是确认保险关系的关键文件；运输合同，用于明确货物运输的相关约定；发票，体现货物交易价值；装箱单，详细记录货物包装及内容物情况；向承运人或其他第三方责任方请求补偿的函电，或其他相关单证，以及能证明被保险人已履行追偿手续的文件，以此说明追偿进展。此外，必须提供由国外保险代理人或者国外第三方公证机构所出具的检验报告，以及海事报告，这些报告对于判定损失原因和责任归属至关重要。当货物损失是由海事原因导致时，一般由保险公司承担赔付责任，船方通常无须担责。同时，进口方还应提交货损货差证明、索赔清单等一系列相关文件，以便完整、准确地呈现损失状况和索赔诉求。

另一方面，当进口货物遭受损失时，我国进口方可向保险公司提出索赔申请。在进口货物运抵我国港口、机场或内地后，若发现有残损或短缺，应立即通知当地保险公司，并与当地国家商检部门联合进行检验。若经检验确认属于保险责任范围的损失，当地保险公司将出具《进口货物残损检验报告》。同时，凡涉及国外发货人、承运人、港务局、铁路或其他第三方造成的货损事故责任，收货人只需办妥向上述责任方的追偿手续，保险公司即可予以赔款。然而，对于属于国外发货人的质量或规格问题，根据保险公司条款规定，保险公司不承担赔偿责任。在此类情况下，收货人需请国家商检机构出具公证检验书，并通过外贸公司向发货人提出索赔。

2. 运输索赔

运输索赔是指因承运人未履行基本义务，受损方可向承运人提出索赔。主要包括以下几种情况。

(1)承运人短卸或误卸造成货物短少时，可向承运人提出索赔。

(2)托运货物在运输途中遗失时，可向承运人提出索赔。

(3)承运人未履行“管理货物”的基本义务，如积载不良、配载不当或装卸作业疏忽等，导致货物损坏的，可向承运人提出索赔。

(4)船舶在开航前或开航时不具备适航条件,导致货物损坏的,可向承运人提出索赔。

3. 买卖索赔

买卖索赔通常是由于买方或者卖方的过错致使损失产生,索赔方因而会向责任方提出索赔请求。由卖方责任致使买方发起索赔的情形,主要有以下几种:其一,卖方所交付货物的品质、数量或者包装与合同所规定的标准不一致;其二,卖方未能在合同规定的期限内交货,甚至拒绝交货;其三,卖方存在其他违背合同约定或者法定义务的行为。而因买方责任导致卖方进行索赔的情况,主要包括:买方未按照合同规定的时间支付货款;没有及时办理货物运输相关手续;未能按时开立信用证,甚至故意开立条款不完整的信用证;毫无合理理由拒收货物;没有按时安排船只接货;没有明确指定货物的交货地点;买方存在其他违反合同约定或法定义务的行为。

【案例 10-2】

我国一家进出口公司按 CIF 鹿特丹条件出口 1000 箱食品,并向中国人民保险公司投保了一切险。货物运抵目的港后,进口方进行复验,发现存在以下状况:

(1)该批货物总计 10 个批号,随机抽查 20 箱,结果在其中 1 个批号(100 箱货物)中,发现有货物被污染的情况;

(2)进口方实际收到 998 箱货物,相比合同约定数量短少了 2 箱;

(3)有 15 箱货物从外表看并无异样,但打开后发现箱内货物共短少 60 千克。

基于上述情况,进口方应向哪些责任方提出索赔呢?

【分析】

对于案例中的不同情况,进口方的索赔对象分别如下:

100 箱玷污货物:向保险公司索赔。一切险包含一般外来风险中的玷污险,在无其他证据表明是发货人责任的情况下,应由保险公司赔偿。

短少 2 箱:若提单显示 1000 箱,而到货少 2 箱,应向承运人索赔,承运人有责任按提单数量交货;若提单显示 998 箱,则应向出口方索赔,出口方有义务按合同数量交货。

15 箱内货物短少:向保险公司索赔。一切险负责货物在运输途中因自然灾害或意外事故造成的损失,箱内货物短少若无证据表明是发货人责任,属于保险责任范围。

(三)索赔期限

索赔期限规定受损方在有效时间内可提出索赔,涵盖索赔有效期及品质保证期(也称作质量保证期)。设置这两个期限,是为了在既定时间范围内完成检验验收相关工作,进而界定买卖双方各自应承担责任的时间范畴。

1. 索赔有效期

索赔有效期是指当卖方所提供商品不符合合同约定时,买方有权向卖方提出赔偿诉求的时间限制。该有效期的设定需要综合考量进口商品特性、运输状况、检验需求等实际情况。一般而言,普通商品的索赔有效期常为 45 天、60 天或 90 天。而对于一些机电设备、技术设备以及成套设备这类商品,鉴于其进口数量多、技术条件复杂,检验与测试所需时间长,索赔有效期应适度延长，可设定为120天、150天或180天。在拟定索赔有效期条款时，索赔期的起始计算时间是关键点。依照国际贸易惯例，起始时间一般有以下几种情形：其一为装货日期起算，即从提单的签发日期开始计时；其二为进口日期起算，即从承运船舶抵达目的港锚地之时开始计算；其三为抵岸日期起算，即从承运船舶抵达目的港码头或浮筒之时开始计时；其四为卸毕日期起算，即自全船货物卸载完毕之日起开始计算。在这4种起始计算时间中，卸毕日期起算的方式最为合理，对收货以及使用部门也最为有利。

2. 质量保证期

质量保证期是指买方接收卖方交付的货物后，在储存或使用期间，若发现进口商品存在质量问题，能够向卖方提出索赔的时间范围。对于那些在开箱检验时，难以察觉或测定其内在质量的商品，尤其是那些需要经过一定时间的储存或使用，才能够检验其质量性能的进口商品而言，在对外签订合同时，必须明确规定质量保证期。其具体时长应依据商品特性以及贸易条件来确定，一般设定为1年或者1年6个月。关于起算日期，建议规定为"自买方收货完成检验、验收并启用之日起计算"，或者"自安装调试完毕之日起计算"。举例来说，可在合同中约定：若对货物品质有异议，需在货物抵达目的港后的30天内提出；若对货物数量有异议，需在货物抵达目的港后的15天内提出。两种情况都必须提供相关检验机构出具的证明。若经核实，异议责任在于卖方，则卖方应在收到异议后的20天内予以回应，并给出处理方案。

【案例10-3】

我国某公司以CFR贸易术语向德国出口一批小五金工具，合同明确规定，货物抵达目的港后的30天内要进行检验，且买方有权依据检验结果提出索赔。该公司依照约定时间发货，德国客户也按时凭单据完成了货款支付。但在半年之后，该公司收到了来自德国客户的索赔文件，文件表明这批小五金工具出现了高达70%的锈损情况，同时还附上了德国某内地检验机构出具的检验证书。面对德国客户提出的这一索赔要求，该公司应当如何处理呢？

【分析】

本案例中，该公司有权拒绝德国客户的索赔诉求。德国客户已按期支付货款，这一行为实际上意味着在目的港完成交货时，该公司所交付的产品不存在质量问题。由此推断，货物出现的锈损情况应是在其完成交货之后才发生的。显然，该风险已经超出了从装运港到目的港这一运输阶段的范畴，按照贸易规则，此阶段之后的风险应由买方自行承担。另外，德国客户所提供的检验证书出自某内地检验机构，但合同明确要求货物检验需在目的港进行，因此这份检验证书不符合合同规定。而且，合同明确规定货物抵达目的港后30天内必须完成检验，然而德国客户直到半年后才提交检验证书，这已远远超过了合同约定的检验时效。基于以上几点，该公司完全有理由拒绝德国客户的索赔要求。

(四)索赔依据

索赔依据规定，一方当事人在提出索赔时需要提交哪些证据以及出具何种机构的证明文件。索赔依据包括法律依据和事实依据两个方面：法律依据是指买卖合同及适用的法律规定；事实依据是指违约的事实、具体情节及相关的书面证明文件。若索赔时出现证据不完整、证据不足或证明机构不符合要求等情况，都可能导致对方拒绝赔偿。

因此，在索赔条款中应明确规定索赔依据，并确保与检验条款中的相关规定保持一致。在实践中，例如向船公司提出索赔时，通常需要附上理货报告、短卸或残损证明；而向保险公司索赔时，则通常需另附联合检验报告等相关文件。

比如，在合同里可作出这样的规定：针对装运货物，若买方存有任何异议，务必在装运货物的船只抵达目的港后的30天内提出，并且需同时提供经卖方认可的公证机构所出具的检验报告。如果货物已被加工，那么买方就自动丧失索赔的权利。对于那些属于保险公司或者轮船公司责任范畴内的索赔，卖方将不予受理。

（五）索赔金额

索赔金额通常不作详细规定。在确定损害赔偿金额时，其原则是违约方的赔偿应使受损害一方恢复到合同履行后本应得到的经济利益。违约方承担的违约赔偿包括受害方的成本、费用和利润三个方面。

在国际贸易索赔中，索赔金额的确定存在多种情形：

(1)基于替代交易的索赔金额计算：当合同在合理时间内被宣告无效时，若买方以合理方式购入替代货物，或者卖方以合理方式转卖货物，索赔金额即为合同价格与替代货物交易价格或转卖价格之间的差额。例如，某公司按既定条件出口一批价值60万美元的货物，合同约定买方需在当年4月20日至28日派船接货。4月底，卖方两次催促，可直到5月4日买方仍未提货且未给出货物处理指示。于是，6月3日卖方以降价20%的方式将货物转卖给其他买主。在此案例中，买方违约致使卖方损失12万美元，这一数额基本可认定为合理的索赔金额。当然，若卖方违约，买方同样享有此种索赔权利。不过，需注意的是，转售或替代购买行为必须在合理的时间内以合理的方式进行。

(2)存在时价情况下的索赔金额计算：若合同被宣告无效且货物存在时价，索赔金额是合同规定价格与合同被宣告无效时的时价之差，并非超出合理时间后转售或替代货物交易时的价格。例如，我国某外贸公司与日本商人A签订价值40万美元的机器采购合同，约定年底交货。合同签订后，日本商人A因预估交货时机器价格会大幅上涨而单方面宣告合同无效。外贸公司当即保留索赔权，并向日本商人B询价，交易条件与原合同一致。日本商人B报价46万美元，但外贸公司未及时成交补货，最终年底以50万美元购入相同机器。这种情况下，外贸公司只能向日本商人A索赔6万美元，而非16万美元。

(3)卖方延迟交货时的索赔金额计算：若卖方延迟交货，且此时货物市场价格下跌，则索赔金额为合同规定交货时交货地价格与实际交货时交货地价格的差额，再加上买方由此遭受的实际损失。

(4)货物品质或包装不符时的索赔金额计算：当卖方交付的货物品质或包装不符合合同规定时，索赔金额为实际交付货物价格与符合合同规定的货物市场价格之间的差额。

(5)买方延迟派船时的索赔金额计算：若买方延迟派船接货，而卖方同意保留合同，则卖方因买方延迟派船所增加的仓储费、利息和保险费，即为合理的索赔金额。

(6)买方接收货物后宣布合同无效时的索赔金额计算:若买方在接收货物之后宣布合同无效,索赔金额应以接收日的市场价格与合同价格之间的差额为准,而非宣布日的市场价格。特别要强调的是,买卖双方均负有保全货物的责任。如果一方因对方先行违约却未采取措施保全货物,那么因未保全货物而扩大的损失应从索赔金额中扣除。例如,可在合同中明确约定:买方对装运货物的任何索赔,必须在货物到达提单或运输单据所载明的目的港之日起 30 天内提出。

【案例 10-4】

我方出口一批冷冻食品至某国。货物抵达后,买方在合同规定的索赔有效期内,就品质问题向我方提出索赔,索赔金额为数十万元人民币,约占合同总金额一半以上。买方随附的相关证件有:法定商品检验证,该证表明商品存在变质情况,具体表现为表面呈乌黑色,但此证既未详细标注货物的批号,也未说明变质货物的数量或所占比例;还有官方化验机构依据当地某食品零售商店送检食品所出具的变质证明书。收到索赔信息后,我方未经深入细致的研究,便匆忙回函对方。在回函中,我方对于品质问题既未明确承认,也未予以否认,只是言辞含糊地请求对方降低索赔金额。对方并未同意我方的请求,此后双方通过函电往来沟通长达一年,始终未能达成一致结果。最终,对方派遣代表前来北京,与我方进行当面交涉,并声称若问题得不到妥善解决,将把此纠纷提交仲裁。针对这一索赔事件,我方是否应该受理呢?在整个过程中,双方各自存在哪些漏洞?我方又该采取何种方式妥善处理这一索赔问题呢?(需注意的是,在这批冷冻食品中,我方不小心误装了一小部分乌皮鸡,其价值仅为千余元)

【分析】

(1)我方存在的漏洞以及处理方式的不当之处体现在未能及时察觉对方所提供证件中存在的问题。既没有直接明确地提出拒绝赔偿,也未要求对货物进行重新检验。在首次回函时,就直接与对方就索赔金额进行协商,这一行为实际上等同于默认自身存在过错,给对方留下了把柄,本质上已相当于接受了对方的索赔请求,仅仅是在索赔金额方面存在分歧。所以,即便时间已经过去了一年,也不能以时间过长为借口推脱责任,对该事件置之不理。

(2)对方存在的漏洞有:其一,所提供的商检证书不完整,不具备充分的证据效力。乌皮鸡本身颜色即为黑色,仅依据商品表面呈黑色这一特征,并不能确凿地证明商品已经变质。而且商检证书中既没有标注变质货物的具体批号,也没有明确说明商品变质的实际数量,既未给出实际的变质商品数量,也未表明变质商品在整批货物中所占的比例,由此可见,对方提出的索赔金额缺乏合理依据。其二,对方提供的商品变质化验证书是基于零售商店送检的商品得出的。该证书不符合相关规定,不能作为有效的索赔依据。对于易腐商品,通常情况下检验应在海关仓库内进行。由零售商送检商品,这表明此批货物买方已经接收并销售给各个零售店,在此情形下,出口方自然无须对货物品质负责,因为食品变质有可能是在当地运输过程中发生的,也可能是由于零售商储存方式不当导致的。

(3)在一年之后,当对方派代表来北京进行交涉时,我方应向对方表明愿意以合理的方式解决该案件,毕竟不能否认一年前与对方就索赔金额讨价还价的信函内容。同时,我方也应秉持实事求是的态度，将货物中混装乌皮鸡的实际情况告知对方，并解释乌皮鸡属于特殊品种，其颜色为黑色并非代表变质。由于我方事先未取得对方同意就混装了少量乌皮鸡，在这一点上我方确实负有一定责任，所以可以承担由乌皮鸡所引发的相应损失。

(4)鉴于时间已经过去一年，食品早已不存在，对方无法重新补充完整且有效的证件。此时，我方可以抓住对方证件存在的漏洞，通过陈述事实、阐明道理的方式，让对方知难而退。如此一来，既能减少我方的经济损失，又能够维护我方的信誉。

(六)罚金条款

合同一方未履行合同义务时，需向对方支付一笔事先约定好的金额，以此对对方遭受的损失进行补偿。这笔金额被称为罚金，也常被叫作“违约金”。罚金条款一般适用于以下几种违约情形：卖方未能按时交货，或者买方延迟开立信用证，又或是买方延期接收货物等。罚金数额的设定通常依据违约时间的长短来确定，同时明确规定一个最高限额。关于违约金起算日期，主要存在两种计算方式：一是在合同所规定的交货期或者开证期结束的那一刻，立即开始计算违约金；二是设置一段宽限期，也就是在合同规定的相关期限结束之后，再额外给予一段时间，在这段宽限期内，不会对违约方收取罚款，只有当宽限期结束之后，才开始计算违约金。值得注意的是，即便卖方支付了违约金，其仍然需要继续履行合同中规定的各项义务，不能因为支付了违约金就免除履行合同的责任。在合同涉及的罚金条款方面，不同国家的法律有着不同的解释和规定。比如，东欧国家一般情况下认可并会执行这类罚金条款。然而，英国、美国、澳大利亚、新西兰等英美法系国家的法律，在处理这类条款时有着不同的方式。以英国法律为例，其将合同里规定固定赔偿金额的条款，依据性质划分为两类：一类是“预约赔偿金”，这是双方当事人在签订合同时，基于对未来可能出现的违约情况所造成损失的预估，而提前确定的赔偿数额；另一类是罚金，即违约方为了保证合同顺利履行，而支付的具有惩罚性质的金额。倘若法院判定某一条款属于损害赔偿金额，那么就可以依据合同所规定的固定金额作出判决；但如果认定该条款属于惩罚性罚金，那么法院将不会支持按照合同规定的金额执行，而是会依据受损方实际遭受损失的相关证据，重新确定赔偿金额。因此，当我方与英美等国商人签订合同时，如果需要在合同中规定罚金或者预约赔偿金条款，那么一定要格外注意约定金额是否合理，避免在日后发生纠纷时，使我方陷入不利的境地。此外，需要特别关注的是，在进出口合同中，但凡订立了违约金条款，一旦卖方因为延迟交货而构成违约，买方可以按照合同规定，直接从应支付的货款中扣除相应数额的违约金。若货款支付是通过信用证进行的，则应当在信用证中明确与扣除违约金相关的条款，以便银行能够依据这些条款顺利完成扣款操作。

以下为罚金条款的示例：“若卖方未能如期交货，买方可在卖方同意由付款银行从议付货款中扣除罚金的条件下接受延期交货。但卖方须向买方支付罚金，金额不得超过延期交货部分总金额的 5%。罚金以每 7 天收取延期交货部分金额的 0.5%计算，不足 7 天按 7 天计算。如卖方未按合同规定的装运期交货，延期 10 周后，买方有权撤销合同，并要求卖方支付上述延期交货罚金。”

【案例 10－5】

我国某公司以 CIF 条件从美国进口一套设备，合同约定总价款为 600 万美元。同时合同明确，若一方出现违约行为，另一方有权向违约方索赔，违约方需支付 1800 万美元违约金给对方。合同签订之后，该公司一直未能如期收到货物，这一状况严重影响了公司自身的生产与经营活动。于是，该公司在规定的索赔期限内，向美方提出索赔要求。然而，美方却选择向当地法院提起诉讼。在当前这种情形下，美国法院可能会作出怎样的判决呢？

【分析】

美国法院极有可能判定合同所规定的违约金属于罚金范畴，并宣告不认可合同中 1800 万美元的违约条款。具体缘由如下：

(1)美国归属于英美法系国家，英美法系对于违约金有着严格的类别划分，主要分为“罚金”与“预约赔偿金”。其中，“罚金”被视作无效，不具备强制执行的效力；而“预约赔偿金”则是合法且有效的，能够予以强制执行。对这两者进行区分的关键在于，判断当事人在订立合同时的真实意图。若当事人设立违约金条款的目的是惩罚违约方，或者是预防违约行为的出现，则此类违约金通常被认定为“罚金”；若当事人订立该条款，是为了简化日后计算违约所造成损失的流程，提前对赔偿金额进行约定，则这种情况便属于“预约赔偿金”。

(2)就本案例而言，合同里只是简略地规定，一旦一方违约，就要向对方支付违约金，这样的表述极易让人理解为，该条款设立的目的在于预防违约行为。另外，合同所规定的违约金额度颇高，已经超过合同总价款。这一事实进一步加大了该违约金被看作具有惩戒性质的“罚金”的可能性。倘若该公司无法提供足够充分的证据，用以证明因卖方延迟交货而遭受的损失，与这 1800 万美元的违约金数额基本相符，那么法院很可能会鉴于违约金金额过高这一情况，将其判定为“罚金”，进而不予承认该违约条款。

三、索赔与理赔

(一)索赔与理赔的关系

理赔(Settlement of Claims)是指违约方对受损方所提赔偿请求的受理过程。在索赔与理赔的关系中，它们实则是同一问题的不同视角：从守约方的角度来看是索赔，而站在违约方的立场则是理赔。在国际贸易领域中，索赔现象屡见不鲜，尤其是在市场波动剧烈、价格变化迅猛的时期，更是频繁发生。索赔事件大多聚焦于交货期、交货品质以及数量等方面的问题。为了能够妥善处理这类问题，买卖双方一般会在合同中订立索赔相关条款。索赔条款主要有两种规定形式：一种是异议与索赔条款(Discrepancy and Claim Clause)，另一种是罚金条款(Penalty Clause)。在一般的货物买卖合同中，多数仅订立异议与索赔条款。该条款的常见内容包括：明确一方若违反合同，另一方拥有索赔的权利，同时详细规定索赔期限、索赔所需依据以及索赔的具体办法等。然而，在大宗商品交易合同及机械设备交易合同中，除了订立异议与索赔条款，通常还需要额外订立罚金条款。罚金条款通常适用于如卖方延迟交货、买方延迟开立信用证或者延迟接运货物等情形。罚金的具体数额由交易双方经协商后确定。合同一方当事人未履行合同义务时，就应当按照约定向对方支付相应金额的罚金。由此可见,罚金在本质上等同于违约金。

(二)索赔和理赔的相关法律原则

1. 向卖方索赔的法律规定

(1)卖方违约的几种情形。卖方的基本义务是按合同规定的时间交付符合合同要求的货物及相关单据,并完成货物所有权的转移(《公约》第三十条规定)。因此,卖方违约主要包括以下三种情况:

① 不交货;

② 延迟交货;

③ 所交货物与合同规定不符。

(2)对卖方违约的救济方法:

① 对于卖方不交货的情况。在英美法系中,可以要求卖方实际履行或请求损害赔偿。美国法律规定可以采取以下几种措施:a. 解除合同;b. 补购货物;c. 请求损害赔偿;d. 要求实际履行(Specific Performance)。《公约》规定可以采取以下几种措施:a. 实际履行;b. 解除合同;c. 请求损害赔偿。

② 对于卖方延迟交货的情况。交货时间属于合同中的核心条款。大陆法系和英美法系均规定,当卖方延迟交货时,买方可以解除合同并请求损害赔偿。《公约》的规定与此相同,即允许买方解除合同并提出损害赔偿请求。

③ 卖方所交货物与合同规定不符。对于卖方交付的货物不符合合同规定的情形,大陆法系和英美法系均赋予买方以下权利:解除合同并要求损害赔偿。在英美法系中,商品品质被视为合同的重要条款(要件条款)。如果卖方违反此类条款,后果可能极为严重。根据《公约》的规定,买方可以采取以下几种救济方法:

a. 要求卖方提供替代品;

b. 要求卖方对不符合合同规定的货物进行修补;

c. 要求降低货物价格;

d. 解除合同;

e. 请求损害赔偿。

(3)向卖方索赔的时效:

① 若合同明确、具体地规定了索赔时效,则买方务必在合同所规定的时效范围内,向卖方提出索赔诉求。

② 倘若合同没有对索赔时效作出规定,那么合同中所约定的品质保证期将被视作买方可以进行索赔的期限。

③ 如合同中既未规定索赔时效,也未规定品质保证期,则按照《公约》的规定,最长的索赔时效为买方收到货物之日起不超过 2 年。

2. 卖方向买方理赔

应尽可能以友好协商的方式解决问题。如果确实属于卖方的责任,应根据"重合同守信用"的原则对买方进行理赔,同时注意以下事项。

(1)详细了解事情真相。对于品质问题的索赔,要审核检验单据和检验机构的合法性,以及采用的检验标准和方法是否符合规定。

(2)合理确定损失程度、损失金额及赔偿办法。

(3)认真分析、研究,查清货损的原因和环节,分清责任,向责任方索赔(如船公司、保险公司)。对于外商提出的不合理要求,应据理力争并予以拒绝。

(三)索赔与理赔的注意事项

索赔与理赔是一项政策性和技术性要求很高的工作。要做好这项工作,必须对发生的每一事件进行认真调查与研究,弄清事实。在贯彻我国对外贸易方针政策的前提下,依据国际惯例和相关法律,实事求是地解决问题。

在进口业务处理对外索赔事宜时,依照当前通行做法,若责任归属于船方或保险公司,相关索赔事务由外运公司代为办理;若责任在于卖方,则由各进出口公司自行负责处理。针对向卖方发起索赔这一情况,需注意以下问题:

(1)按照合同规定,提供必要的索赔文件。这些文件包括商检机构出具的检验证书,且检验证书的内容必须与合同中的检验条款要求相一致。

(2)合理确定索赔金额。如果合同预先约定了损害赔偿的金额,则按约定的金额索赔。如果没有预先约定,则根据实际损失情况确定适当的金额。退货时提出索赔金额,除了货价,还应包括运费、保险费、仓储费、利息以及运输公司和银行手续费等。如果因品质差而要求减价,则所提的赔偿金额应是品质差价。如果卖方委托我方进行整修,则所提的赔偿金额应包括合理的材料费和加工费。

(3)在规定的有效期内向卖方提出索赔。如果预计检验工作无法在有效期内完成,那么应及时向对方要求延长索赔期并取得同意,以免影响我方行使索赔权。为了做好索赔工作,应制定索赔方案。方案应列明索赔案情和证据、索赔的理由、索赔的措施,并缮制索赔函等。如情况变更,应及时对方案作出修改。在索赔工作结案后,应做好登记,并总结经验教训。

任务二　不可抗力

一、不可抗力的含义

买卖双方签订合同后,有时可能会出现一些意外情况影响合同的履行。为避免产生不必要的争议,双方当事人应在合同中订立不可抗力条款。所谓不可抗力(Force Majeure),各国的解释不完全一致。在我国《民法典》中,不可抗力指的是不能预见、不能避免和不能克服的客观情况。根据《公约》的解释,不可抗力是指非当事人所能控制的情况,并且在订立合同时没有理由预期其发生,也无法避免或克服该情况及其后果,从而导致无法履行合同义务。据此,不可抗力是指合同成立后发生的、非因当事人一方的故意或过失所导致的情况。这种情况的发生及其后果，既无法预见，也无法控制、避免或克服。

在英美法系中，存在“合同落空”原则。该原则是指合同签订后，出现了双方未曾预料到的重大变化，且这并非源于当事人自身的过失，致使合同订立的目的遭受严重打击，进而无法履行合同义务，此时当事人可免除责任。与之相似，大陆法系设有“情势变迁”或“契约失效”原则，即因非当事人的原因，发生了难以预见的变动，使合同无法继续履行，或者需要对合同原有的法律效力进行相应的调整。然而，法院在面对当事人依据该原则请求免除履约责任的诉求时，审核标准通常极为严格。

总体而言，在国际贸易领域，不同的法律法规对不可抗力的具体界定和阐释并非完全一致，名称也各有差异，但核心精神与原则大致相同，主要涵盖以下几个要点：意外事件必须在合同签订之后发生；事件的发生并非合同双方当事人的过失或疏忽所致；意外事件是合同双方当事人无法控制的。

二、约定不可抗力的意义

为防止因不可抗力事件引发无谓纠纷，杜绝合同当事人随意解读不可抗力事件的性质与范围，避免提出不合理诉求或无理驳回对方合理请求，在买卖合同中订立不可抗力条款十分必要。这些条款需清晰地界定不可抗力的性质、涵盖范围、遵循的处理原则以及具体处理方式，以保障合同得以顺畅履行。

三、构成不可抗力事件的条件

不可抗力既是合同中的一项重要条款，也是一项法律原则。在国际贸易中，不同的法律法规对其有不同的规定。《公约》在其免责条款中作了如下规定：“如果当事人一方能证明，其未能履行合同义务是由于某种非其所能控制的障碍，而且在订立合同时无法合理预见、避免或克服该障碍或其后果，则该当事人不承担责任。”《公约》明确指出，当事人一方未能履行义务是由于发生了其无法控制的障碍，而该障碍在订约时无法预见、避免或克服的，可予以免责。因此，国际上公认的不可抗力事件应具备以下四个条件：

(1)不可抗力所涉事件必须在合同订立之后才发生。如果在合同订立之时，当事人已了解或理应知晓意外事故的存在，那么该事件不能被认定为不可抗力。

(2)事件需满足在订立合同时，合同双方均无法预见这一条件。一般而言，货币贬值、价格波动这类情况属于常见的商业风险，身为商人，理应具备预见此类风险的职业常识，所以它们不能被视作不可抗力。

(3)该事件不能由合同任何一方的疏忽大意或过失行为所引发。举例来说，如果一场意外火灾是一方的过失造成的，最终导致合同无法履行或者无法按时履行，那么这种情况将被视作违约，违约方必须承担损害赔偿责任。

(4)事件的发生具备不可避免性，且人力既无法抗拒也无法控制。就像地震和海啸，无论采取怎样的防范手段，都难以避免和抵抗。此外，不能一概而论地把未完成的事情认定为不可能之事。有些意外事故发生后，并非让合同履行变得全然不可能，只是让履行难度大幅增加，又或者需要投入巨额费用。在此种情形下，当事人不能依据不可抗力条款来免除自身责任。

【案例 10－6】

印度A公司向某国B公司出口一批黄麻，合同规定9月交货。然而，到9月15日，印度政府宣布对黄麻实行出口许可证和配额制度，该制度自宣布之日起15天后生效。随后，印度A公司以无法取得出口许可证为由，声称无法向某国B公司出口黄麻，并要求解除合同。请思考：印度A公司的要求是否合理？为什么？

【分析】

印度A公司的要求并不合理。印度政府颁布的出口许可证和配额制度，其生效时间在合同规定的9月最后交货日期之后，从时间节点来看，并不构成履行合同过程中的“不可抗力”因素。在9月整月期间，印度A公司完全有机会安排装船发货，从而履行合同约定的义务。因此，印度政府的这一禁令不符合合同中关于不可抗力条款的规定。鉴于此，印度A公司要求解除合同的行为缺乏依据，B公司有权要求其尽快按照合同约定履行交货义务。

四、常见不可抗力事件的范围

不可抗力事件涵盖的范围较为宽泛，一般可划分为两大类：一类源于自然力量，如水灾、火灾、冰灾、暴风雨、暴雪、地震等；另一类则由社会力量引发，如战争、罢工、政府禁令等情况。当前，在国际上对于不可抗力事件并没有一个确切的具体定义。在实际交易中，部分卖方不仅把各类自然灾害归入不可抗力范畴，还将生产过程中的意外状况、战争迹象、罢工、消极怠工、货物集运时的事故，以及航运或陆运机构的拖延、未按预定日期起航等情形都纳入其中。所以，在交易过程中，需要仔细分析、甄别不同情况，采取恰当的处理办法，防止盲目接纳。对于一些概念模糊或者根本不属于不可抗力范畴的事件，如战争征兆、航运公司的懈怠等，鉴于这些解释容易引发争议且缺乏明确的判定标准，原则上不应该被纳入不可抗力范围。而对于涉及政治性的事件，如罢工等，买卖双方可以在事件发生之际，依据具体情形另行协商解决方案。

【案例 10－7】

1990年，我国某公司与伊朗签订了一份进口合同，合同中的交易条件为FOB。然而，海湾战争随后爆发，受此影响，该公司用以接货的货轮根本无法驶向伊朗。直至1991年海湾战争结束，该公司才能够安排船只前往伊朗接货。但此时，外商却以该公司未能按照约定时间派船接货为由，向该公司提出赔偿其仓储费用的要求。

【分析】

外商的要求不合理。该公司未能按时派船接货是由于不可抗力事件的发生。在该案例中，该公司无法派船接货的原因是海湾战争爆发，而战争属于社会异常事件，是当事人无法预见和控制的事件，符合不可抗力事件的定义。

五、不可抗力事件的法律后果

在履行合同义务期间，一旦发生不可抗力事件，合同的履行并非必然完全终止，而是需要依据不可抗力事件的起因、性质、规模以及对合同实际履行产生影响的具体状况，进行差异化处理。不可抗力事件在法律层面所产生的后果，一般可划分为两种情形。

(1)解除合同。例如，特定的合同标的物灭失，使合同履行成为不可能。

(2)合同延迟履行情况。如果不可抗力事件的出现，仅仅是临时性地妨碍了合同的履行进程，那么合同应当予以延迟履行。为清晰界定不可抗力事件发生后，合同双方当事人各自所拥有的权利以及应履行的义务，针对不可抗力事件所产生的法律后果，交易中的买卖双方理应在合同中作出清晰、详尽的规定，以此避免在后续过程中出现不必要的争议。

六、合同中的不可抗力条款

不可抗力条款(Force Majeure Clause)属于免责条款，其作用是在不可抗力事件致使一方违约时，免除该方的违约责任。不可抗力条款通常涵盖以下内容：明确不可抗力事件的涵盖范围；规定事件发生后通知对方的时间期限以及具体的通知方法；说明不可抗力所产生的法律后果；明确需出具的证明文件；指明出具证明文件的机构。

(一)合同中关于不可抗力事件的规定

关于不可抗力事件范围的规定应力求明确、具体，避免含混、笼统。通常有三种规定方法。

1. 概括式

概括式是指对不可抗力事件的范围仅进行笼统的规定，而不具体列明哪些事件属于不可抗力的范畴。例如，在合同中规定："如果因不可抗力事件的发生，卖方无法全部或部分履行合同中的装运义务，或者出现装运延迟，卖方对此不承担任何责任。但卖方须以电传或电报的方式及时通知买方，并在××天内向买方提供由权威机构出具的不可抗力事件证明文件。"这种规定方式对不可抗力事件的描述过于宽泛，解释空间较大，容易引发争议。

2. 列举式

列举式是指通过逐项列举的方式，在合同中详细规定不可抗力事件的范围。例如，在合同中规定："如果由于水灾、火灾、暴风雪、地震、罢工或战争等原因引发不可抗力事件，导致卖方无法全部或部分履行合同义务，或者出现履行延迟，卖方对此不承担任何责任。但卖方须以电传或电报的方式及时通知买方，并在××天内向买方提供由权威机构出具的不可抗力事件证明文件。"这种规定方式虽然对不可抗力事件的范围进行了较为明确的界定，但灵活性不足，无法涵盖所有可能发生的情况，容易导致遗漏。

3. 综合式

综合式是指在合同中一方面列出比较常见的不可抗力事件，另一方面补充"双方同意的其他不可抗力事件"一类说明。例如，合同中可以规定："如果由于水灾、火灾、暴风雪、地震、罢工、战争或其他不可抗力原因导致不可抗力事件发生，从而使卖方无法全部或部分履行合同义务，或者延迟履行合同义务，卖方对因此而造成的履约不能或履约延迟不承担任何责任。但卖方须通过电传或电报方式及时通知买方，并在××天内向买方提供由权威机构出具的不可抗力事件证明文件。”这种方法将概括式和列举式相结合，其优点是既具体明确，又具有一定的灵活性。

【案例 10－8】

广州一家伞厂与意大利客户签订了雨伞出口合同，买方开具的信用证明确规定货物要在 8 月完成装运交货。但在 7 月初，伞厂仓库突发火灾，成品和半成品全被烧毁，致使该厂无法按合同约定的时间交货。由此思考，卖方能否援引不可抗力条款，请求免除交货责任呢？

【分析】

依据案例中的具体情形，首要任务是判定伞厂发生的火灾是否属于不可抗力事件的范畴。若该火灾确由不可抗力引发，那么需由中国国际贸易促进委员会出具相应证明文件。按照《公约》的相关规定，在此种情况下，卖方能够免除履行合同的责任。

(二)不可抗力事件的处理

当不可抗力事件发生后，必须依据事先约定的处理原则与方法，迅速采取应对措施。不可抗力事件可能引发两种结果：其一是解除合同，其二是延期履行合同。究竟该如何处置，需要全面考量事故的起因、性质、规模，以及它对合同履行所造成的实际影响程度。

从法律后果来看，不可抗力主要是免除遭受不可抗力一方的责任，而非直接解除合同。合同最终是解除还是延迟履行，取决于不可抗力事件是会持续较长时间还是暂时现象，以及它对合同履行的影响程度，同时还与合同标的类型相关，如是采取金钱交付方式还是货物提交方式。一般来说，任何意外情况都无法免除当事人承担金钱债务的责任。对于货物提交，如果是特定物，那么一旦该物灭失，合同可以解除；如果是种类物，并且客观上仍能够供应此类货物，那么即便遭遇不可抗力，卖方的履约义务也不能免除。另外，在判定是否免除遭受不可抗力一方的责任时，还需审视意外事故与当事人未能履行合同或者无法按期履行合同之间是否存在因果关联。例如，港口工人罢工若不影响钢铁厂正常生产，钢铁厂就不能以港口工人罢工为由拒绝履行合同；但如果是罢工致使钢铁厂所需矿石无法及时卸货，进而影响生产，那么这种罢工就可被视为影响合同履行的不可抗力因素。

【案例 10－9】

1976 年 7 月，我国唐山发生地震。在这之前，一家外贸企业与日本商人签订了三份煤炭出口合同。这三份合同里，煤炭的商品名称有所不同：其一为“开滦煤”，并且当时企业没有库存；其二是“在某堆场存放的开滦煤”；其三是“中国煤”。下面针对这些不同情形，分别阐述我方应怎样向日本商人提出免责请求。

【分析】

当不可抗力事件对合同履行造成影响时，依照具体情形及商业惯例，当事人可被免除一定责任。

针对第一份合同，鉴于开滦煤矿区在地震中严重损毁，完全丧失煤炭生产能力，已无煤炭可供产出，我方可以要求解除该合同，免除全部交货义务。对于第二份合同，存放在某堆场的开滦煤并未遭受地震直接破坏，然而地震导致交通严重受阻，货物运输难以正常进行，在此情形下，我方可以要求延迟交货。对于第三份合同，由于合同并未明确指定煤炭产地，理论上我方应以中国其他产地的煤炭来完成交付，原则上不能以此为由要求免责。

在处理不可抗力事件时，核心要点在于对该事件的准确性认定。尽管合同的不可抗力条款一般会作出相应阐述，但在实际操作中，合同双方针对某一事件是否属于不可抗力事件，常常出现意见分歧。通常而言，准确区分商业风险和不可抗力事件至关重要。商业风险同样具有不可预见和不可避免的特性，不过它与不可抗力事件存在本质差异。即使一方承担了商业风险所带来的损失，其依然具备履行合同义务的能力。以"种类货"的处理为例，这类货物在市场上具有广泛的可获取性，所以一般情况下，卖方不能因商业风险而免除自身的交货责任。

（三）不可抗力事件的通知和证明

当不可抗力事件发生并对合同履行产生影响时，受事件影响的一方当事人，需依据合同所规定的通知期限与通知方式，将事件的真实情况如实告知对方。对方在收到通知后，应及时予以回应，若有不同意见，需及时提出。另外，受事件影响的一方当事人，还应按照合同约定出具相关证明文件，以此作为不可抗力事件发生的有效证据。在国外，这类证明文件大多由当地商会或者法定公证机构开具；而在我国，通常由中国国际贸易促进委员会负责出具。

发生不可抗力后，受不可抗力事件影响的一方应立即将不可抗力事件的发生情况、对合同的影响程度以及要求停止履行或延期履行合同的意图通知对方，并由当地商会出具证明，证明事故的发生、时间、地点及其对合同的影响程度。遭受不可抗力的一方还应采取一切合理的措施减轻意外造成的损失。一方在接到通知后，无论是否同意对方的要求，都应及时作出答复。最后，由法院或仲裁庭确认事故是否属于免除当事人责任的不可抗力事故。

【案例 10－10】

有一份 CIF 合同，其中明确规定需在 9 月 15 日前完成装船。然而，在同年 8 月 20 日，卖方所在地区突发地震。虽然卖方存放货物的仓库离震中位置较远，货物并未遭受严重损毁，可是交通却因地震而中断，致使货物无法按时运出。事后，卖方以遭遇不可抗力为由，通知买方撤销合同，然而买方对此并不认同。分析卖方的这一主张是否合理。

【分析】

不可抗力，指的是在买卖合同订立之后，并非源于合同当事人的过错或疏忽，而是因出现了当事人无法预见、预防、避免以及控制的事件，使合同难以履行或无法按时履行。不可抗力事件引发的后果一般分为两类：一是延期履行合同，即不可抗力事件造成的影响不算特别严重，合同仍存在继续履行的可能性；二是解除合同，即不可抗力事件的影响极其严重，彻底排除了继续履行合同的可能。在本案例中，卖方的存货仓库因距离震中较远，货物并未遭受严重损失。交通中断这一状况仅对合同履行产生了暂时的影响，并未致使合同完全无法履行。因此，卖方以不可抗力为由通知买方撤销合同的做法是不合理的。在此情形下，卖方应与买方进行协商，适当延长合同的履行期限，而无权单方面要求解除合同。

(四)援引不可抗力条款和处理不可抗力事件应注意的事项

当不可抗力事件发生后，合同双方在援引不可抗力条款并处理相关事宜时，需注意以下要点：

(1)及时通知与回应。遭受不可抗力事故的一方，必须按照合同约定的期限和方式，迅速将事件详情告知对方；对方收到通知后，应尽快作出答复。

(2)性质判定与证明提供。双方应仔细分析事件的性质，明确其是否属于不可抗力事件范畴。遭受事件影响的一方有责任提供具有法律效力的证明文件，以此作为事件真实发生的有力证据。

(3)协商处理后果。针对不可抗力所产生的后果，双方应依据合同预先约定的处理原则和方法进行协商。在整个协商处理过程中，务必充分了解实际情况，秉持实事求是的态度。

(4)信用证相关规定。在信用证业务方面，《UCP 600》第三十六条对不可抗力作出如下规定：银行对于天灾、暴动、骚乱、叛乱、战争、恐怖主义行为，或者任何罢工、停工，以及其他银行自身无法控制的原因所导致的营业中断后果，无须承担责任。当银行恢复营业后，对于在营业中断期间已逾期的信用证，将不再进行承付或议付操作。

【案例 10－11】

在某年的 2 月 13 日，内地的 A 公司与香港的 B 公司签订了一份有关醋酸纤维素板的来料加工及补偿贸易合同。合同核心要点如下：A 公司利用 B 公司与另外两家香港金融机构联合提供的设备，为 B 公司开展来料加工业务，每生产 1 吨板材，可获 1600 美元的加工费。B 公司负责向 A 公司供应来料(即醋酸纤维素板)，承诺当年供应量不少于 80 吨，次年不少于 150 吨，第三年不少于 200 吨，之后每年均不少于 200 吨，A 公司则通过加工费来偿还设备的贷款本金及利息。但在合同实际执行过程中，B 公司的来料交付情况很不理想。当年仅在 12 月 30 日交付了 34 吨来料，次年 9 月 4 日交付 17 吨，第三年 2 月 16 日交付 1.1 吨，三年累计来料仅 52.1 吨。第三年 10 月，双方签订补充协议，重新明确了 B 公司供应来料的义务与数量。可这份补充协议依旧未得到履行，导致 A 公司引进的设备难以充分利用，A 公司也仅偿还了设备贷款本息的极小部分。基于此，A 公司申请仲裁，要求 B 公司赔偿包含设备贷款等在内的经济损失。B 公司在答辩时称，自身未能全面履行合同义务，原因是国际市场发生重大变动，原料价格飙升且数量稀缺，致使其无法购入原料。最终生产该原料的工厂停工，B 公司更是无原料可购。B 公司认为这属于不可抗力事件，所以不应承担责任。B 公司到底应不应该承担责任呢？原因是什么？

【分析】

B 公司理应承担责任，原因如下：

(1)不可抗力事件的不可避免性与不可克服性不成立：不可抗力事件要求当事人对其发生和后果无法避免且不能克服。在本案中，合同及补充协议均未限定必须由某一家或几家特定工厂供应原料。因此，即便一家工厂停产，不能供应约定原料，也不能就此认定其他工厂无法生产和供应同类原料。由此可见，B公司所陈述的理由并不充分，无法证实该事件及其后果具备不可避免性与不可克服性。

(2)未能预见不可抗力事件不符合规定：不可抗力事件需是当事人事前无法预见的。但在本案中，在双方签订补充协议之前，B公司就已经未能完全履行合同义务。那么在签订补充协议之时，B公司理应预见到，在后续执行补充协议的过程中，可能会面临此前已经出现且仍在持续的履行风险。这表明B公司所主张的事件不符合不可抗力事件事前不可预见的特性。

(3)未履行通知义务与未提供证明文件：依据买卖合同相关法律以及商业惯例，当当事人一方因不可抗力事件无法履行合同的全部或者部分义务时，应当及时通知另一方，并提供相应的证明文件。然而在本案中，B公司既没有及时通知对方，也没有提供相关证明。

综上，B公司以一家工厂停产致使无法购买约定原料作为不可抗力事由，进而要求免责的主张不成立。鉴于本案涉及补偿贸易和来料加工的性质，若没有B公司提供的来料，则A公司便无法获取加工费用以补偿进口设备的价款，这必然影响合同的全面履行。因此，B公司应当承担违约责任，对A公司的经济损失予以赔偿。

任务三　仲　裁

一、仲裁的定义

仲裁是一种解决争议的法律程序，即在双方或多方当事人发生争议时，由一个或多个独立、公正的第三方根据法律、合同或其他相关规定，对争议的事实和法律问题进行调查与判断，并作出对争议各方均有约束力的裁决或调解。仲裁通常在协商无法解决争议的情况下进行，旨在保护当事人的合法权益，促进争议的公正、公平和高效解决。

【案例 10－12】

A国的甲公司与B国的乙公司订立了一份麻纺织品购销合同，合同明确规定甲公司需在12月底前向乙公司交付200吨麻纺织品。然而，乙公司在接收了100吨货物之后，于5月便明确告知甲公司，由于麻纺织品市场销售情况不佳，将不再接收甲公司后续的供货。此时，甲公司仓库中原本存有10吨麻纺织品。但甲公司出于盈利目的，在接到乙公司通知后，依旧依照双方合同约定，为乙公司采购了剩余的90吨麻纺织品。最终，因乙公司拒绝接收后续这100吨麻纺织品，双方产生纠纷并申请仲裁。本案中，究竟哪一方构成违约？属于何种违约行为？该如何处理本案？

【分析】

在本案情形下，乙公司显然出现违约行为，属于不完全履行合同义务的违约类型。按照相关法律规定，一旦当事人一方存在不履行合同义务，或者履行义务未达合同约定标准的情况，其必须承担继续履行合同、实施补救手段，或者赔偿对方损失等违约责任。在一方违约后，另一方有责任采取合理措施来避免损失进一步扩大；如果没有采取恰当措施导致损失扩大，那么就不能针对扩大部分的损失向违约方主张赔偿。针对本案，从乙公司角度看，其应承担继续履行合同的责任。不过，甲公司在乙公司已经明确告知会违约的情况下，却依然继续采购90吨麻纺织品，这一行为致使损失范围扩大，所以甲公司自身也需为这一不当行为承担相应责任。

二、仲裁的特点

1. 自愿性

当事人可以自由选择是否进行仲裁，仲裁的启动和进行必须基于双方或各方的自愿原则。

2. 灵活性

仲裁程序较为灵活，可以根据当事人的意愿和争议的具体情况进行设定。双方可以选择仲裁地点、仲裁机构、仲裁规则等，还可以在一定范围内自行选定或共同指定仲裁员。

3. 保密性

仲裁程序中的文件和裁决仅在当事人和仲裁员之间传递，不对外公开披露，从而有效保护当事人的商业秘密和隐私。

4. 效率性

仲裁程序相对简便且迅速，通常能够在较短时间内作出裁决，从而避免长期法律纠纷及其带来的商业风险。

5. 终局性

仲裁裁决一经作出，即对当事人具有法律约束力。当事人应当遵守并执行裁决结果。

在国际贸易中，仲裁被广泛用于解决各种类型的争议，如合同违约、知识产权纠纷、海事纠纷等。仲裁的优势在于其具有较高的公正性、保密性、效率性和可执行性，能够为当事人提供一种快速、经济且具有约束力的争议解决方案。

三、仲裁协议

(一)仲裁协议的形式

仲裁协议必须是书面的，有两种形式：

(1)合同中的仲裁条款(Arbitration Clause)，指的是在交易双方签订贸易合同时，在争议未出现之际，以合同条款的形式，约定若今后发生争议，愿意通过仲裁途径加以解决的意向。

(2)提交仲裁协议(Submission)，指的是在争议发生后，双方当事人所订立的、表示同意将争议交付仲裁以寻求解决的协议。虽然仲裁存在不同形式，但其在法律层面所发挥的作用以及具备的效力是一致的。

(二)仲裁协议的作用

(1)仲裁协议对双方当事人具有约束力,意味着一旦签订,双方只能通过仲裁途径来处理争议,不能再向法院提起诉讼。

(2)仲裁协议具有排除法院对特定案件管辖权的关键作用。如果一方当事人违反仲裁协议,私自向法院提起诉讼,那么另一方当事人有权依据仲裁协议,要求法院不受理该案件,并将争议案件移交至仲裁庭进行裁决。

(3)仲裁协议赋予了仲裁机构对争议案件的管辖权。因此,如果双方当事人不希望将争议提交给法院审理,就应当在争议发生之前,在合同中明确约定仲裁条款。这样做的目的是避免日后发生争议时,因无法达成仲裁协议,而被迫只能通过法院诉讼来解决纠纷。

(三)仲裁协议的生效要件

依据我国法律规定,一份仲裁协议要具备法律效力,必须同时满足以下条件:其一,协议中必须载有请求仲裁的明确意思表示,并且要确定选定的仲裁委员会,还要对仲裁事项作出约定(所约定的仲裁事项依照法律规定应具备可仲裁性);其二,仲裁协议必须采用书面形式;其三,签订仲裁协议的当事人应当具备相应的行为能力;其四,仲裁协议的形式和内容都必须符合法律规定。只要不满足上述任何一个条件,按照我国法律规定,仲裁协议就会被判定为无效。

【案例 10－13】

我国一家外贸公司从法国 H 公司采购一批设备,这批设备涵盖 10 套 W 型设备以及 5 套 K 型仪器,总价达 50 万美元,贸易术语采用 CIF 厦门,装运期定在 2009 年 1 月底,付款方式为信用证(L/C)。2008 年 11 月 30 日,我方开具信用证,H 公司分别在 2009 年 1 月 20 日和 1 月 30 日分两次发运货物,并且从议付银行处成功议付货款,之后议付银行也从开证银行处获得相应偿付。2009 年 2 月 24 日,第一批货物(10 套 W 型设备)抵达港口;3 月 10 日,第二批货物(5 套 K 型仪器)到港。经省级商检机构检验判定,10 套设备中有 2 套不合格,无法生产出符合标准的部件,且无法修复,而其余 8 套设备以及 5 套 K 型仪器质量合格。我方认为,所采购的 10 套设备是相互配套使用的,其中 2 套不合格,致使剩余 13 套设备也失去使用价值。基于此,我方于 2009 年 3 月 24 日向 H 公司发出索赔函,要求退回全部 15 套设备,然而 H 公司既未签收该函件,也未给出任何回应。最终,我方选择提起仲裁,并请求仲裁庭作出如下裁决:

(1)将 10 套 W 型设备作退货处理,H 公司需返还我方已支付的全部货款,并承担所有退货费用。

(2)5 套 K 型仪器比合同约定的交货期晚 2 周到达港口,法国 H 公司应支付延迟到货的罚金 2 万美元。

(3)我方购入的 10 套 W 型设备原本用于出租,由于 2 套 W 型设备不合格,我方已向承租方赔偿损失 1.2 万美元,这笔损失应由 H 公司承担。

【分析】

(1)就设备退还问题而言,我方仅能退还 2 套不合格的设备,而不能将全部 15 套设备都退还。毕竟其余13套设备质量合格,能够正常使用。在此情况下,H公司应退还我方2套不合格设备对应的货款,同时承担这2套设备退还所产生的所有费用。

(2)根据CIF贸易术语的规定,作为卖方的H公司,其责任仅限于按时完成货物装运,对货物何时抵达目的地不承担责任。鉴于卖方已在合同规定的装运期内完成装船操作,我方要求H公司支付延迟到货罚金的诉求缺乏依据,不应得到支持。

(3)关于我方将设备用于出租这一情况,对于卖方H公司来说,这属于难以预见的情形,而且这还涉及另一种不同的法律关系。因此,我方因2套不合格设备向承租方赔偿1.2万美元损失的责任,不应由卖方H公司来承担。

四、合同仲裁条款的主要内容

(一)仲裁地点的规定

仲裁地点的确定,向来是交易双方在商讨仲裁条款过程中的关键议题。这主要是由于仲裁地点与仲裁所依据的程序法以及合同适用的实体法紧密相连。依据相关国家法律的阐释,但凡涉及程序层面的问题,除非仲裁协议另行作出规定,否则一般都会适用仲裁地点所在国的法律,也就是说,在哪个国家开展仲裁,就遵循该国的仲裁法规。而对于用以明确合同双方当事人权利与义务的实体法,倘若合同未给出具体规定,通常由仲裁庭依照仲裁地点所在国的法律冲突规则来加以确定。由此不难看出,不同的仲裁地点可能会适用不同的法律,这就可能使对买卖双方权利与义务的解读产生差异,进而最终影响仲裁的结果。所以,交易双方对于仲裁地点的选择格外重视,双方往往都极力争取在自己较为熟知且信赖的地方进行仲裁,特别是尽可能争取在本国进行仲裁。在我国的进出口合同中,针对仲裁地点主要存在以下三种规定形式:

(1)尽力争取合同规定在我国进行仲裁;

(2)有时候合同会规定在被告所在国进行仲裁;

(3)合同规定在双方一致认可的第三国进行仲裁。在采用第三种方式时,需要选择那些允许受理双方当事人均非本国公民争议案件的仲裁机构。除此之外,所选机构还应具备较强的业务能力,并且秉持公正的态度。

【案例10-14】

我国某外贸公司与某外国商人签订了一份出口合同,其中包含仲裁条款,仲裁地点定为北京。后来发生了交货质量纠纷,外商不愿意到北京进行仲裁,而是在当地法院提起诉讼。当地法院向我国外贸公司寄发了传票。那么,我公司应如何处理这一情况?

【分析】

我方与外商签订的出口合同明确规定了以双方自愿为基础的仲裁条款。外商不仅拒绝遵守该条款,还擅自在当地法院提起诉讼。根据仲裁条款的法律效力,仲裁协议通常排除法院对相关案件的管辖权。因此,我方可以将传票退还给外国法院,并明确指出该法院对该案件不具有管辖权。同时,我方应要求将争议案件提交至北京仲裁庭进行裁决,以维护合同约定的仲裁条款的效力。

(二)仲裁机构的选择

在国际贸易中,仲裁有两种形式,既可以由双方当事人商定在常设仲裁机构进行,也可以由双方共同指定仲裁员组建临时仲裁庭来裁决纠纷。

当前,全球众多国家以及部分国际组织都设有专门处理商事纠纷的常设仲裁机构。在我国,常设的仲裁机构主要是中国国际经济贸易仲裁委员会和海事仲裁委员会。随着业务的拓展,中国国际经济贸易仲裁委员会分别在深圳和上海设立了分会。北京总会以及深圳、上海分会属于一个整体,它们采用相同的仲裁规则和仲裁员名册,整体上享有统一的仲裁管辖权。除此之外,国内一些省市也陆续成立了地区性仲裁机构。

我国外贸公司在拟定进出口合同的仲裁条款时,若双方一致同意在中国仲裁,一般会约定由中国国际经济贸易仲裁委员会负责案件仲裁。

在外贸业务实践中,我们经常接触到的国外常设仲裁机构包括:英国伦敦仲裁院、瑞典斯德哥尔摩商会仲裁院、瑞士苏黎世商会仲裁院、日本国际商事仲裁协会、美国仲裁协会、意大利仲裁协会等。俄罗斯和东欧各国的商会中也设有对外贸易仲裁委员会。国际组织层面的仲裁机构,如设在巴黎的国际商会仲裁院等。其中,不少仲裁机构已与我国建立业务往来,并在仲裁业务领域展开合作。

由于国际上仲裁机构数量众多,甚至在一个国家或地区内可能存在多个仲裁机构,所以当事人双方务必在合同的仲裁条款中明确指出选择哪个国家或地区的仲裁机构来审理争议案件。临时仲裁庭是专为审理特定争议案件,由双方当事人挑选的仲裁员组成的。案件处理完毕,该仲裁庭便自动解散。因此,当选择临时仲裁庭解决争议时,双方需在仲裁条款中清晰约定指定仲裁员的方式、人数、仲裁庭成员构成以及是否设立首席仲裁员等具体事宜。

(三)仲裁规则

在国际仲裁领域,各国仲裁机构通常都制定了各自的仲裁规则。不过,需要着重注意的是,仲裁规则的选用与仲裁地点并非绝对绑定。按照国际仲裁通行惯例,原则上会采用仲裁所在地的仲裁规则。但从法律层面而言,允许双方当事人经协商约定,选用仲裁地点之外其他国家或地区仲裁机构的仲裁规则来开展仲裁流程。举例来说,当仲裁地点设定在中国时,双方当事人一般会约定适用《中国国际经济贸易仲裁委员会仲裁规则》。依据中国现行仲裁规则中的相关条款,当事人约定将争议提交仲裁委员会仲裁的,视为同意遵循该规则进行仲裁。但如果当事人另行约定适用其他仲裁规则,并且获得仲裁委员会认可,原则上也能够采用其他仲裁规则来推进仲裁。

(四)仲裁裁决的效力

仲裁裁决的效力,关键在于判定仲裁庭作出的裁决对双方当事人是否有约束力,是否具有终局性,以及当事人能否向法院起诉以变更裁决。

在我国,中国国际经济贸易仲裁委员会作出的裁决一般具有终局性,对双方当事人都有约束力,必须依法执行,任何一方都不能向法院起诉要求变更。

在其他国家,通常也不允许当事人因不服仲裁裁决就向法院上诉。即便当事人向法院起诉，法院一般也只审查程序方面，不审查实体内容，也就是只查看仲裁裁决在法律程序上是否合规，不会去评判裁决本身是否准确。如果法院发现裁决存在程序问题，那么其有权宣告裁决无效。由于仲裁基于双方自愿，所以仲裁裁决理应得到认可和执行。从当前国际仲裁实际情况看，当事人因不服裁决而诉至法院的情况极为少见，且仅限于程序问题。对于裁决本身，不可以上诉。若败诉方拒绝执行裁决，胜诉方有权向相关法院申请强制执行。

为了突出和明确仲裁裁决的效力，便于裁决执行，在拟定仲裁条款时，一般都会规定仲裁裁决为终局裁决，对双方当事人有约束力。

(五)仲裁费用的承担

一般而言，仲裁条款会明确约定仲裁费用的承担方。常见的做法是规定由败诉方承担这笔费用，不过也存在一些条款约定由仲裁庭根据具体情况酌情判定。

【案例 10 - 15】

我国一家外贸公司和英国的一家商户签订了服装合同。合同明确采用CIF伦敦即期信用证(L/C)付款方式，同时合同以及信用证都清楚表明不允许分批装运和转船。我方按时把货物装上了直达轮船，并且凭借直达提单在信用证的有效期内，向银行成功议付了货款。可是，该轮船在中途的某港口停靠时，船公司为了搭载其他货物，私自将我方的服装卸下，然后换装到别的船舶上，继续运往伦敦。由于换装的船舶设备老旧，这批服装比原定时间晚了两个月才抵达。针对这种情况，英国商户向我方提出索赔，认为我方提交的是直达提单，但实际运输却发生了转船，存在虚假陈述的问题。那么，我方是否应该进行赔偿？我方又该如何处理？原因是什么？

【分析】

我方无须承担赔偿责任。面对这一情况，应建议买方依据直达提单向承运人交涉，同时凭借保险单向保险公司索赔。

按照CIF成交条件，买卖双方风险转移的界限以货物装船为准。当货物在装运港成功装上船后，后续风险便由买方承担。因此，船方擅自转船所导致的损失，也应由买方来承担。

再者，CIF条件属于象征性交货条款，只要卖方依照合同规定，在装运港完成货物装船操作，并提交一整套合格单据，就等同于完成了交货义务，并不需要保证货物最终抵达目的地的时间或者状态。

五、仲裁程序

仲裁程序是指当双方当事人依据仲裁协议，将所产生的争议提交仲裁处理时，所必须履行的一系列手续。仲裁程序通常包括以下环节：提出仲裁申请、组成仲裁庭与指定仲裁员、审理案件、作出裁决、执行仲裁裁决以及支付仲裁费用等。

(一)提出仲裁申请

申请人提出仲裁申请时，应提交仲裁申请书。仲裁申请书应写明以下内容：申请人和被申请人的名称及住所、申请人依据的仲裁协议、案情和争议的主要内容、申请人的请求，以及所依据的事实和理由等。

仲裁委员会收到申请人的仲裁申请书后，经审查认为申请仲裁手续已完备，应立即向被申请人发出仲裁通知，并将申请人的仲裁申请书连同仲裁委员会的仲裁规则、仲裁员名册和仲裁费用表一并发送给被申请人。同时，将仲裁通知、仲裁规则、仲裁员名册和仲裁费用表发送给申请人。

申请人和被申请人应各自在收到仲裁通知之日起 20 天内在仲裁委员会仲裁员名册中各自选定一名仲裁员，或者委托仲裁委员会主任指定。被申请人应在收到仲裁通知之日起 45 天内向仲裁委员会秘书局提交答辩书和有关证明文件。被申请人如有反请求，最迟应在收到仲裁通知之日起 60 天内以书面形式提交仲裁委员会。仲裁庭认为有正当理由的，可以适当延长此期限。

当事人申请财产保全时，仲裁委员会应当将当事人的申请提交被申请人住所地或者财产所在地的人民法院裁定。

(二)组成仲裁庭与指定仲裁员

1. 仲裁员的指定

双方当事人应各自在仲裁委员会仲裁员名册中选定一名仲裁员，或者委托仲裁委员会主任指定。第三名仲裁员由双方当事人共同选定，或者共同委托仲裁委员会主任指定。如果双方当事人在被申请人收到仲裁通知之日起 20 天内未能共同选定或共同委托仲裁委员会主任指定第三名仲裁员，则由仲裁委员会主任指定。第三名仲裁员担任首席仲裁员。首席仲裁员与被选定或被指定的两名仲裁员组成仲裁庭，共同审理案件。

双方当事人可以在仲裁委员会的仲裁员名册中共同选定，或者共同委托仲裁委员会主任指定一名仲裁员作为独任仲裁员，单独审理案件。

2. 仲裁员的回避

被选定或被指定的仲裁员若与案件存在个人利害关系，应当自行向仲裁委员会披露并请求回避。当事人若对被选定或被指定仲裁员的公正性和独立性产生有正当理由的怀疑，可以书面向仲裁委员会提出要求该仲裁员回避的申请，并需说明提出回避请求的具体事实和理由，同时提供相关证据。仲裁员是否回避，由仲裁委员会主任作出决定。

3. 选定仲裁员应注意的问题

机构仲裁通常具有自身独立的仲裁规则，这些规则一般规定了简易的仲裁程序及仲裁庭的特殊构成。例如，在争议金额低于某一限定金额且当事人未约定仲裁庭的组成人员时，仲裁庭可能依据规则指定一名仲裁员进行审理。然而，这种简易程序以及仅由一名仲裁员组成仲裁庭的规定并非绝对，在具体案件审理过程中，如遇仲裁规则规定的特殊情形，还可以转换为三人组成的仲裁庭。临时仲裁则完全依据当事人合同的约定。约定临时仲裁的合同通常对仲裁庭的组成作出了明确的规定。在具体案件办理过程中，双方不得违反此类约定，否则即使裁决作出，也可能面临被撤销或被拒绝承认及执行的风险。

因此，作为合同签订的双方，在合同签订过程中，必须充分考虑仲裁员构成的难易程度及其可行性。例如，如果对仲裁员的要求过多或条件过于严格，那么届时是否能够找到符合条件的仲裁员？即便找到了，这些人是否愿意担任仲裁员也是一个问题；而如果条件过于宽松，可能符合条件的人较多，但真正胜任的人却很少，甚至可能导致选定的仲裁员能力不足。因此，临时仲裁的前提是双方的约定，而临时仲裁的程序及仲裁的具体实施均可以根据当事人的约定进行调整。因此，当事人在订立合同时，必须格外谨慎。

（三）审理案件

1. 开庭的时间与地点

仲裁庭应当开庭审理案件。但如果双方当事人提出申请，或者经双方当事人同意，并且仲裁庭也认为无须开庭审理，则仲裁庭可以仅依据书面材料进行审理并作出裁决。仲裁案件第一次开庭审理的日期，应当提前 30 天通知双方当事人。当事人如有正当理由，可以申请延期，但必须在开庭前 12 天以书面形式向秘书局提出申请；是否延期，由仲裁庭决定。

如果当事人对仲裁地点已有约定，则仲裁案件的审理应当在约定的地点进行。

2. 开庭审理是否公开

仲裁庭开庭审理案件通常不公开进行。但如果双方当事人要求公开审理，仲裁庭有权决定是否公开审理。

不公开审理的案件中，双方当事人及其仲裁代理人、证人、仲裁员、仲裁庭咨询的专家和指定的鉴定人、仲裁委员会秘书局的相关人员均不得向外界透露案件实体和程序的具体情况。

3. 审理程序

当事人应对其申请、答辩和反请求所依据的事实提供证据。仲裁庭认为必要时，可以自行调查事实并收集证据。

仲裁庭可以就案件中的专门问题向专家咨询，或指定鉴定人进行鉴定。当事人提交的证据由仲裁庭审查认定，专家报告和鉴定报告是否采纳，由仲裁庭决定。

仲裁庭开庭审理时，若一方当事人未出席，则仲裁庭可以进行缺席审理，并作出缺席裁决。

若当事人在仲裁庭之外自行达成和解，则其可以请求仲裁庭根据和解协议的内容作出裁决以结案，也可以申请撤销案件。

仲裁庭可以按照其认为适当的方式进行调解。在调解过程中，如任何一方当事人提出终止调解，或仲裁庭认为调解已无成功可能，则应停止调解。

（四）作出裁决

裁决处于仲裁程序的最后阶段。一旦裁决作出，案件的审理流程随即结束，故而裁决又被称作最终裁决。按照我国仲裁规则，除最终裁决外，仲裁庭若认为确有必要，并且经当事人提议，则在仲裁期间可针对案件的部分问题作出中间裁决或部分裁决。中间裁决针对已明晰的争议给出临时性判定，以推动案件后续审理；部分裁决则是仲裁庭在将整体争议中的某些问题审理清楚后，先行给出的具有部分终局性质的裁决，其构成最终裁决的一部分。

仲裁裁决必须在案件审理终结之日起 45 天内以书面形式作出。仲裁裁决书需阐明裁决所依据的理由，表明裁决具有终局性，同时注明裁决书的作出日期、地点，以及仲裁员的签名等信息。

当事人应当按照仲裁裁决书规定的期限履行裁决内容。若裁决书未明确履行期限，则应即刻履行。若一方当事人未履行裁决，另一方当事人依照中国法律规定，向中国法院申请强制执行；也可依据相关国际公约，或者中国缔结、参与的其他国际条约的规定处理。

【案例 10 - 16】

我国一家外贸公司(作为买方)与日本甲公司(作为卖方)订立了一份合同，内容为购买15套A设备和8台K仪器，合同总价值达40万美元，价格条件采用CFR大连，装运期定在某年9月底，付款条件规定买方需在货物装运前两个月，开立金额涵盖全部货款的不可撤销议付信用证。当年9月30日，买方通过银行开出了以卖方为受益人的信用证(开证时未缴纳押金)。卖方分别于10月9日和10月31日分两次发运货物，并通过议付银行成功议付货款，议付银行也从开证行处获得了相应偿付。10月15日，第一批货物(15套A设备)抵达港口；11月8日，第二批货物(8台K仪器)到港。买方在这两次提货时，均在未持有正本提单的情况下，凭借副本提单从船公司代理处提取了货物。经省级商检机构检验鉴定，15套A设备中有4套不合格，完全无法生产出符合标准的部件，并且无法修复。而其余11套A设备以及8台K仪器质量合格。买方认为，所采购的15套A设备需相互配套使用，4套不合格致使其余11套设备也失去使用价值。基于此，买方在次年3月24日向日方发出一份备忘录，提出将15套A设备全部退回的要求。但日方既未在该备忘录上签字，也未给出任何回应。最终，买方选择提起仲裁，请求仲裁庭作出如下裁决：将15套A设备全部退货，卖方需返还已收取的全部货款，并承担所有退货费用；由于8台K仪器比合同约定的交货期延迟5周才到港，卖方应支付延迟到货的罚金4万美元；另外，因购买的15套A设备原本用于出租，设备不合格导致买方已向承租用户赔偿损失2万美元，这笔损失应由卖方承担。

问题：

(1)仲裁庭会如何处理上述请求？原因是什么？

(2) 假设开证行要求买方付款赎单时，买方鉴于货物的实际状况，在单证相符的情况下拒绝向开证行付款赎单，那么开证行将会遭受什么损失？开证行又该如何应对这种情况？

【分析】

(1)买方仅能退还4套不合格设备，而非全部15套，因其余11套设备合格可正常使用。卖方应退还4套不合格设备的货款，并承担退货相关费用。

(2)卖方8台K仪器虽晚于合同规定期限交付，但这是买方延迟开立信用证所致。合同要求信用证在交货前两个月开出，而买方9月30日才开证，据此计算，卖方实际交货期未违反合同，因此买方要求支付延迟到货罚金的请求不合理。

(3)买方将设备出租及由此产生向用户赔偿2万美元损失的情况，对卖方而言难以预见，且涉及其他法律关系，故该损失不应由卖方承担。

(4)若买方拒绝向开证行付款赎单，开证行损失较大。开证行虽有提单，但无法提货，也无押金弥补损失。开证行可凭提单要求船公司交付货物或赔偿全部货款，也可依信用证法律关系要求买方在单证相符时履行付款赎单义务。

六、仲裁条款格式

我国企业在国际贸易中秉持独立自主、平等互利的原则，参考国际通行做法，并结合自身实践经验，主要采取以下三种仲裁条款格式。

(一)在我国仲裁的条款格式

“凡因本合同引起的或与本合同有关的任何争议，双方应通过友好协商解决；如果协商不能解决，应提交中国国际经济贸易仲裁委员会，按照申请仲裁时该会现行有效的仲裁规则进行仲裁。仲裁裁决是终局的，对双方均具有约束力。”

(二)在被申请人所在国仲裁的条款格式

“凡因本合同引起的或与本合同有关的任何争议，双方应通过友好协商解决；如果协商不能解决，应提交仲裁。仲裁将在被申请人所在国进行。在中国，由中国国际经济贸易仲裁委员会根据申请仲裁时的仲裁规则进行仲裁。如在××国(被申请人所在国名称)，则由××国××地仲裁机构(被申请人所在国家的仲裁机构名称)根据该组织的仲裁程序及规则进行仲裁。仲裁裁决是终局的，对双方均具有约束力。”

(三)由其他国家仲裁机构仲裁的条款格式

“凡因本合同引起的或与本合同有关的任何争议，双方应通过友好协商解决；如果协商不能解决，应按××国××地××仲裁机构根据该仲裁机构现行有效的仲裁程序规定进行仲裁。仲裁裁决是终局的，对双方均具有约束力。”

关键术语

买卖索赔　理赔　不可抗力　仲裁协议　仲裁申请

项目实训

【实训情境】

法国 EG 公司与德国 DY 公司签订了一项关于从中国采购特定规格铝合金材料的合同。该合同详细界定了交易的关键参数：订购总量为 18000 千克，明确要求铝合金中的铝元素含量不得低于 74%，单价固定为每千克 7.70 美元，并约定采用 CIF 贸易术语，目的港为荷兰鹿特丹港。此外，合同中嵌入了不可抗力条款，旨在为卖方在遭遇不可抗力事件导致无法履行或延迟履行交货义务时提供免责保护。然而，合同签订后不久，市场条件发生波动，促使 DY 公司向 EG 公司提出调整价格的建议。这一提议被 EG 公司依据合同稳定性原则明确拒绝。随后，DY 公司转而提议将铝合金的铝含量降低至约 60%，并请求延期交货。EG 公司在权衡利弊后，接受了铝含量适度调整的方案，但同时设定了一个具有法律约束力的最终交货期限，以确保合同执行的确定性。由于 DY 公司未能有效与中国供应商进行沟通，在双方商定的附加交货期限内，仍未能向 EG 公司交付合同规定的货物。面对这一严重违约行为，EG 公司迅速采取了风险缓解措施，与第三方供应商达成了替代交易，以确保生产不受影响，并随后依据国际商事仲裁规则，向 DY 公司提出索赔请求。EG 公司要求 DY 公司赔偿违约行为导致的经济损失，其具体计算方式为替代交易价格与原始合同价格之间的差额，以此作为对其所受损害的合理赔偿。

【实训任务】

(1)绘制案情分析图，找出矛盾纠纷点。

(2)搜索理论依据，解决上述矛盾纠纷点。

(3)联系实际，回答：DY 公司是否应当赔偿？原因是什么？

章节习题

(1)简述索赔和理赔的含义。

(2)简述不可抗力事故的含义及其包括的内容。

(3)仲裁协议有什么作用？

(4)国际贸易中的仲裁需要哪些程序？

(5)什么是国际贸易仲裁？合同中的仲裁条款包括哪些内容？

项目十一　新兴国际贸易交易平台

项目引例

假设你进入一家从事丝巾面料和成品出口的外贸公司。这家公司目前的主要收入来源是传统的外贸方式，同时通过展会和网络等途径拓展客户，主要承接大额订单。如今，跨境电商日益兴盛，公司也需要进行转型。因此，该公司的跨境电商部门开设了一家新的阿里巴巴国际站网店。目前，平台已开通出口通服务，但未购买额外的橱窗，也没有其他付费推广方式。销售人员每天上传新品，并更新旧产品。

思考：如何为这家公司的阿里巴巴国际站业务经营出谋划策？

任务一　阿里巴巴国际站平台实务

一、阿里巴巴国际站平台介绍

（一）阿里巴巴国际站概述

阿里巴巴国际站是阿里巴巴集团控股有限公司旗下的一个外贸平台（图 11－1），为全球中小企业提供商机信息发布服务，帮助这些企业开展国际贸易。阿里巴巴国际站创立于1999 年，经过 20 余年的发展，已成长为全球领先的外贸数字化服务平台。

（二）阿里巴巴国际站的主要特色

（1）作为全球领先的 B2B（Business to Business）跨境电商平台，阿里巴巴国际站业务网络遍及 200 余个国家和地区，为全球企业搭建了高效可靠的国际贸易桥梁。平台持续深化全球化布局，通过与各国本地化合作伙伴的战略协同，不断完善跨境贸易服务体系，助力买卖双方开拓更广阔的国际市场空间。通过全球化战略布局，阿里巴巴国际站助力我国中小企业走向国际化，实现全球化发展。

（2）阿里巴巴国际站构建了全球领先的 B2B 商品矩阵，涵盖服装纺织、家居用品、消费电子、工业原料等全品类商品，为国际买家提供一站式采购解决方案。平台通过严格的供应商审核和商品管理体系，确保海量优质货源供应，全面满足不同规模、不同行业的多元化采购需求。同时，阿里巴巴国际站与多家物流公司合作，为商家提供全球物流配送服务。通过物流跟踪系统，商家和消费者可以实时了解货物的物流信息，提高交易效率。

图 11-1　阿里巴巴国际站主页(图片来源:网络)

(3)阿里巴巴国际站通过诚信保障体系对商家进行认证和评级,确保交易双方的权益。此外,平台还提供第三方支付和信用担保等服务,进一步降低交易风险。阿里巴巴国际站提供全天候的专业客户服务,为商家和消费者解答疑问、处理问题。平台还设有在线客服、热线电话等多种沟通渠道,方便双方交流。

二、阿里巴巴国际站的平台规则

作为全球领先的跨境 B2B 电子商务平台,阿里巴巴国际站致力于为国际贸易买卖双方构建安全、高效的数字化交易环境。为确保平台健康、有序发展,保障所有用户的正当权益,平台依据国际贸易准则和电子商务特点,建立了一套完善的运营规则体系。

(1)阿里巴巴国际站对用户的注册和资格有明确要求。用户需要满足一定条件才能成为阿里巴巴国际站的会员。此外,会员资格在报名时的到期日必须晚于营销活动结束后 30 天,或虽早于 30 天但用户已支付续约费用且款项已到账。

(2)阿里巴巴国际站会定期举办各种营销活动,以促进买家和卖家之间的交易。营销活动规则对活动报名条件、活动流程、活动优惠等做出明确规定。同时,为了维护平台的正常运营,阿里巴巴国际站对商品发布有明确的规定。例如,商品必须符合国家法律法规和平台规定,不能包含侵权、违法、不良信息等内容。

(3)阿里巴巴国际站对商品价格有明确的规定,价格必须合理、公正、透明,不能存在价格欺诈行为。同时,平台对交易流程有明确的规定,买家和卖家必须遵守平台的交易流程,以确保交易的合法性和安全性。另外,平台对用户评价有明确的规定,用户评价必须真实、客观、公正,不能存在虚假评价、恶意评价等行为。

(4)违规行为处理规则。阿里巴巴国际站对违规行为有明确的处理规定,对于违规行为,平台会采取相应的处罚措施,如警告、扣分、冻结账户等。

① 违规行为处罚依据和方式。阿里巴巴国际站对会员违反各项规则的处罚依据，因各项违规类型不同而有所区别。阿里巴巴国际站违规类型及处罚依据详见表 11－1。

表 11－1　阿里巴巴国际站违规类型及处罚依据

违规类型	处罚依据
信息发布违规	屏蔽或删除相关发布内容，根据情节严重程度对会员采取权益回收、商品、店铺搜索降权或屏蔽，以及警告、扣分、关闭账号、限制参加营销活动等处罚措施；信息滥发、图片盗用、不当使用他人信息的，按照《商品信息滥发违规处罚规则》《图片盗用处理规则》《不当使用他人信息处理规则》进行处罚
知识产权违规	按照《阿里巴巴知识产权规则》进行处罚
禁限售违规	按照《阿里巴巴国际站禁限售规则》进行处罚
产品品质违规	通过接受举报、投诉、政府公告、产品信息主动排查、实物抽检等方式进行监控并依据相关规则进行管控和处罚
交易行为违规	按照《阿里巴巴国际站交易违规处罚规则》进行处罚
恶意骚扰	根据情节严重程度采取警告、扣分、限权和直接关闭账号等处罚措施
舞弊行为	除立即取消或收回相关权益外，还将根据情节严重程度对会员采取警告、扣分、关闭账号、限制参加营销活动等处罚措施。具体规则参阅《虚假交易违规处罚规则》《阿里巴巴国际站会员积分规则》等
商业贿赂	视情况立即关闭会员所有账号(包括关联账号)。违规会员有如实主动申报及/或如实积极举报情形的，酌情给予从轻或减轻处罚的措施
不诚信行为	据其违规情节采取警告、扣分、关闭账号等处罚措施，由此导致的一切损失由用户自行承担

② 处罚方式。关于商家违规行为的处罚，将进行累计扣分，分数按行为年度累计计算。行为年度是指每项违规行为的扣分会被记录 365 天，已被采取关闭账号处罚的行为除外。处罚措施包括限制权限、关闭账号等。

扣分在 6 分及以下的，平台将予以严重警告；扣分在 12～36 分的，将受到限制权限的处罚，包括但不限于旺铺屏蔽、搜索屏蔽、限制商品发布和编辑等。用户累计罚分达到 24 分或以上的，阿里巴巴国际站有权拒绝或限制该用户参加平台的各类推广、营销活动，或使用相关产品及服务。

这些规则的制定与实施，旨在促进形成开放、透明、共享的新商业文明，保障阿里巴巴国际站用户的合法权益，创建并维护和谐的商业环境。

三、阿里巴巴国际站的账户注册

注册阿里巴巴国际站账号(图 11－2)。在阿里巴巴国际站首页点击“注册”按钮(图 11－2)，填写相关信息并进行账号验证。验证通过后，设置密码并登录账号。

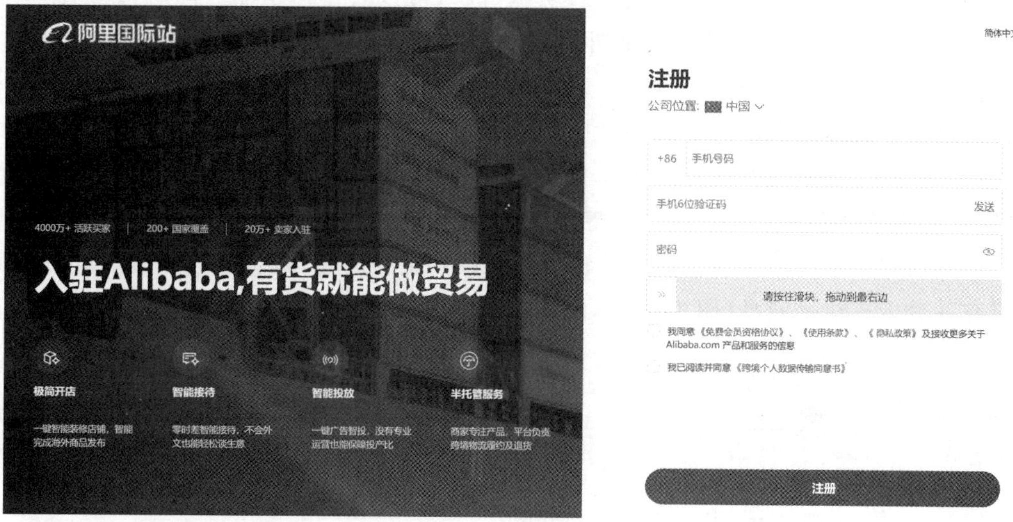

图 11-2　注册阿里巴巴国际站账号(图片来源:网络)

根据提示,完善个人信息并提交企业信息,如公司名称、联系方式等(图 11-3),通过审核后,即可完成注册。

图 11-3　完善信息(图片来源:网络)

需要注意的是,在注册过程中,需确保所填写信息的准确性和真实性,因为这将会影响后续的交易和运营。同时,应定期更新个人信息和公司信息,以确保账号的安全和有效性。

四、阿里巴巴国际站的经营管理

(一)阿里巴巴国际站的店铺选品方法

(1)利用阿里巴巴国际站的搜索功能进行选品。在搜索框中输入关键词,查看该关键词的热搜程度和趋势，并结合第三方工具进行数据分析，可以获得热销品。同时，定期浏览相关行业的网站，通过 Google 搜索目标海外市场的网站，查看最新的产品款式和热销排行，以捕捉市场需求。

(2)通过社交媒体确定选品。关注社交媒体上的热搜关键词。跨境店铺的核心竞争力在于抓住市场和客户需求，而社交媒体是当前最大的市场信息聚集地之一，通过观察趋势可以发现潜在的热销产品。

(3)借鉴榜样卖家确定选品。通过关键词搜索找到优秀的榜样店铺，进入该店铺的买家页面，研究并分析其热销商品(图 11－4)，从中寻找选品的商机。

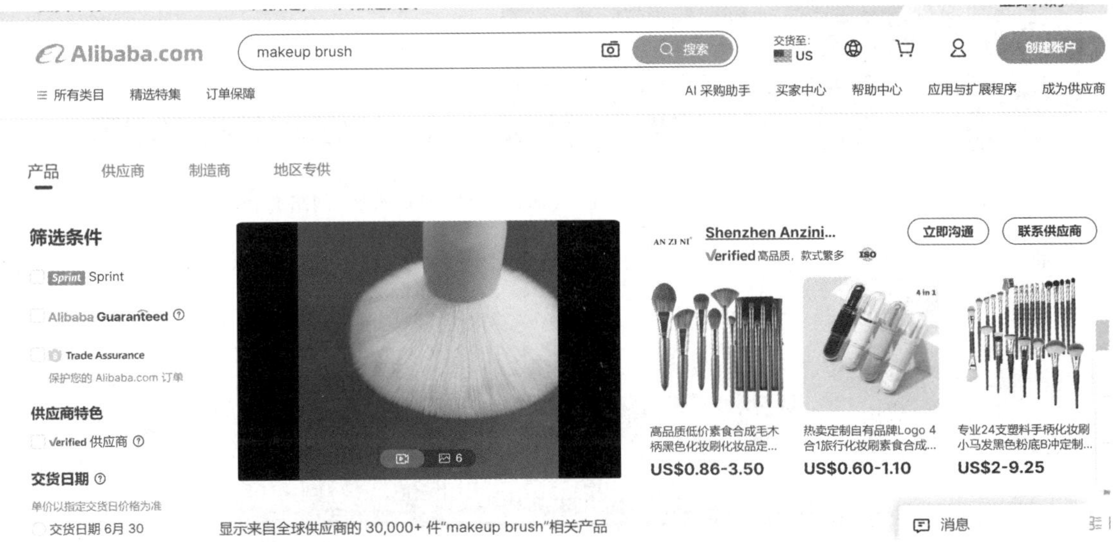

图 11－4　热销品选品(图片来源:网络)

(二)阿里巴巴国际站的店铺页面管理

首先，在旺铺装修中，包括 PC 端和无线端的装修，需要符合国际站的规则和标准。旺铺的视觉效果与用户体验会影响买家对店铺的印象和信任度，因此装修需要符合市场喜好和客户关注点。在风格打造中，其要与市场趋势和客户需求相契合，打造独特的店铺形象，避免与同行过于相似。

其次，在进行公司信息管理时，需要填写公司的基本信息、联系方式、资质证明等，确保信息的完整性和准确性。同时，要对产品进行管理，包括关键词设置、详情页设计、管理橱窗产品、产品分组与排序、搜索诊断首页、多语言市场首页等。关键词设置需要精准且有吸引力，详情页设计要突出产品的特点和卖点。管理橱窗产品可以提升主推产品的排名，产品分组与排序可以让买家有良好的搜索体验，搜索诊断首页可以定期分析店铺数据，查看店铺产品问题，从而对店铺整体有清晰的了解。多语言市场首页能够覆盖多语言流量。

最后，可以通过数据管家了解店铺的数据和运营情况，如商家星等级、交易数据、营销活动效果等。通过数据分析，卖家可以更好地制定营销策略和运营计划，提升店铺的转化率和销售额。

总之,阿里巴巴国际站的店铺页面管理需要注重细节和用户体验,不断提升店铺的形象和信誉度,以吸引更多的客户和流量,如图 11-5 所示。

图 11-5　店铺页面管理(图片来源:网络)

五、阿里巴巴国际站的营销管理

(一)阿里巴巴国际站的营销活动

阿里巴巴国际站的营销活动形式多样,用户可以根据自身需求和实际情况选择合适的活动。同时,需要注意活动的准确性和时效性,及时更新和分析数据,以便更好地制定营销策略和运营计划。

1. 采购直达

采购直达是阿里巴巴国际站为买家和卖家提供的一种快速采购服务。通过采购直达,卖家不仅可以发布自己的产品,还可以查看买家的信誉度和历史采购数据,从而全面地了解客户需求和市场竞争情况,如图 11-6 所示。

图 11-6 采购直达(图片来源:网络)

2. 阿里直播

阿里直播是阿里巴巴国际站推出的一项直播营销服务,通过直播展示产品、解答问题、进行互动等方式,吸引买家关注并促成购买。同时,阿里直播还能提高店铺的曝光度和信誉度,增强客户黏性并提升转化率,如图 11-7 所示。

图 11-7 阿里直播(图片来源:网络)

3. 诚信通

诚信通是阿里巴巴国际站推出的一种付费会员服务，旨在为卖家提供更多的曝光机会和商机。成为诚信通会员后，卖家可以享受更多的平台服务，如关键词推广、买家保障以及在线交易等功能，如图 11 - 8 所示。

图 11 - 8　诚信通会员服务(图片来源：网络)

4. 营销邮件

营销邮件是一种向潜在客户发送广告或促销信息的营销方式。通过营销邮件，卖家可以向客户介绍产品特点、促销活动、新品上市等信息。此外，卖家还能收集客户反馈和意见，从而更好地了解客户需求及市场动态。

除此之外，阿里巴巴国际站还提供精细化的运营管理服务，例如采用自然排名精准推广、橱窗推广、内链设置、信保排名提升、竞价推广以及外贸直通车服务等方式，以帮助企业更好地拓展海外市场。同时，阿里巴巴国际站还提供 RFQ(Request for Quotation)、访客营销、实时在线营销等功能，帮助企业更快速地获取客户资源。

(二)阿里巴巴国际站的数据分析

(1)卖家可以查看自己店铺的流量、销售额、转化率等数据，以及这些数据的趋势变化。这有助于卖家评估店铺的运营情况，并制定相应的营销策略。此外，卖家还可以查看店铺中每个产品的流量、销售额、转化率等数据及其趋势变化，从而了解每个产品的销售表现，并制定针对性的产品策略。与此同时，卖家还可以查看店铺中每个关键词的相关数据，包括搜索量、点击率、转化率等。这能够帮助卖家全面地了解产品在市场中的表现，并制定更精准的关键词优化策略。

(2)查看所在行业的数据，包括行业趋势、竞争对手情况、市场需求等。这些信息可以帮助卖家更好地了解市场和行业动态，从而制定相应的市场策略。此外，卖家还可以分析自己的客户数据,包括客户来源、客户行为、客户满意度等。这有助于卖家更深入地了解客户需求,进而制定更加精准的客户服务策略。

在进行数据分析时,建议充分利用阿里巴巴国际站提供的数据分析工具,如“数据管家”和“生意参谋”等。同时,要特别注意数据的准确性和时效性,及时更新并分析数据,以便更科学地制定营销策略和运营计划。

六、阿里巴巴国际站的服务管理

(一)阿里巴巴国际站的跨境支付

阿里巴巴国际站的跨境支付主要通过国际版支付宝(Escrow Service)完成。这是一种由阿里巴巴国际站与支付宝联合推出的在线支付解决方案,旨在为国际买卖双方提供安全、便捷的支付服务。此外,阿里巴巴国际站还支持多种支付方式,以适应不同国家和地区的商业习惯。主要的支付方式包括:

(1)信用卡支付。阿里巴巴国际站支持主流信用卡支付方式,包括 Visa 和 MasterCard 等。这种支付方式操作简单、快捷,为用户跨境购物提供了极大的便利。

(2)电汇支付。对于大宗交易或需要更高安全性的交易,买家可以选择使用电汇方式支付。

(二)阿里巴巴国际站的物流管理

阿里巴巴国际站的物流管理主要依托其旗下的阿里物流(Alibaba Logistics)和菜鸟网络(Cainiao)。

(1)阿里物流是阿里巴巴集团旗下的线上物流服务平台,提供包括国际快递、国际电商物流、国际海运、国际空运、海外仓储等服务。其特点是便捷、简洁且全面。通过阿里物流,卖家可以直接在阿里巴巴国际站的后台选择发货方式,无须登录国际快递官网或第三方物流服务商进行注册和操作。此外,阿里物流的界面操作简便,为常见的物流问题提供详细的解答。针对卖家的多样化物流需求,阿里物流推出了经济、标准和优选三种物流服务类型,以满足不同卖家的具体需求。

(2)菜鸟网络是阿里巴巴集团旗下的物流网络平台,其特点是构建了一个智慧、协同、绿色、开放的全球物流网络。通过大数据、云计算等技术,菜鸟网络能够为商家和消费者提供智能化的物流解决方案,包括优化运输路径选择、实时物流信息提醒,以及提升配送速度。此外,菜鸟网络还提供一站式的仓储和配送服务,帮助商家提高物流效率,降低物流成本。

除了菜鸟网络,阿里巴巴国际站还支持多种物流方式,包括各类中邮和外邮小包、中邮和外邮 E 邮宝、各国邮路专线以及多种国际快递渠道。这些物流方式为卖家提供了更多选择,卖家可以根据实际需求选择最合适的物流方式。

总体而言,阿里巴巴国际站的物流管理具有全方位的特点,既包括线上物流平台,也涵盖线下物流服务。同时,阿里巴巴集团还不断推出新的物流产品和服务,以满足全球贸易日益变化的需求。

(三)阿里巴巴国际站的售后服务

如果买家通过平台购买的商品存在问题,可以申请退换货。商家需在规定时间内处理退换货申请,并按照平台规定的流程进行操作。此外,若商品出现质量问题,商家有责任提供维修服务。买家可以通过平台与商家联系,协商维修方案和相关费用。同时,阿里巴巴国际站还为买家提供商品质保服务。若商品出现质量问题,买家可申请质保服务,平台会根据具体情况提供相应的解决方案。

阿里巴巴国际站的售后服务较为完善,提供了多种解决方案以满足买家的不同需求。同时,平台还加强了对商家的监管,确保商家提供优质的售后服务。

任务二　全球速卖通平台实务

一、全球速卖通平台介绍

(一)全球速卖通概述

全球速卖通(www. aliExpress. com)是阿里巴巴旗下专为国际市场打造的跨境电商平台,被广大卖家称为“国际版淘宝”。该平台融合了商品展示、客户下单、在线支付、跨境物流等多种功能,帮助零售商和网店实现小批量、多频次的快速销售,拓展利润空间。目前,全球速卖通是中国最大的跨境零售电商平台,已开通18个语种的站点,覆盖全球200多个国家和地区,如图11-9所示。

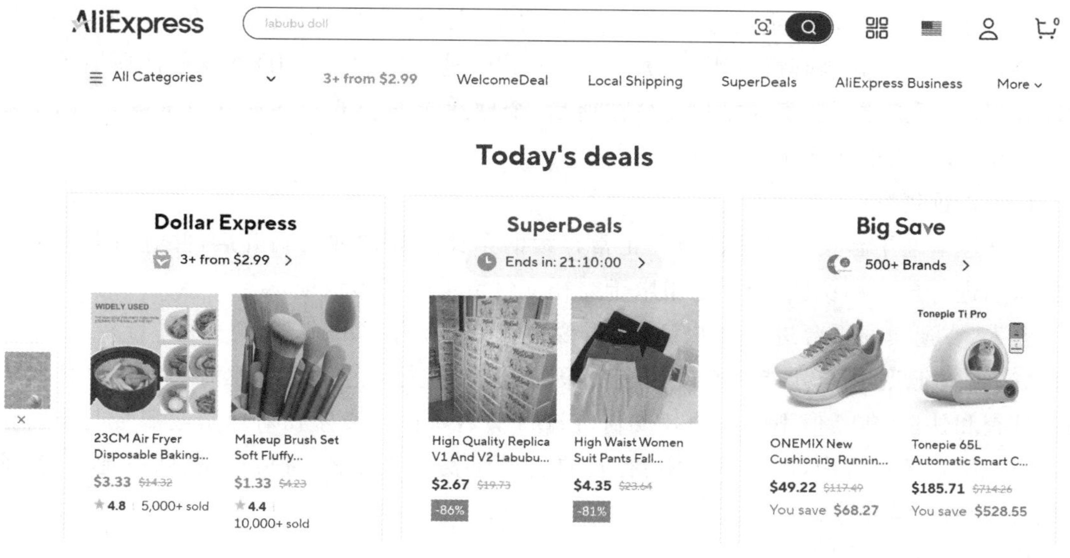

图11-9　速卖通平台主页(图片来源:网络)

(二)全球速卖通的主要特色

在全球贸易新形势下，买家的采购方式正在发生显著变化，小批量、多频次的采购逐渐成为一种新潮流。在这一背景下，速卖通应运而生，为更多的个人消费者提供直接在线采购的便利。消费者不仅可以直接在线支付货款，还能通过跨境物流迅速收到商品，从而让买家和卖家真正实现双赢。

速卖通上的商品通常价格较低，这是因为许多商品来自中国及其他亚洲国家，这些国家的生产成本相对较低。此外，速卖通的商品种类丰富，涵盖服装、配饰、家居用品、电子产品等多个品类。卖家可以根据市场需求选择合适的产品进行销售，从而满足消费者的多样化需求。

速卖通提供了便捷的交易流程，其页面设计简单明了，方便卖家和买家顺利完成交易。同时，平台支持多种支付方式，如信用卡、PayPal 等，极大地方便了消费者在购物时的支付体验。此外，速卖通十分重视卖家的信誉和买家的评价，建立了完善的信誉体系。这不仅有助于提升买家的购物体验，也有助于增强卖家的销售效果。

正是这些特点，使速卖通成为一个备受欢迎的跨境电商平台，吸引了众多卖家和买家的加入。

二、全球速卖通平台规则

(一)注册规则

卖家在速卖通中所使用的邮箱不得包含违反国家法律法规、涉嫌侵犯他人权利或干扰全球速卖通运营秩序的信息，否则速卖通有权要求卖家更换相关信息。卖家在速卖通中注册使用的邮箱、联系信息等必须属于卖家授权代表本人，速卖通有权对该邮箱进行验证，否则速卖通有权拒绝提供服务。卖家有义务妥善保管账号的访问权限。账号下(包括但不限于卖家在账号下开设的子账号内的)所有的操作及经营活动均视为卖家的行为。全球速卖通有权终止、收回未通过身份认证或者连续 180 天未登录速卖通或贸易通的账户。卖家在全球速卖通中的账户因严重违规被关闭，不得再重新注册账户；如被发现重新注册了账号，速卖通有权立即停止为其提供服务、关闭卖家账户。速卖通的会员 ID 在账号注册后由系统自动分配，不可修改。速卖通账户免费注册后，全球速卖通会要求注册支付宝账户，两个账户连接在一起，才能激活卖家账户。

(二)认证规则

全球速卖通平台接受依法注册并正常存续的个体工商户或公司开店，并有权对卖家的主体状态进行核查和认证，包括但不限于委托支付宝进行实名认证。

首先，在速卖通平台进行账户注册，需要提供真实、有效的个人信息并进行相关认证。其次，完成认证后，用户才能正常使用平台服务。此外，全球速卖通有权对卖家的主体状态进行核查和认证，包括但不限于委托支付宝进行实名认证。卖家在对速卖通账号与支付宝账户进行绑定的过程中，应提供真实、有效的法定代表人的姓名、身份信息、联系地址、注册地址、营业执照等信息。

(三)开通店铺规则

卖家(无论是个体工商户还是公司)应依法设置收款账户，并按照卖家规则提供保证金或缴纳履约保证金。未完成资金缴纳的卖家不得开始线上销售。

卖家需提供合法、有效的企业注册证件或个体工商户营业执照等资质文件。所售产品必须符合所在国家或地区的相关法律法规，不得违反知识产权、安全标准等规定。卖家应拥有或代理某一品牌进行经营，根据品牌资质，可选择经营品牌官方店、专卖店或专营店。卖家需缴纳保证金，具体金额根据经营类目有所不同。一般类目保证金为人民币 1 万元，而假发、手机整机、电子烟等特定类目保证金则超过 1 万元。商家需按照平台规定的交易及物流流程进行操作，确保订单得到准确处理和及时发货。

(四)平台交易规则

速卖通严格禁止任何违反平台规定的行为，包括但不限于侵犯其他卖家的知识产权和合法权益。

卖家在发布商品时，标题、图片和描述必须与商品的实际属性保持一致，禁止虚假或不符的内容。标题、图片和描述不一致会影响买家的购物体验，误导买家，从而损害平台的安全性与公平性。禁止滥用关键词是指不得在商品标题或说明中使用与商品属性不符或无直接关联的关键词。平台禁止在商品标题、关键词、简要说明或详细描述中加入与商品本身无关的品牌名称或描述性词语。不规范的商品类目发布行为将严重影响平台运营秩序。这具体表现为：错误归类或属性设置不当会直接导致网站商品分类系统紊乱，影响买家精准检索商品的效率；同时，这种违规操作会挤占合规商品的展示资源，造成优质商品曝光机会被不合理剥夺，最终损害平台公平竞争的商业环境。平台将持续加强对此类违规行为的监测与治理。在交易过程中，卖家不得通过诱导买家违反速卖通规定的方式获取任何不正当利益。

(五)知识产权保护规则

知识产权保护规则旨在维护所有卖家的知识产权，并限制销售未经授权的商品。因此，AliExpress 将对侵犯第三方知识产权的卖家采取惩罚措施。

卖家必须拥有销售商品的完整知识产权，包括但不限于商标权、专利权和著作权等。在发布商品前，卖家须确认商品是否存在侵权行为。如有不确定，应咨询相关知识产权权利人或专业人士。一旦卖家销售的商品被投诉侵权，速卖通将采取相应措施，包括但不限于删除商品或暂停卖家账户。如果卖家被确认侵犯他人知识产权，速卖通将实施进一步处罚措施，包括但不限于罚款或关闭账户。

(六)虚假销售和商店信贷规则

AliExpress 严格禁止卖家通过不正当手段提升店铺信用或销售数据。这种行为不仅影响平台的公平性，还妨碍买家获得良好的购物体验。

全球速卖通平台的虚假销售和店铺信用规则主要针对卖家在平台上进行的虚假交易及不当信用积累行为。这些行为会破坏平台的公平竞争环境和信誉，因此速卖通平台对此采取严厉的处罚措施。具体而言，如果卖家被发现进行虚假交易，速卖通将采取相应的处罚措施，包括但不限于删除虚假交易数据、限制卖家账户使用权限、罚款等。此外，卖家通过不正当手段提升店铺信用和销售数据的行为也被速卖通禁止。

针对店铺信用规则，速卖通平台要求卖家必须拥有良好的信用记录和经营资质，才能获得更多的交易机会和消费者信任。如果卖家存在不良经营行为，例如虚假交易或侵犯他人知识产权，将受到速卖通的处罚，严重者甚至会被终止诚信通服务。

这些规则的制定和实施旨在确保全球速卖通平台的公平竞争与稳定运行，同时保障卖家权益和消费者利益。

三、全球速卖通平台账户注册

(1)访问速卖通官方网站：在浏览器中输入“http://www.aliexpress.com”，打开速卖通的官方网站，点击“注册”按钮，如图 11 - 10 所示。

图 11 - 10　速卖通平台注册页面(图片来源：网络)

(2)填写注册信息：包括企业名称、所在国家或地区名称、地址、邮编等。同时进行账号实名认证，通过企业支付宝或企业法人支付宝授权完成账号验证。

(3)申请经营大类并缴纳保证金：注册成功后，卖家需根据所选择的经营类目缴纳相应的保证金，以完成相关注册流程。

在注册过程中，需要注意以下几点：

同一企业只能注册一个速卖通账号；企业在速卖通中所使用的邮箱、速卖通店铺名不得包含违反国家法律法规、涉嫌侵犯他人权利或干扰全球速卖通运营秩序等相关信息；卖家必须拥有一个企业支付宝账号，并通过企业支付宝账号认证；卖家需要提交一些必要的证明文件，如营业执照、税务登记证等。

四、全球速卖通平台的经营管理

(一)全球速卖通的店铺选品方法

1. 了解平台热卖商品

卖家应对平台热销品类进行分析。速卖通平台的热销品类包括服装、家居、美妆、电子产品等。卖家可以根据这些品类选择相应的产品。同时，卖家需对目标市场的价格进行定位，因为价格是消费者购买的重要影响因素之一。根据目标市场的价格定位，选择具有竞争力的产品是提升销售额的关键。此外，卖家还应深入了解市场趋势和消费者需求，选择符合市场需求的产品，从而提升店铺的竞争力和吸引力。

2. 利用直通车推荐关键词选品

卖家可以通过直通车提供的商品推荐关键词，选择适合市场和店铺布局的商品属性与元素。通过设置关键词的出价，提升商品的展示排名，从而获取更多点击和流量。在选词时，应选择与商品相关性较高的关键词，这样可以提升商品的转化率和销售额。同时，关键词的热度和竞争度是选词的重要参考因素。选择高热度的关键词可以获得更多的曝光和流量，但竞争也会更激烈；而选择竞争度较低的关键词，可以降低竞价成本，提高性价比。在选词时，还需考虑关键词的精准性，即关键词是否与商品和目标市场高度相关。精准的关键词可以更好地吸引目标客户，提高转化率。速卖通直通车提供三种关键词匹配方式：精确匹配、广泛匹配和中心匹配。卖家可以根据自身需求选择合适的匹配方式，以获得更好的推广效果。此外，创意是吸引客户点击的重要影响因素之一。优化关键词的创意可以增加商品的点击率，从而提高曝光和流量，如图 11－11 所示。

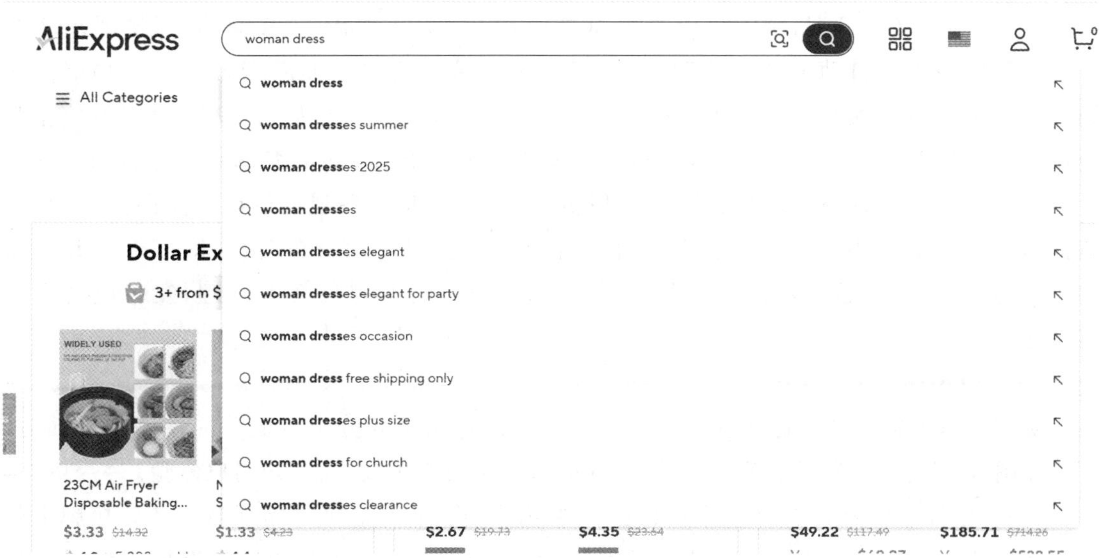

图 11－11　关键词选品（图片来源：网络）

3. 利用平台活动进行选品

卖家可以通过分析行业内能够参与平台活动的产品，参考这些活动中商品的特点，作为选品的思路。速卖通平台经常举办各种促销活动，如限时折扣、满减优惠等。卖家应密切关注这些活动，深入了解活动主题和促销规则，以便选择适合参与活动的商品。在选品时，卖家需要综合考虑商品的品质、价格、销量等因素，优先选择性价比高、具有差异化优势和独特性的商品。此外，卖家还可以制定相应的营销策略，例如提供优惠券或设置满减条件，以提升商品的吸引力和市场竞争力。同时，卖家可以借助社交媒体等渠道进行宣传和推广，进一步提高商品的曝光度和点击率。最后，卖家应充分利用数据分析工具，实时跟踪活动效果和商品的销售表现。对于表现不佳的商品，卖家需要及时进行调整和优化，从而提升整体活动的运营效果。

总之，卖家需要结合市场需求、自身实际情况和平台要求，选择具有竞争力的商品进行运营。同时，卖家还需遵守平台规则，确保所选商品符合合规性要求，避免违规操作。

(二)全球速卖通平台的页面管理

1. 店铺装修

卖家可以根据自身品牌和产品特点，对店铺进行个性化装修，包括店铺招牌、店铺横幅、商品分类等内容。通过合理的装修设计，卖家能够提升店铺的专业性与吸引力，从而提高用户转化率。

登录全球速卖通平台后，进入卖家中心。在卖家中心页面左侧的导航栏中，点击“店铺管理”下的“店铺装修”。在装修页面中，可选择“PC”或“APP”进行编辑。在编辑页面中，卖家可以添加和编辑模块。模块通常包括图文类、产品类、预置类等，如产品模块、店铺招牌等。卖家可以在模块列表/或模块右侧的小工具栏中对模块进行名称修改、删除、复制或调整顺序。添加模块后，卖家可以选择相应的产品进行展示。产品模块中可展示2～24个产品。在PC端，卖家可以设置每排展示2～4个产品；在移动端，每排展示2个产品。该模块支持自动选品或手动选品，同时也支持分组选择商品和智能排序功能。店铺招牌模块是页面编辑器中预置的模块，编辑任意页面的店招模块后，全店的相关数据都会进行同步更新。需要注意的是，店铺招牌模块仅能在PC页面上编辑。作为店铺的标志性招牌，其设计应清晰传递出店铺名称、Logo、类别等信息。在视觉设计上需保持简约，并确保风格与店铺整体一致。完成装修后，点击页面右上角的“发布”按钮即可保存并发布装修内容。发布后，系统将在确认发布页面停留1～2分钟进行缓存处理，发布成功后内容将在5～10分钟内生效。

2. 页面编辑

卖家可以编辑店铺的各类页面，包括首页、商品详情页和分类页面等。在编辑页面时，可添加图片、文字、链接等元素，同时需注意页面的布局与排版，以提升用户体验。

首先，店铺招牌是店铺的重要标识之一，要清晰、简洁，与店铺风格保持一致。招牌上的文字和图片应能准确传达店铺的品牌形象和特点，同时要避免使用过于复杂的字体或不易阅读的文字。其次，店铺布局要合理、美观、易于导航和浏览。确保店铺首页布局清晰，突出展示店铺品牌、特色和优势，同时要合理设置导航菜单和搜索框，方便买家快速找到所需产品。最后，要在店铺首页上突出展示当前的促销活动，如限时折扣、满减等。同时要注意促销活动的针对性和吸引力，以及促销信息的准确性和清晰度。

店铺分类是买家快速找到所需产品的关键，要合理设置商品分类，将商品按照不同的类别进行划分，如按照品牌、商品类型、价格等进行分类。同时，要确保分类名称清晰明了，方便买家快速了解每个类别的内容。商品展示是买家了解商品的重要途径，要确保每个商品都有清晰的图片和详细的描述，同时要注意商品图片的质量和大小，以及文字描述的准确性和可读性。此外，还可以添加视频或直播内容，让买家更直观地了解商品的特点和优势。

3. 页面优化

卖家需要对店铺的各个页面进行优化，以提升转化率和销售额。

首先，设计精美的店铺 Logo 和店铺头图。一个具有吸引力的 Logo 和头图不仅能够让买家快速识别店铺，还能有效提升店铺的品牌形象。其次，精心设计店铺首页。店铺首页是买家进入店铺后看到的第一画面，是建立第一印象的关键。首页设计应突出店铺的特色和优势，使买家能够快速了解店铺内容。可以通过展示热销产品、店铺简介、产品分类等方式，吸引买家的注意力。最后，优化店铺的商品分类和商品展示。清晰的商品分类和合理的商品展示布局能够帮助买家迅速找到所需商品。建议根据商品的特点和用途进行分类，并将分类信息在店铺首页显著展示。

提供详细的商品描述和高质量的图片至关重要。商品描述和图片是买家了解商品的重要信息来源。因此，需提供准确、详细的商品描述，同时配以高清晰度的图片，帮助买家全面了解商品的特点和优势。此外，可以在店铺页面中融入社交媒体元素，如添加 Facebook、Instagram 等社交媒体链接。这不仅能够方便买家快速关注店铺，还能有效提升店铺的知名度。最后，优化移动端用户体验。随着移动设备的普及，提升移动端的用户体验显得尤为重要。可以通过采用响应式设计、提升图片加载速度、调整字体大小等方式，确保买家在移动设备上获得良好的浏览体验。

总而言之，优化店铺页面需要从买家的需求出发，以提升店铺的美观度和易用性为目标，同时突出店铺的独特优势，增强买家的信任感和购买意愿。

4. 页面监控

卖家需要监控店铺的各个页面，以了解页面的访问量、跳出率、转化率等数据。通过对这些数据的分析，卖家可以发现问题并进行改进，从而提升店铺的整体运营效果。

(1)店铺数据监控。卖家可通过速卖通后台的数据分析工具查看店铺的各项关键数据，包括流量、销售额、转化率等指标。这些数据能够帮助卖家全面了解店铺的运营状况和发展趋势，从而及时调整和优化运营策略，提升店铺表现。

(2)商品数据监控。速卖通后台的商品管理工具能够为卖家提供每个商品的详细数据，如销量、评价、排名等。通过分析这些数据，卖家可以掌握每个商品的市场表现和需求变化，从而优化商品的选品策略及定价方案，提升商品竞争力。

(3)竞争对手分析。速卖通后台的市场分析工具还支持卖家查看竞争对手的店铺数据及商品数据。这些信息可以帮助卖家深入了解竞争对手的运营策略和市场趋势，从而制定更具针对性的店铺优化方案及商品策略，增强市场竞争力。

① 客户反馈监控。通过速卖通卖家后台的客户反馈工具，卖家可以查看客户对店铺和商品的评论与反馈，从而了解客户的需求和意见，及时调整和优化店铺的服务质量及商品品质。

② 页面安全管理。卖家需确保店铺页面的安全性，防止黑客攻击和恶意代码注入。可通过安装安全插件、定期备份数据等方式提升页面安全性。

首先，设置复杂的密码，避免使用生日、电话号码等容易被猜测的内容。定期更换密码，确保密码的保密性。其次，选择安全的登录方式，如启用双重验证，以提升账户的安全性。尽量避免在公共场合或不可靠的网络环境下登录账户。此外，安装杀毒软件和防火墙，及时更新系统和软件，避免使用弱密码或不安全的插件。定期备份重要数据，以防数据被篡改或丢失。最后，确保交易过程的安全性，如选择安全的支付方式，避免买家和卖家之间发生欺诈行为。建议买家使用信誉良好的支付方式，以降低交易纠纷的风险。

总之，全球速卖通平台的页面管理是卖家运营店铺的重要环节之一。通过合理的页面装修、内容编辑、优化设计和数据监控，卖家可以提升店铺的专业性和吸引力，从而提升转化率和销售额。同时，卖家也应重视安全性管理，确保店铺的安全和稳定运行。

五、全球速卖通平台的营销管理

（一）全球速卖通平台的营销活动

限时折扣是一种常见的促销方式，卖家可以在规定时间内对商品进行打折销售，以吸引更多的买家。优惠券是一种可以抵扣商品金额的代金券，卖家可以设置优惠券的金额和适用范围，以吸引买家购买商品。买一送一是指卖家在特定时间内对购买的商品赠送一件相同商品的促销方式。满减活动是卖家设置一定的购买金额门槛，当买家购买商品总金额达到该门槛时，可享受相应折扣的促销方式。新品首发是卖家发布新品并享有独家销售权，以吸引更多买家关注和购买的促销方式。搭配套餐是卖家将多个商品组合在一起销售，以激励买家购买多件商品的促销方式。秒杀活动是卖家在特定时间内对指定商品以低价进行限量销售，以吸引买家抢购。节日促销则是卖家针对各种节日，如圣诞节、情人节、黑色星期五等推出的促销活动。

除了以上几种常见的营销活动，全球速卖通还会根据不同节日、季节或特殊情况推出定制化的促销活动（图 11 - 12），例如口罩专区或线上购物节。同时，全球速卖通支持多种社交媒体营销方式，如 Facebook、Instagram 和 Twitter 等。通过这些多样化的营销活动，全球速卖通能够吸引更多的买家，提升店铺的销售量和信誉度。

（二）全球速卖通平台的数据分析

全球速卖通平台的数据分析能够帮助卖家更好地了解市场需求、消费者行为以及销售趋势，从而优化经营策略，提升竞争力和盈利能力。以下是一些常用的速卖通数据分析工具和方法：

（1）销售数据分析。通过分析销售数据，卖家可以了解不同产品的销售情况、销售趋势以及顾客购买行为。根据这些数据，卖家可以调整产品定价、推出促销活动，以提高销售业绩。

（2）顾客数据分析。通过分析顾客数据，卖家能够了解目标客群的特征，并制定精准的营销策略。例如，卖家可以根据地域分布调整运费策略，或根据购买频次和购买金额制订会

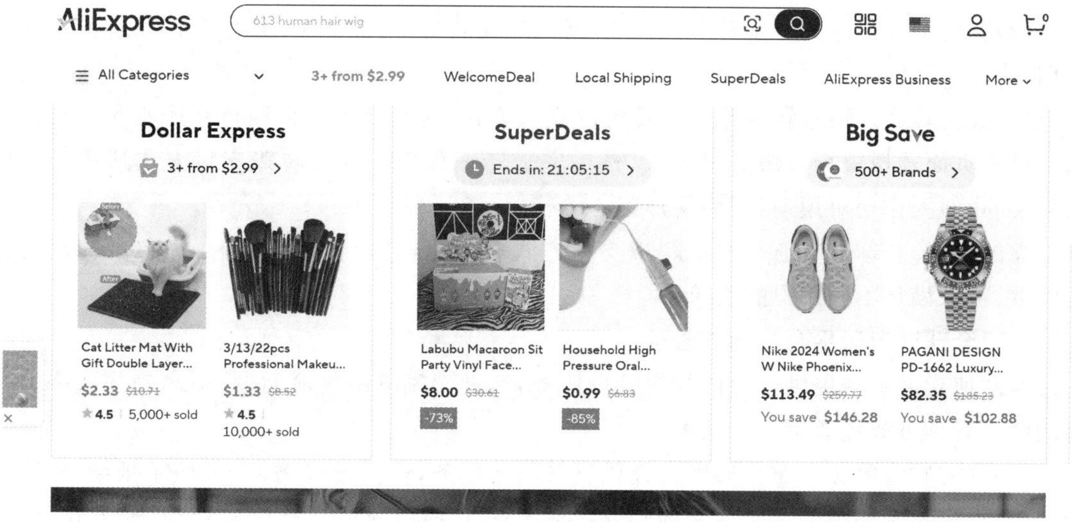

图 11－12　平台促销活动(图片来源:网络)

员计划。

(3)市场数据分析。通过分析市场数据,卖家可以了解竞争对手的表现、市场需求和行业趋势。卖家可以根据这些数据优化产品信息、提升搜索排名等,从而更好地适应市场变化。

(4)关键词研究。关键词是用户搜索和发现商品的重要途径。通过关键词研究,卖家可以了解用户的搜索习惯,并选择合适的关键词进行优化,以提升产品在速卖通搜索结果中的排名。

(5)销售策略分析。基于不同的销售数据和市场数据,卖家可以制定相应的销售策略。例如,根据销售趋势调整库存和采购计划,或者根据市场需求和竞争对手的表现制定合理的价格策略等。

除了上述提到的工具和方法,全球速卖通平台还提供了其他数据分析工具,如 Google Analytics、Terapeak、Jungle Scout 和 Helium10 等。这些工具能够帮助卖家全面地了解市场和用户需求,从而提升经营效率和盈利能力。

六、全球速卖通平台的服务管理

(一)全球速卖通平台的跨境支付

全球速卖通平台提供多种跨境支付方式,以适应不同国家和地区的商业习惯,并确保交易的安全性与便捷性。同时,为了保障交易安全,速卖通平台采取了多种安全措施,包括数据加密、风险控制和安全认证等。主要的支付方式包括:

(1)信用卡支付。速卖通支持 Visa、Master Card 等多种信用卡支付方式。用户可以在结算页面选择信用卡支付方式,并输入卡号、有效期、安全码等信息完成支付。

(2)PayPal 支付。PayPal 是一种安全、快捷的在线支付方式,速卖通也支持 PayPal 支付。用户可以在结算页面选择 PayPal 支付方式，然后使用 PayPal 账号进行支付。

(3)支付宝支付。支付宝作为中国最流行的支付方式之一，在速卖通上得到了广泛的应用。

(4)银行转账。银行转账是一种传统的支付方式，速卖通也支持银行转账支付。用户可以在结算页面选择银行转账支付方式，然后完成转账操作。银行转账支付方式适用于一些大额交易，但操作相对烦琐，需要用户耐心等待。

总的来说，全球速卖通平台的跨境支付方式多样化，既包含在线支付，也包含传统的银行转账，可以满足不同用户的需求。

(二)全球速卖通平台的物流管理

全球速卖通平台提供全面的物流管理服务，帮助卖家解决物流问题，提高销售效率。平台的物流管理方式主要有以下几种：

(1)官方物流服务。速卖通平台提供官方物流服务，包括无忧物流、菜鸟超级经济、菜鸟专线等，以满足不同类型卖家的物流需求。这些官方物流服务具有价格合理、速度快、安全性高等特点，是卖家进行跨境物流的首选。

(2)第三方物流服务。除了官方物流服务，速卖通平台还支持第三方物流服务，如顺丰、中通、韵达等物流公司的服务。第三方物流服务能够满足不同地区和不同产品的物流需求，帮助卖家拓展销售渠道。

(3)海外仓服务。速卖通平台还提供海外仓服务，帮助卖家将货物提前储存到目的国，从而缩短配送时间并降低物流成本。卖家可以根据需求选择不同的海外仓服务，并随时跟踪货物状态，以确保货物及时送达。

总的来说，全球速卖通平台的物流管理方式多样化，包括官方物流服务、第三方物流服务、海外仓服务、物流跟踪与查询以及物流保险等。这些服务旨在帮助卖家解决物流问题，提高销售效率。

(三)全球速卖通平台的售后服务

全球速卖通平台提供全面的售后服务，主要包括以下几个方面：

(1)退货退款服务。买家对购买的商品不满意或发现质量问题时，可以申请退货退款。速卖通平台支持 7 天无理由退货退款服务，卖家需按照平台规定进行处理。

(2)卖家服务评级。速卖通平台会对卖家的售后服务质量进行评级，评级结果会影响卖家的信誉和排名。卖家需要关注自己的服务评级，不断提高售后服务质量，以获得更好的业绩。鉴于售后服务的重要性，速卖通平台提供相关培训课程和资料，帮助卖家提升售后服务水平。卖家应积极参加培训，学习相关知识，提升售后服务能力。

(3)评价与投诉处理。买家可以在订单交易完成后对卖家进行评价，同时也可以在交易过程中或交易完成后向卖家提出诉求。卖家需要积极处理买家的评价和投诉，及时回复和解决问题，以提升买家的满意度和信任度。当买家与卖家出现纠纷时，双方可以通过平台进行沟通和协商。平台会根据双方提供的证据进行调解，并给出合理的解决方案。同时，速卖通平台提供客户支持服务，包括在线客服、电话客服等多种联系方式。买家可以随时联系平台客服，咨询问题或寻求帮助。卖家也可以通过客户支持服务解决与买家之间的沟通问题。

总之，全球速卖通平台的售后服务是提升买家满意度和忠诚度的重要环节。卖家需要认真对待每一个售后问题，及时处理并回复客户的评价、投诉和工单，同时建立良好的客户关系，提升客户满意度和忠诚度。

任务三　亚马逊平台实务

一、亚马逊平台介绍

(一)亚马逊平台概述

亚马逊(Amazon)是全球电子商务领域的领军企业。这家总部位于美国西雅图的科技巨头创立于1994年，最初以在线图书销售起家，经过30多年的发展，现已成长为产品品类最丰富的跨国电商平台。作为全球第二大互联网公司，亚马逊成功实现了从专业图书电商向综合型零售巨头的转型，其业务版图已覆盖全球多个国家和地区。

(二)亚马逊平台的主要特点

首先，亚马逊平台(图11－13)拥有丰富的商品种类和广泛的品牌覆盖面，用户几乎可以找到所有类别的商品，包括电子产品、家居用品、服装配饰、图书、食品等。此外，商家还可以通过亚马逊广告服务展示产品，从而增加产品的曝光率和销售机会。

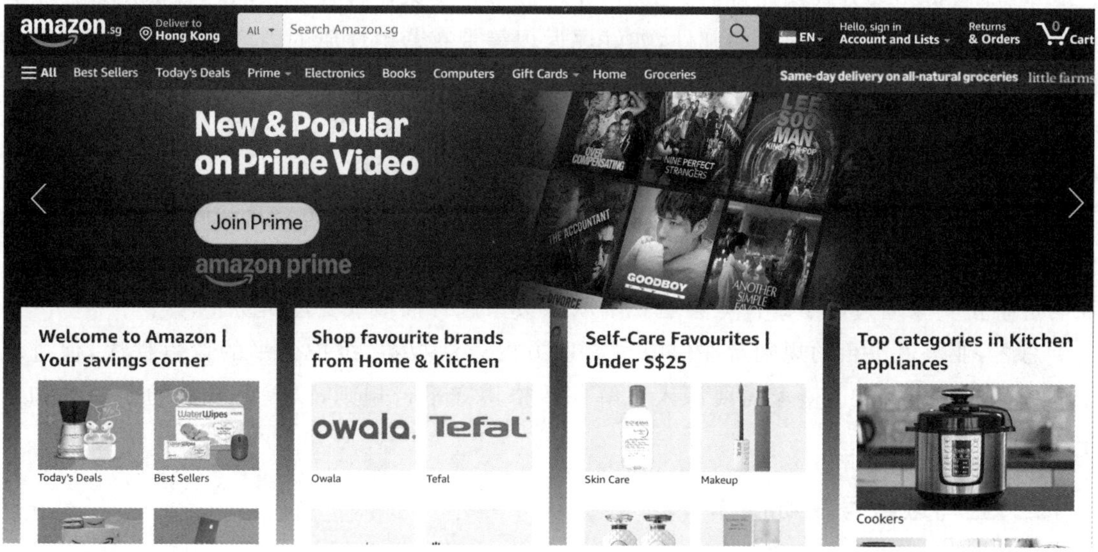

图11－13　亚马逊平台主页(图片来源:网络)

其次，亚马逊在物流方面投入了大量资源和技术，为用户提供高效、可靠的物流服务，包括多种配送选项和Prime会员计划。亚马逊Prime会员计划是平台的一大特色，会员可享受免费快速配送、专享折扣等福利，提升了用户的忠诚度和消费频率。同时，商家可以选择使用亚马逊 FBA 服务，将商品存储在亚马逊的仓库中，由亚马逊负责包装、配送和售后服务，减轻了商家的运营压力，提升了订单处理效率和顾客满意度。

最后，亚马逊平台提供品牌注册和保护服务，帮助商家维护品牌权益。此外，亚马逊建立了完善的用户评价体系，用户可以查看其他用户对商品和卖家的评价与反馈，有助于做出明智的购买决策。

此外，亚马逊平台还具有购物便利性高、用户认可度高、产品客单价高、平台规则完善等特点。

二、亚马逊的平台规则

(1)卖家必须注册亚马逊卖家账户，并具备有效的营业执照、税务登记证等资质。同时，卖家需要遵守亚马逊的用户协议，不得从事任何违法、欺诈、误导或侵犯知识产权的行为。另外，亚马逊规定一个卖家只能有一个账户和店铺，如果被发现存在多个账户，将被要求注销账户或封店。同时，卖家需要确保账户和相关信息的安全与保密性，禁止通过多个账户进行关联或滥用账户权限。

(2)亚马逊对商品品质和安全有严格的要求，禁止销售假冒伪劣商品、侵权商品及危险品。同时，要求卖家确保商品描述的真实性和准确性。此外，卖家需遵守亚马逊的价格和促销规则，确保价格合理、促销活动真实有效，禁止价格欺诈和虚假促销行为。对于卖家而言，商品的 listing 至关重要，其质量直接影响产品的流量和曝光率。然而，亚马逊不允许卖家通过刷单、虚假折扣等方式操控排名。最后，亚马逊禁止卖家在解答买家问题或提供客户服务之外，向买家发送带有引导性的邮件，如好评返现等带有营销性质的内容。这类行为在亚马逊平台上是被禁止的，也是不可取的。

(3)亚马逊高度重视知识产权，禁止卖家侵犯他人的商标权、专利权、著作权等知识产权。卖家需遵守相关法律法规及平台规则，严禁销售侵权商品或盗版商品。亚马逊对于品牌的保护尤为重视，一旦发现侵权行为，将立即采取措施，包括封店。与此同时，卖家需提供优质的客户服务，及时回复买家的问题与投诉，并确保配送服务的及时性和准确性。此外，亚马逊禁止卖家通过电子邮件等渠道私下联系买家进行推销或处理纠纷。

总之，亚马逊平台的规则旨在保障买卖双方的合法权益，维护公平的竞争秩序，促进电子商务行业健康发展。卖家需要深入了解并严格遵守平台规则，以提升自身的合规性和竞争力。

三、亚马逊账号注册操作

访问亚马逊官方网站，选择“我要开店”，点击“创建您的亚马逊账户”，如图 11 - 14 所示。

点击“创建账户”时，请注意填写姓氏和名字时使用拼音或英文，如图 11 - 15 所示。

图 11－14　点击“创建您的亚马逊账户”(图片来源:网络)

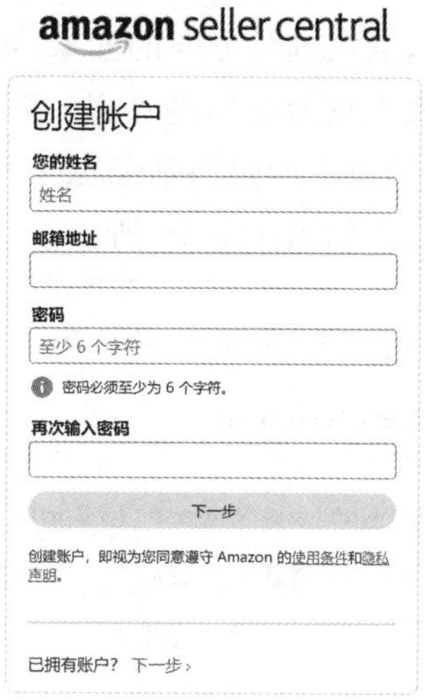

图 11－15　填写姓名和邮箱(图片来源:网络)

验证邮箱。亚马逊会向卖家之前填写的电子邮箱发送一封邮件,请查看邮件并点击其中的链接进行验证。

验证卖家身份信息。请上传身份证正反面的照片以验证卖家身份信息。

进行地址验证。亚马逊会根据卖家之前填写的公司经营地址发送一封明信片,请填写明信片上的验证码以完成地址验证。

等待亚马逊审核。审核时间通常需要 3～5 个工作日,请耐心等待。

请注意,注册亚马逊平台需要提交一些必要的资料,包括营业执照、税务登记证等资质证明文件。同时,需要确保提交的所有资料真实有效,否则可能会导致注册失败或账户被封禁。

四、亚马逊平台的经营管理

(一)亚马逊店铺的选品方法

1. 站内榜单法

卖家可以仔细研究平台的榜单,关注其中热销产品的分类、销量和市场需求,再结合自身的资金、资源等因素进行综合评估,以判断是否有能力运营这些热销产品。

2. 类目深挖法

如果卖家希望自己的产品保持竞争力,最有效的方法是专注于一个产品类别,深入挖掘市场细节。通过对市场细节的了解,卖家可以逐步提升专业水平,并对产品的市场需求和品质形成自己的理解与把控方法。在进行类目深挖时,需特别注意了解产品的市场源头,即锁定类目的生产商,并尽量选择更优质的产品。

3. 新品跟进法

对于尚未确定选品方向的卖家，可以学习并借鉴榜样店铺的选品策略，分析这些店铺中销售和利润表现较为突出的产品，进行模仿和优化。同时，如果店铺现有产品缺乏竞争优势，那么选择榜单上的热门新品也是一种不错的策略。这种方法能够紧跟市场潮流，把握时机，提升销售量，如图 11－16 所示。

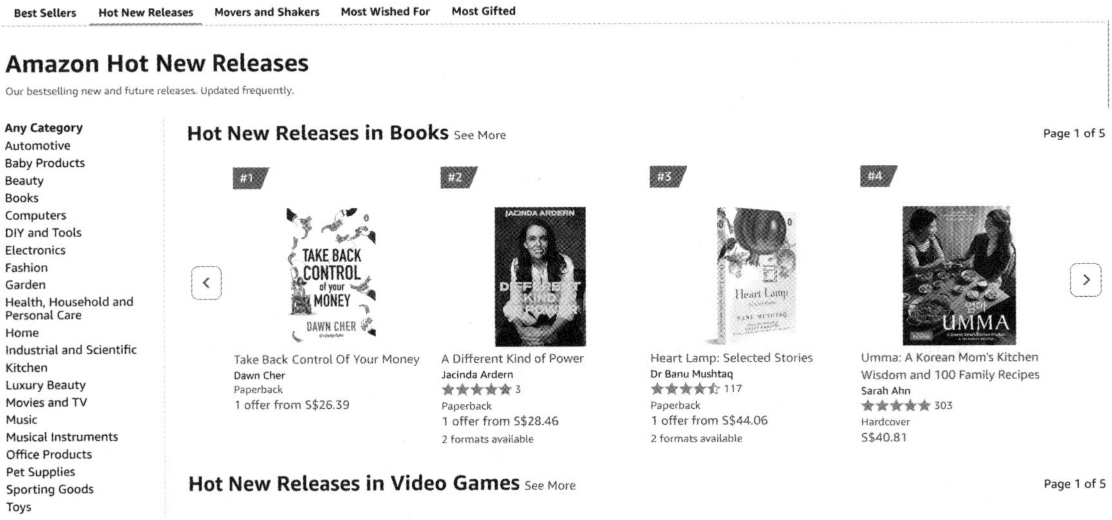

图 11－16　新品选品跟进（图片来源：网络）

4. 价格区间法

一般而言，价格在 10～50 美元之间的产品更容易让买家产生购买冲动。因此，资金较少的卖家可以集中选择单价较低、重量轻、体积小、易发货的产品，结合自身的仓库、快递等资源，降低成本并提高销售量。

5. 供应商产品推荐法

在选择产品时，卖家应更加关注供应商传递的信息，及时更新和更换产品，同时根据消费者的喜好进行选择。做到这一点，卖家就能在竞争激烈的市场中抢占先机。

6. 国外社交媒体法

在运营过程中，卖家可以尝试在国外热门的社交平台上发布产品信息进行宣传，借助社交平台的传播力，提高产品关注度。在实际操作中，卖家可以使用一些工具，如数字酋长 ERP 中的选品功能。

（二）亚马逊店铺页面管理

1. 页面整体规划

首先，店铺首页是卖家展示和推广商品的第一窗口，应高度重视整体布局。合理利用页面空间，将热销商品、优惠信息等关键内容置于显眼位置，以吸引用户点击。此外，应保持页面简洁，避免出现过多无关信息，以免干扰用户的浏览体验，从而使用户更加专注于商品本身。

其次，导航栏是用户在店铺内浏览商品的重要工具，其设计应简洁明了。根据商品类型进行合理分类，并提供便捷的导航链接，以帮助用户快速找到目标产品。同时，导航栏应配备搜索功能，方便用户通过关键词快速查找所需商品，从而提升购物效率和用户体验。

最后，店铺应与商品类型和品牌风格相匹配，保持一致、统一的视觉风格。建议选取合适的配色方案，如深色系与浅色系的搭配，以营造舒适且专业的氛围。此外，建议添加品牌标识和商标，以提升店铺形象和信任感，如图 11 - 17 所示。

图 11 - 17　店铺页面整体规划（图片来源：网络）

2. 商品展示与描述

首先，商品图片是用户选择购买的重要参考因素，因此卖家需要拍摄高质量、清晰且精美的产品图片。建议卖家尽量呈现产品的多角度、细节及特色，以吸引用户的注意力并增加购买的可能性。同时，应确保图片符合亚马逊平台的规定和要求。

其次，产品标题在亚马逊的搜索和推荐算法中起着关键作用，因此卖家需要准确描述产品的属性与特点。建议卖家结合用户可能使用的搜索关键词，合理地构建标题，突出产品的核心卖点。标题应避免过长或过于复杂，以免影响用户的浏览体验。

最后，商品描述应透明、清晰地介绍产品的功能、特点、材质等，提供详细的尺寸、颜色、重量等信息，以满足用户对产品的了解需求。同时，通过使用具有吸引力的文字和排版，突出产品的优势和差异化，进一步引导用户下单购买，如图 11 - 18 所示。

图 11－18　商品展示与描述(图片来源:网络)

3. *后台管理功能*

目录按钮功能相对简单,主要用于手动上传产品时使用。点击“添加商品”即可进入手动上传产品页面;点击“补全您的草稿”则会进入卖家上次未完成的产品编辑页面,该功能类似于草稿保存功能。

此外,在库存模块中,其主要功能包括查看库存以及添加产品。“单个添加产品”和“批量添加”功能允许卖家将新产品上传至店铺。“管理库存”功能帮助卖家查看所有已上传产品的库存情况,而“管理 FBA 库存”功能则专门用于查看转换为亚马逊配送的产品库存情况。

总体而言,亚马逊店铺页面管理涵盖页面整体规划、商品展示与描述以及后台管理功能等方面。这些方面的优化和管理不仅能够提升店铺的视觉效果与用户体验,还能够有效促进销售额和转化率的提升。

五、亚马逊的营销管理

(一)亚马逊平台的营销活动

(1)限时促销活动,如 Lightning Deals(LD)和 Deal of The Day(DOTD),持续时间较短,通常为 4～6 小时,或直到商品售完为止。这些活动需要卖家向亚马逊支付一定的费用,但可以提高商品的曝光率和销售量。在优惠券活动中,卖家可以为商品设置优惠券,使买家在结账时获得相应的折扣。这种促销方式可以增加产品的曝光率和销售量。另外,Prime 会员日是专为 Prime 会员提供大量折扣商品和独家优惠的活动。该活动通常持续两天,并会得到广泛的推广和关注(图 11－19)。

(2)评论奖励是一种鼓励买家撰写评论的促销方式。卖家可以为买家提供一定的奖励,如礼品卡或优惠券,以鼓励他们撰写有用的评论。这种促销方式可以增加商品的评论数量和好评率,提升其在亚马逊平台上的排名。同时,卖家可以在亚马逊平台上做一些促销活

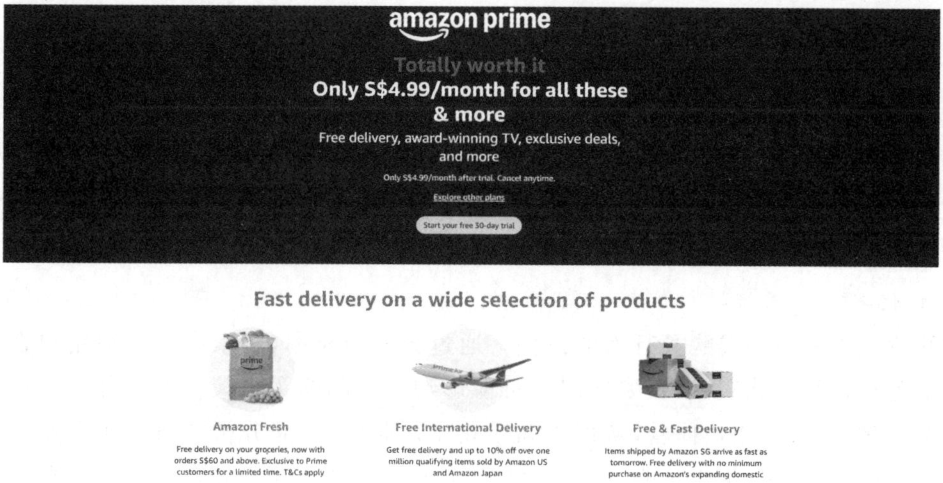

图 11－19　Prime 会员日(图片来源:网络)

动,然后分享到 Deal 网站。Deal 网站本身汇聚了大量买家,大多数都有强烈的购物欲望,属于精准买家。因此,他们看到自己感兴趣的促销活动时,会使用卖家提供的折扣码下单购买产品,这样能够带来更多的流量和销量,在短时间内提高销售速度。另外,社交媒体促销是卖家可以在 Facebook、Instagram、YouTube、TikTok 等社交媒体上发布产品信息进行宣传,提高产品关注度,吸引潜在客户前往亚马逊购买的活动。

(3)Lightning Deals 是一种限时促销活动,持续时间通常为几小时到一天,卖家可以在限定时间内将商品以折扣价销售。另外,Best Deals(BD)是周促销活动,持续时间可以是 7 天/14 天,并且需要间隔 30 天才可以提交第二次(图 11－20)。

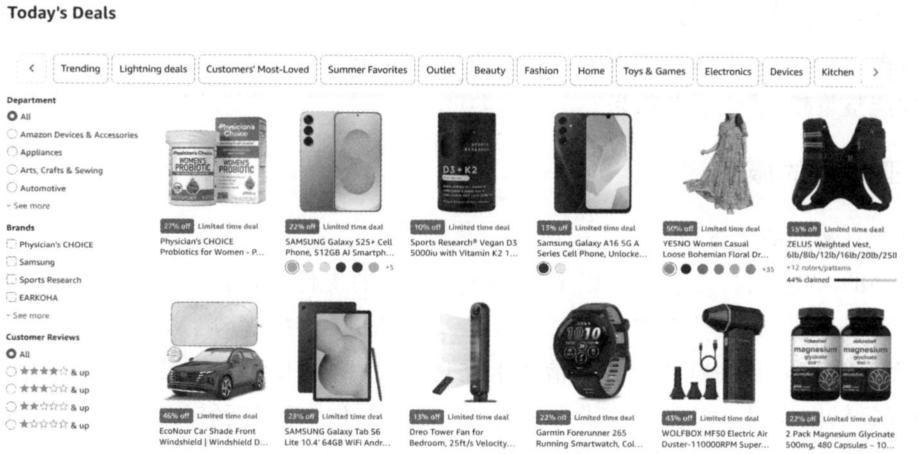

图 11－20　Lightning Deals(图片来源:网络)

这些营销活动可以帮助卖家提高产品的曝光率和销售量,同时也能吸引更多的潜在客户。卖家可以根据不同的促销方式和目标受众选择适合自己的营销策略,以提升销售效果。

(二)亚马逊平台的数据分析

1. 销售报告分析

通过分析销售报告,卖家可以了解每日、每周或每月的销售情况,包括销售额、订单数量、访问量、购买量等关键指标。这有助于卖家评估销售趋势,识别热销产品,以及制定更有效的销售策略。此外,流量来源分析可以让卖家了解用户是如何找到并访问其产品的,例如通过搜索引擎、广告、社交媒体或其他渠道。这有助于卖家优化广告投放,提高产品曝光率,吸引更多潜在客户。

2. 转化率

转化率是指用户完成购买行为的比例。通过分析转化率,卖家可以了解用户在访问产品页面后是否进行了购买,以及哪些因素可能影响用户的购买决策。这项分析有助于卖家优化产品详情页,提升用户体验,从而提高转化率。此外,竞品分析是通过研究竞争对手的相关数据,如销售情况、价格策略、广告投放等,帮助卖家深入了解市场环境。这些信息能够指导卖家调整产品策略,提升市场竞争力。

3. 用户行为分析

用户行为分析是指通过研究用户在店铺内的行为表现,如浏览路径、点击率和停留时间等,卖家可以了解用户对店铺和产品的兴趣程度,以及影响用户购买决策的潜在因素。这种分析能够帮助卖家优化店铺布局和产品详情页,从而提升用户体验与购买意愿。同时,广告效果分析则是通过对广告投放表现的研究,如点击率、转化率和广告费用等数据,卖家可以评估广告的实际效果,并优化广告策略以提升投放效率。

此外,在亚马逊平台的数据分析过程中,卖家需要掌握一些工具和技巧以获取并处理相关数据。例如,使用亚马逊提供的销售报告和数据分析工具来获取关键数据;利用 Excel 或其他数据处理软件进行数据清洗、整理和分析;借助数据可视化工具制作图表和报告,以便更直观地理解数据并发现趋势。

总的来说,亚马逊平台的数据分析是一个持续的过程,卖家需要定期收集并分析数据,以便及时调整策略,优化运营效果。

六、亚马逊的服务管理

(一)亚马逊的跨境支付

亚马逊的跨境支付方式多样,以下列举几种常见的支付方式:

(1)信用卡支付。亚马逊支持多种信用卡支付方式,包括 Visa、Master Card、American Express 等。用户可以在购物时选择信用卡支付方式,输入卡号、有效期等信息进行支付。

(2)银行转账支付。对于一些国家和地区,亚马逊还支持银行转账支付方式。用户可以将款项直接转入指定的银行账户,完成支付。

(3)PayPal 支付。PayPal 是全球知名的支付平台,也被广泛用于亚马逊的跨境支付。用户可以使用 PayPal 账户进行支付,也可以选择使用信用卡或银行转账等方式。

(4)第三方支付工具。一些第三方支付工具也支持亚马逊的跨境支付,如 Payoneer、

WorldFirst 等。这些支付工具通常提供更多的支付选项，并带来更便捷的支付体验。

需要注意的是，不同国家和地区支持的支付方式可能有所不同。因此，在使用亚马逊跨境支付时，应首先了解目标市场的支付习惯和要求，并选择合适的支付方式。同时，为了确保支付安全，还需要注意保护个人信息和账户密码的安全性。

（二）亚马逊的物流管理

亚马逊的物流管理涉及多个环节，以下是几个主要方面。

（1）首先，亚马逊与供应商紧密合作，以确保产品质量和按时交货。亚马逊通过供应商绩效评估、质量控制和及时付款等措施，与供应商建立长期、稳定的合作关系。其次，亚马逊在全球范围内设立了众多仓库，用于存储和分发商品。通过使用先进的仓储管理系统，亚马逊实现了库存控制、自动化拣选和包装等功能，从而提高了效率和准确性。最后，亚马逊拥有庞大的配送网络，包括自有物流体系、第三方快递公司以及邮政服务等。亚马逊通过智能配送管理系统，实现了订单的快速处理和派送，确保客户及时收到商品。

（2）亚马逊采用先进的信息技术，包括物联网、大数据分析、人工智能和机器学习等，以优化物流管理流程。这些技术帮助其实现实时监控库存、预测需求、规划运输路线以及自动化决策等功能。同时，亚马逊在物流管理中注重可持续发展，通过减少包装材料、提高运输效率和使用可再生能源等措施，努力减少对环境的不良影响。

（3）亚马逊提供全天候的客户服务，以解决客户在物流过程中的问题和疑虑。其通过多种渠道（如电话、电子邮件、在线聊天等）提供支持，并确保快速响应和解决问题。此外，亚马逊制定了便捷的退货政策，以提升客户满意度。通过高效的退货管理系统，亚马逊处理退货请求、退款及商品回收，并分析退货数据以改进产品质量和服务。

总的来说，亚马逊平台的物流管理系统复杂而高效。通过持续优化和技术创新，亚马逊确保客户享受到快速、便捷且可靠的购物体验。

（三）亚马逊的售后服务

亚马逊平台提供了一系列售后服务，以确保客户在购物过程中获得满意的体验。以下是亚马逊平台售后服务的主要内容。

（1）首先，如果客户在订单发货前取消订单，亚马逊会退还已支付的金额，包括商品价格和运费，且取消订单不会产生额外费用。此外，亚马逊还提供快速退款服务，确保客户的资金及时返还。其次，亚马逊的“A－to－Z 保障计划”旨在保护客户的购物权益。如果客户在购物过程中遇到问题，如未收到商品或商品与描述不符，可以向亚马逊提出申请。亚马逊将对情况进行调查，并根据调查结果为客户提供解决方案，包括退款或补寄商品。最后，亚马逊平台上的卖家通常提供退换货服务。如果客户收到的商品存在质量问题、损坏或与描述不符，可以申请退换货。客户可通过亚马逊平台的退换货流程与卖家协商并寄回商品。卖家确认收到退回的商品并审核通过后，亚马逊将为客户提供退款或更换商品服务。

（2）亚马逊平台提供物流追踪功能，客户可以实时查看订单的配送状态及预计送达时间。如果客户需要变更收货地址或解决其他问题，可联系卖家或客户服务人员进行修改。此外，亚马逊还提供多种配送服务选项，包括标准配送、加急配送等，以满足客户的不同需求。

(3)亚马逊平台允许客户对所购买的商品和卖家进行评价或投诉。客户可以在商品页面留下评价,分享购物体验,并对卖家的服务质量进行评分。如果客户对卖家的服务不满意,可通过投诉系统向亚马逊反映问题。亚马逊会对投诉进行调查,并采取适当措施解决问题。同时,亚马逊平台提供全天候客户服务与支持。客户可以通过电话、电子邮件或在线聊天等方式联系客户服务团队,咨询订单状态、退换货流程或其他相关问题。亚马逊的客户服务团队通常能够快速响应,并提供有效的解决方案。

总的来说,亚马逊平台非常注重售后服务的质量和客户满意度。他们提供了一系列服务和工具,确保客户在购物过程中及时获得帮助和解决方案。如果客户遇到任何问题或需要支持,可以通过亚马逊平台的客服渠道快速得到解决。

任务四　Wish 平台操作

一、Wish 平台介绍

(一)Wish 平台概述

Wish 是一款移动电商购物平台,成立于 2011 年,总部位于美国旧金山。其创始人为 Peter Szulczewski 和 Danny Zhang。Wish 通过大数据技术,将移动购物变得简单、有趣且便捷。用户只需在 Wish 移动购物平台上轻轻滑动手指,即可浏览来自全球的优质商品。Wish 平台拥有数百万种商品,涵盖服装、饰品、家居、电子产品等多种类别。Wish 平台以价格合理、时尚潮流、品质优良的特点吸引了大量的年轻用户(图 11 - 21)。

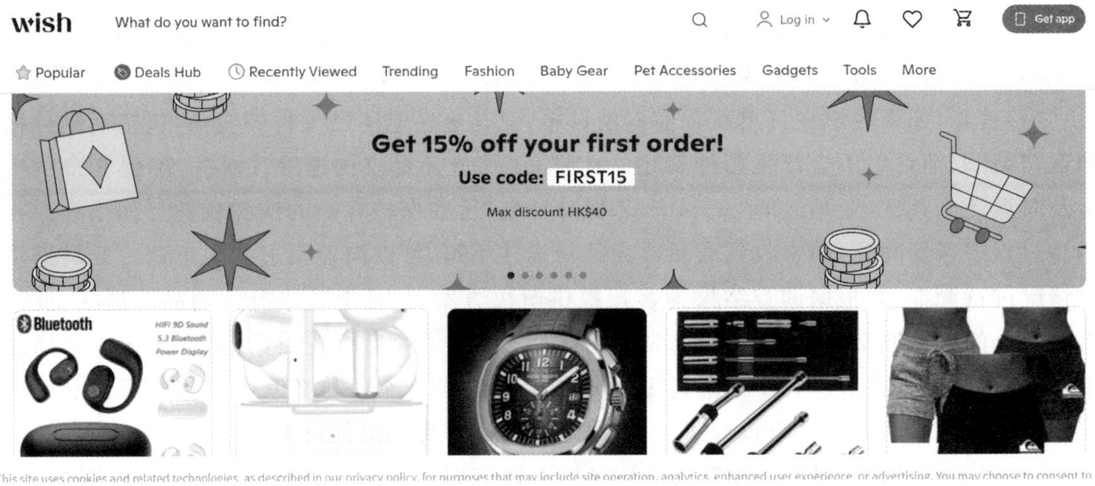

图 11 - 21　Wish 平台主页(图片来源:网络)

(二)Wish 平台的主要特色

1. 强大的用户基础

Wish 平台拥有数亿用户,主要集中在欧美市场。这为希望进入这些市场的卖家提供了一个非常好的选择。此外,Wish 平台还提供多种语言版本,使卖家能够更好地服务于不同国家和地区的客户。

2. 低廉的价格

Wish 平台的商品价格通常比其他跨境电商平台低得多。这主要是因为 Wish 平台采用了直接发货模式,减少了中间环节的成本。同时,Wish 平台还提供促销活动和优惠券,帮助卖家进一步降低成本。

3. 注重用户体验

Wish 平台提供了一个简洁、易于使用的界面,使用户可以快速找到自己想要的商品。此外,Wish 平台还提供多种支付方式和快速、便捷的物流服务,帮助卖家更好地满足客户需求。

4. 注重卖家保护

Wish 平台提供了一系列保护措施,帮助卖家避免不必要的损失。例如,Wish 平台会对买家投诉进行调查,并在必要时退款或赔偿卖家。此外,Wish 平台还提供一些风险管理工具,帮助卖家更好地管理订单和库存。

5. 社交化营销

Wish 平台十分注重社交化营销,允许卖家与客户直接沟通和互动,以建立良好的客户关系。此外,平台还提供多种社交化营销工具,帮助卖家更有效地推广产品,提升销售业绩。

6. 算法优化

Wish 平台采用独特的算法为用户推荐产品,不仅让用户更轻松地找到感兴趣的商品,还帮助卖家精准定位潜在客户。与此同时,Wish 平台具有门槛低、注册便捷、操作简单等特点,吸引了大量卖家入驻。

二、Wish 平台的规则

(一)认证规则

注册用户必须年满 18 岁或达到法定年龄,以确保具备合法的交易能力。每个企业仅允许注册一个 Wish 账号,以维护平台店铺间的公平竞争。卖家需在 Wish 平台上提供真实、准确的信息,否则可能会导致账户被冻结。

(二)产品推送规则

Wish 平台主要依据五个关键因素推送产品,包括图片处理、标题描述、产品描述、标签设置和价格。针对这五个方面,Wish 平台制定了明确的要求和标准。例如,图片要清晰、美观,能够吸引顾客的注意力;标题和描述需简洁明了,突出产品的特点和卖点;标签设置应从广泛到精准,覆盖更多的维度,以便提高搜索匹配度;价格需符合市场行情,并满足平台的价格标准。

(二)促销规则

Wish平台对促销活动也有具体规则和要求。首先,促销产品的价格和运费必须严格控制,不得高于平时价格,也不能随意增加运费。其次,商家每次上架的促销产品数量需与促销活动的计划一致,不得随意更改促销商品的库存数量。最后,如果Wish平台对某款产品进行促销,商家必须配合促销活动,否则可能会面临罚款或其他处罚。

(三)卖家行为规则

Wish平台对卖家的行为有明确的规范和要求。例如,卖家需遵守平台的交易规则和政策,确保交易的公平性和合法性;卖家需保证产品的质量和安全,维护顾客的权益;卖家还需提供优质的售后服务,及时解决顾客的问题和纠纷。

此外,Wish平台还制定了一系列其他规则和要求,例如对卖家的认证和审核、对产品的质量检查以及对交易的安全保障。这些规则和要求旨在确保平台的公平竞争与良好的购物体验。

三、Wish平台的注册与管理

注册成为Wish商家需按照以下步骤进行。

(一)进入Wish注册页面

个人卖家若需注册Wish店铺,需进入Wish的官方注册页面。可通过输入网址"china－merchant. wish. com"进入注册页面。在该页面中,点击"免费使用",开始创建Wish店铺。在完成店铺创建后,个人卖家需仔细阅读Wish商户协议,并点击"同意"以确认协议内容。完成此步骤后,即可继续下一步的操作,如图11－22所示。

图11－22　Wish创建商户账户(图片来源:网络)

(二)验证邮箱

Wish平台会向个人卖家注册时填写的邮箱发送一封验证邮件。个人卖家需要登录自己的邮箱,收到邮件后点击"确认邮箱"或点击其中的URL,以跳转到Wish卖家后台。

（三）填写店铺信息

在完成以上步骤后，需要进入店铺信息填写页面，包括店铺名称、所在国家名称、省份名称、城市名称、街道地址以及邮政编码等。

（四）实名认证

如果申请企业账号实名认证，需要准备好企业营业执照和法人身份证信息（图 11－23）。

图 11－23　Wish 实名认证（图片来源：网络）

四、Wish 平台的经营管理

（一）Wish 平台的店铺选品方法

（1）平台热销和主推产品的选择。每个平台都有其热销和主推的行业，新手卖家可以根据 Wish 上的这些行业，结合自己身边的货源，选择合适的产品。目前，Wish 主要的热卖行业为时尚类产品，如服饰、箱包、美妆等。

（2）数据选品。利用 Google Trends（谷歌趋势）和 Google Keyword Planner（谷歌关键词规划师）这两款免费工具进行选品分析。卖家可以通过这些工具了解产品的搜索热度、市场需求等，从而筛选出具有潜力的商品。

（3）客户需求选品。借助社交软件，深入买家圈，了解客户的喜好和消费习惯，选择能够满足客户需求的商品。此外，卖家还可以通过 Wish 平台前端，了解哪些产品销售表现较好，并分析这些产品的特点和目标购买群体。但需注意，切勿盲目跟卖，因为同类产品的流量需求通常是有限的。

（4）生活节奏选品。不同地区的居民在生活习惯和生活规律方面存在差异。例如，美国人在节假日里偏爱聚会和露营，而平时下班后则倾向于去夜店等娱乐场所。这种生活方式为卖家提供了丰富的商机：聚会时可能需要家居装饰用品或厨房小工具；夜店场景下则可能需要化妆品或夜店服饰；户外活动中则可以考虑硅胶红酒杯、充气沙发、防水手电筒等各种户外用品。

总的来说，Wish 平台的店铺选品方法需要结合市场需求、客户需求、生活习惯等多方面因素进行考虑。同时，卖家也需要具备敏锐的市场洞察力和数据分析能力。

(二)上架商品

选择要销售的产品,并完善商品信息,如标题、描述、价格、图片等。

(1)商品标题简明、清晰、准确,能够描述所售商品的品牌、用途等关键属性。

(2)上架商品图片要求质量上乘,尺寸不少于 600×600 像素,一般情况下,图片数量为六张左右。

(3)填写标签时,要严格按照规则填写,数量不能超过 10 个。

(4)上架商品说明需简明扼要,以消费者为出发点,了解客户需求进行描述。

(5)为上架商品增加颜色和尺寸两个选择属性,以增加曝光度。

(6)定价要合理,根据所售商品的市场行情定价。Wish 平台上具有更高性价比的商品,可以获得更多的推送。

(三)优化商品信息

根据 Wish 平台的规则和要求,优化商品信息,以提高曝光率和销售量。

(1)商品标题和描述。标题应简洁明了,准确概括商品的主要特点和用途。避免使用过多的关键词,以免让买家感到困惑。商品描述需详尽且全面,涵盖材质、尺寸、颜色、使用方法等关键信息。同时,确保语言清晰易懂,能够有效吸引买家的注意。

(2)商品图片。采用高质量、清晰明亮的商品图片,以更好地展示商品的实际效果。确保图片中没有水印、遮挡物或无关文字,以免影响买家的视觉体验。如果条件允许,可添加多角度、多颜色的图片,以充分展现商品的特点。

(3)商品价格和促销信息。合理定价,确保商品价格与其实际价值相符,同时兼顾买家的购买能力和市场需求。如果有促销活动或折扣信息,应在商品信息中明确标注,使买家能够迅速了解并做出购买决策。

(4)商品评价和反馈。鼓励买家对所购商品进行评价和反馈,这不仅有助于提升其他买家对商品的信任度,还能增加潜在购买的可能性。对于买家的评价和反馈,卖家应及时回复并妥善解决相关问题,以提升买家对店铺的信任感和忠诚度。

(5)商品标签。为商品添加准确、清晰的标签,详细描述商品的特点和用途,有助于买家更快捷地搜索到相关商品,从而提升商品的曝光率和销售机会。

(四)Wish 平台的页面管理

(1)店铺页面设置。卖家需合理设置店铺页面的布局、模板及主题,具体内容包括店铺名称、头像、简介、背景图等基本信息,以吸引买家的关注并增强信任感。同时,还应完善店铺的分类和导航功能,确保买家快速找到所需商品,提升购物体验。

(2)产品页面设置。对于每一款产品,卖家需要拍摄清晰的图片,撰写详细的描述,并添加关键词,同时设置合理的价格和库存。此外,卖家还需为每款产品设置分类和标签,以方便买家搜索和筛选。

(3)订单页面管理。卖家需在订单页面中展示订单信息、发货状态及物流信息,并及时更新订单状态,使买家能够随时了解订单的进展情况。

(4)客户服务页面管理。卖家需要设置在线客服、留言板、常见问题解答等客户服务页面，及时回复买家的咨询与投诉，从而提升买家的满意度和忠诚度。

(5)营销推广页面设置。卖家可以通过Wish平台提供的营销推广工具，如优惠券、限时折扣、满减活动等，吸引更多买家购买商品。此外，卖家还可以设置分享链接、关注二维码等，增加店铺的曝光度和粉丝量。

五、营销管理

(一)Wish平台的营销活动

(1)新用户优惠活动。Wish平台为新用户提供不同形式的优惠活动，如首单免费、新用户立减等，以吸引新用户并促使其购买。

(2)限时特惠促销活动。Wish平台每天都会有许多商品参与限时特惠促销活动，价格下调幅度较大，吸引了众多用户的关注。这类活动的持续时间通常仅为几小时或几天，因此用户需在规定时间内抓紧下单。

(3)节日特别活动。Wish平台会在各种节日(如圣诞节、情人节、黑色星期五等)推出相应的促销活动，包括限时折扣、满减优惠、免费赠品等，以提升销售额。

(4)团购活动。Wish平台会推出多种类型的团购活动，用户可以组建团队参与这些活动，从而享受更低的价格和更多优惠。这类活动不仅能够增加用户之间的互动，还能提高用户的留存率。

(5)秒杀活动。Wish平台还会推出一些限时秒杀活动，用户可以在规定时间内以更低的价格购买商品。

除了上述营销活动，Wish平台还通过社交媒体运营、广告投放等方式进行营销推广。此外，卖家还可以通过店铺营销、关联营销等策略来推广店铺和销售产品。

(二)Wish平台的数据分析

(1)销售数据分析。Wish平台提供了销售数据分析工具，能够帮助卖家全面了解产品的销售情况，包括销售额、订单量等关键数据。这些数据可以协助卖家判断哪些产品更受欢迎，以及哪些市场具有更大的潜力，从而及时调整销售策略，以提升经营效益。

(2)客户行为分析。通过对客户购买行为、搜索记录、浏览历史等数据的分析，卖家可以深入了解客户的需求与偏好。这种洞察不仅有助于卖家更精准地满足客户需求，还能有效提升客户满意度和忠诚度，为长期客户关系打下坚实基础。

(3)营销活动效果分析。通过对营销活动相关数据的分析，卖家可以评估活动的效果，识别表现优异的营销手段以及需要改进的环节。此外，卖家还可以利用分析结果优化广告投放策略，从而提升广告效果和投资回报率(ROI)，实现资源的最大化利用。

(4)竞品分析。通过对竞争对手的产品、价格、促销策略等进行分析，卖家可以更清晰地了解市场情况和竞争格局，从而更好地制定自身的销售策略和市场定位。

(5)财务数据分析。通过对财务数据的分析，卖家能够全面掌握店铺的盈利能力、现金流状况等信息，以便更合理地规划和管理店铺的财务状况。

总之，Wish平台的数据分析工具能够帮助卖家深入了解市场动态和客户需求，优化销售策略与营销活动，进而提升销售额和客户满意度。此外，卖家需特别关注数据的准确性和时效性，并根据实际情况及时调整和优化经营策略。

六、Wish平台的服务管理

（一）Wish平台的跨境支付

Wish平台的跨境支付方式主要包括以下几种：

（1）PayPal支付。Wish支持PayPal支付方式，用户不仅可以使用PayPal账户完成支付，还可以选择使用信用卡或银行转账等其他支付方式。

（2）信用卡支付。Wish支持多种信用卡支付方式，包括Visa、Master Card、American Express等。用户在购物时可以选择信用卡支付方式，输入卡号、有效期等信息完成支付。

（3）银行转账支付。在某些国家和地区，Wish还支持银行转账支付方式。用户可以将款项直接转入指定的银行账户以完成支付。

此外，Wish还提供多种收款方式，包括PayPal、信用卡、银行转账等，用户可以根据自身需求选择合适的收款方式进行设置。在设置收款方式时，需注意一些细节，如输入账户信息、验证身份等。完成设置后，系统会对用户输入的信息进行验证，验证通过后即可开始接收买家的付款。

需要注意的是，不同国家和地区支持的支付方式可能各不相同。因此，在使用Wish跨境支付时，应首先了解目标市场的支付习惯和相关要求，选择合适的支付方式进行交易。此外，为了保障支付安全，还应特别注意保护个人信息和账户密码，避免信息泄露。

（二）Wish平台的物流管理

Wish平台的物流管理主要涵盖订单处理、物流配送和售后服务等环节。

（1）在订单处理方面，Wish平台要求卖家在规定的时间内确认订单，并进行库存检查，以确保订单及时发货。此外，卖家还需根据订单信息进行准备货物、打印标签等相关工作。

（2）在物流配送方面，Wish平台与多家物流公司合作，包括中国邮政、顺丰速运、中通快递等。卖家可以根据自身需求选择合适的物流方式，将包裹按时送达买家手中。邮政快递包括中国邮政、新加坡邮政、香港邮政等，这都属于商务快递类型，配送速度较快，全程物流信息可查询。此类服务价格较高，适合寄送高价值商品。专线物流包括顺丰速运、中通快递、圆通速递等，价格相对较低，但卖家需自行联系快递公司并完成发货流程。国际快递包括DHL、联邦快递和UPS等，它们具有快速、高效的特点，但价格较高，适合寄送紧急物品或高价值商品。海外仓直发是指卖家将商品提前存放在海外仓库中，订单确认后直接从海外仓发货。这种方式可以显著缩短物流时间，提高配送时效，但卖家需提前备货，并承担库存积压的风险。

（3）在售后服务方面，Wish平台要求卖家提供优质的服务，包括退换货和退款。如果买家遇到问题，那么买家可以通过Wish平台联系卖家，并获得相应的解决方案。在退换货方面，Wish平台要求卖家在收到申请后尽快处理，并在规定时间内完成退换货流程。同时，卖家还需确保退换货过程中商品的安全和质量。在退款方面，Wish平台要求卖家在确认退款申请后尽快处理，并在规定时间内完成退款流程，同时确保退款金额的准确性。如果卖家没有及时处理退换货或退款申请，Wish 平台会介入并要求卖家尽快解决问题。此外，Wish 平台会对卖家的售后服务进行评价，并将其作为后续合作的重要参考。

（4）Wish 平台的客户服务。Wish 平台非常重视客户服务，通过多种途径帮助客户解决问题。以下是一些常见的 Wish 客户服务方式：首先，Wish 平台提供电话客服服务，客户可以通过拨打客服热线与客服人员联系，咨询问题、解决问题或提供反馈。同时，客户可以通过发送邮件至 Wish 平台的客服邮箱，向客服人员咨询或反馈问题。客服人员会尽快回复客户的邮件，解决问题或提供帮助。其次，Wish 平台提供在线聊天客服服务，客户可以通过在线聊天工具与客服人员实时交流，咨询问题、解决问题或反馈意见。再次，Wish 平台提供帮助中心页面，客户可以在该页面找到常见问题的答案、解决问题的方法和步骤，以及一些自助服务工具。最后，Wish 平台提供论坛和社区页面，客户可以在这些页面与其他买家交流、分享购物经验、解决问题或提供反馈。

总之，Wish 平台非常重视客户服务，通过多种途径和方式帮助客户解决问题。客户可以通过电话、邮件、在线聊天工具、帮助中心和论坛等方式与 Wish 平台联系，以获得帮助和支持。

关键术语

亚马逊 Wish　平台规则　店铺注册　店铺选品　数据分析

项目实训

【实训情境】

在跨境电商行业，深圳猛狼科技有限公司（以下简称“猛狼科技”）用两年时间书写了一个令人惊叹的成长故事。这家最初只有 3 名成员、2000 元启动资金、以宿舍为仓库的创业公司，如今已发展成为拥有数十人专业团队、月销售额近百万美元、配备 2000 余平方米现代化仓储的电商企业。

作为 Wish 平台的深度运营者，猛狼科技的成功秘诀在于其前瞻性的战略布局。公司敏锐地抓住了跨境电商的发展机遇，成为首批尝试 Wish Express 海外仓和独立库存工具的企业。虽然 Wish 平台操作简便，降低了入门门槛，但猛狼科技深知，真正的成功需要更深的“护城河”。为此，公司着力打造了一支富有凝聚力的团队，通过创新的激励机制将员工紧密团结在一起。

在运营策略上，猛狼科技展现了出色的执行力。通过优化海外仓物流服务，公司成功缩小了海外仓与直发货物的运费差距，显著提升了客户体验。一个典型案例是：某款电子产品在采用海外仓模式后，日销量从十几单飙升至 161 单，实现了超过 10 倍的增长。这得益于 Wish Express 的五项流量扶持政策，其中包括商品优先展示、专属搜索标签等。面对行业从铺货模式向精品制造模式的转型趋势，猛狼科技总结出一套行之有效的方法。

（1）选品，有依据地尝试。选品工作需要从整个行业维度出发，行业内的产品质量参差不齐，因此必须对大量产品进行测试，以明确精品方向。为了提高选品成功率，猛狼科技特别聘请了两位具有丰富选品经验的专业人才开展选品工作，并充分利用 Wish 后台、海鹰数据和易选品等平台的数据支持，以确保选品工作有效推进。

(2)发现优势，扩大优势。打造精品并非随机选择一款产品进行开发，而是针对公司在某些产品的渠道和供应链环节上具有明显优势的品类进行重点打造。猛狼科技通常选择这些优势产品，并组建由专业采购人员和销售人员组成的团队，通过垂直沟通，共同探索优化策略。

(3)循序渐进，稳扎稳打。从大规模铺货模式向精品制造模式的转变不能操之过急。应在保持稳定出口量的基础上，逐步减少产品数量，以确保转型的实效。待取得显著效果后，再逐步调整策略。欲速则不达。过于急躁的决策可能会对企业的长期发展产生不利影响。

(4)深度运用海外仓工具。Wish Express 工具能够在利润、销售和采购环节上为供应商提供显著帮助。例如，它可以提升物流整体体验，加快资金周转速度——相比传统直发货物模式，确认妥投后即可进行结算。同时，海外仓的产品多为经过筛选的精品，具有爆发潜力，且拿货方式更符合供应商需求，因此产品价格的谈判也更为顺畅。

通过转变运作模式、调整经营类目以及紧跟平台新政，猛狼科技的转型仍在持续推进中。而沉淀下来的转型经验将成为公司进一步深化改革的重要支撑。

【实训任务】

(1)打开 Wish 官网，查找目前在 Wish 平台热销的 3C 类目产品，并进行分析和总结。

(2)对猛狼科技的迅速成长进行分析，总结其在 Wish 平台上的成功之道。

章节习题

(1)亚马逊的营销活动有哪些？

(2)登录 Wish 卖家后台，详细了解平台相关规则，并写出总结。

(3)阿里巴巴国际站的营销活动有哪些？

(4)登录全球速卖通卖家后台，详细了解平台相关规则，并写出总结。

参考文献

[1] 冷柏军．国际贸易实务[M].3版．北京:中国人民大学出版社,2020.
[2] 许晓冬,刘金．国际贸易实务[M]．北京:中国纺织出版社,2017.
[3] 俞毅．国际贸易实务[M]．北京:机械工业出版社．2022.
[4] 李辉,白丹,林蕾．外贸英文函电[M].3版．北京:电子工业出版社,2022.
[5] 王维平,王黎明．商务英语函电[M]．北京:机械工业出版社,2013.
[6] 王俊．商务英语函电[M].2版．北京:对外经济贸易大学出版社,2014.
[7] 黄水乞．外贸英文信函范例与常用精句[M]．广州:广东经济出版社,2006.
[8] 廖瑛,等．实用外贸英语函电[M].2版．武汉:华中科技大学出版社,2003.
[9] 黎孝先,王健．国际贸易实务[M].7版．北京:对外经济贸易大学出版社,2020.
[10] 杭言勇．国际贸易概论[M]．西安:西安电子科技大学出版社,2017.
[11] 陈平．国际贸易实务[M].4版．北京:中国人民大学出版社,2022.
[12] 陈岩．国际贸易理论与实务[M].5版．北京:清华大学出版社,2021.
[13] 余劲松,吴志攀．国际经济法[M].4版．北京:北京大学出版社,2014.
[14] 张冠凤,邱三平,刘亚杰．跨境电子商务[M]．镇江:江苏大学出版社,2018.